근대 대중가요의 매체와 문화

저자

장유정(張攸汀, Zhang, Eujeong)은 현 단국대학교 교수이다. 2004년 서울대학교 대학원 국어국문학과에서 「일제강점기 한국 대중가요 연구－유성기 음반 자료를 중심으로」라는 논문으로 박사학위를 취득하였다. 저서로 『오빠는 풍각쟁이야－대중가요로 본 근대의 풍경』(민음in, 2006), 『다방과 카페, 모던보이의 아지트』(살림, 2008), 『대중음악의 이해』(공저, 한울아카데미, 2012), 『근대 대중가요의 지속과 변모』(소명출판, 2012) 등이 있고, 대중음악과 대중문화 관련 논문을 다수 내었다. 2009년 인천문화재단이 주최한 '플랫폼문화비평상' 음악 부문상을 수상한 후 대중음악 평론을 시작했으며, 2011년에는 임상음악전문가 준2급 자격증(한국음악치료학회)을 취득하였다. 아울러 2012년에 《근대가요 다시 부르기》 디지털 싱글 1에서 5까지를 제작하고 노래하였다.

근대 대중가요의 매체와 문화

1판1쇄 발행 2012년 12월 25일 **1판2쇄 발행** 2013년 8월 30일
지은이 장유정 **펴낸이** 박성모 **펴낸곳** 소명출판 **출판등록** 제13-522호
주소 서울시 서초구 서초동 1621-18 란빌딩 1층
전화 02-585-7840 **팩스** 02-585-7848 **전자우편** somyong@korea.com **홈페이지** www.somyong.co.kr

값 29,000원   ⓒ 장유정, 2012

ISBN 978-89-5626-809-5 93670

근대 대중가요의 매체와 문화

The Media and Culture of Korean Modern Popular Songs

장유정

소명출판

일러두기

1. 인용문과 노래 가사 등은 원문대로 표기하고 띄어쓰기만 적용하여 독자들의 가독성(可讀性)을 높인다.
2. 음반 서지 사항은 제목, 작사자, 작곡자, 가수, 음반회사(음반 번호), 발매 연도의 순으로 적는다.
3. 각 장의 제목에서 원 논문이 수록된 출처를 밝혔다.

　세월은 빨리도 흘러갔습니다. 그간 죽을 만큼 아프고 괴로웠던 고통의 시간도 몇 차례 지나갔습니다. 고백컨대, 그 불면의 시간, 아픔의 시간, 눈물의 시간들을 버틸 수 있었던 것은 대중가요에 대한 사랑과 대중가요 연구에 대한 열정 때문이었습니다. 이제까지 저는, 적어도 업적을 내려는 목적으로 공부하지 않았습니다. 제게 있어 대중가요는 미치게 사랑해서 알고 싶은 대상이었습니다. 그야말로 대중가요에 미쳐서[狂] 조금이라도 대중가요의 실체에 미치기[及] 위해 공부했습니다.

　대중가요에 대한 논문을 본격적으로 발표하고 쓰기 시작한 2002년부터 2012년 현재까지 약 10년 동안 대중가요 관련 논문만 50여 편을 썼습니다. 과거와 현재를 넘나들며 연구를 하고 대중가요 평론을 하고, 심지어 제작자와 가수로 변신해서 《근대가요 다시 부르기》 디지털 싱글 작업도 해 보았습니다. 그리고 이번에 10년 공부를 결산한다는 마음으로 일단 광복 이전 대중가요 관련 논문을 모아보았습니다. 광복 이전 대중가요와 관련 있는 논문 중 20편을 추려서 두 권의 책으로 내게 된 것입니다. 그렇게 『근대 대중가요의 지속과 변모』와 『근대 대중가요의 매체와 문화』가 나오게 되었습니다.

　자각 여부와 상관없이 세계 문학사가 '전통'이라는 맥락 위에서 전개되듯이, 대중음악사 또한 전통단절론과 이식문화론만으로 설명할 수 없습니다. 이러한 인식에서 『근대 대중가요의 지속과 변모』는 전통가요와의 연속선상에서 대중음악을 파악하고, 전통단절론이나 이식문화론을 이론적으로 극복하려는 노력의 일환에서 쓴 논문들을 모은 것입니다. '중요한 것은 단절이냐 지속이냐의 이분법적 논란이 아니라 오랜 동안 축적된 문화적 집적물에서 지속과 변화의 맥락들을 추출하고 이에 적극적으로 의미를 부여하는 일'일 것입니다. 이러한 차원에서『근대 대중가요의 지속과 변모』는 크게 3부에 걸쳐 주체와 타자, 갈래, 대중가요와 전통가요와 관련된 논문들을 수정하고 보완해서 실은 것입니다.

『근대 대중가요의 매체와 문화』에서는 매체, 산업, 도시, 연예인이라는 핵심어를 중심으로 그 구체적인 양상과 모습을 살펴본 것입니다. 오늘날의 관점에서 바라보면 생소하지 않을지 모르나, 논문을 썼을 당시만 해도 대부분 새로운 시각, 새로운 자료, 새로운 방법, 새로운 결과의 도출이었습니다. 예를 들어, 광복 이전 음반회사의 마케팅 전략을 살펴본 「20세기 전반기 음반회사의 마케팅 전략에 대한 일고찰」이나 만요(漫謠 : comic songs)에 적극적인 의미를 부여하면서 그 속에 나타난 근대 문화의 단면을 고찰한 「만요(漫謠)를 통해 본 1930년대의 근대문화」, 그리고 기생에 대한 기존의 편견을 넘어서 기생을 이른바 연예인으로 의미 부여하기 위해 작성한 「1930년대 기생의 음악활동 일고찰 −대중가요 가수를 중심으로」 등이 모두 그러한 예입니다.

이 책은 기본적으로 대중음악 연구서입니다. 여전히 한편에서는 대중음악에 대한 연구가 가능한가에 대한 의심과 대중음악 연구 자체에 대한 무시마저 있습니다. 논문을 써도 투고할 학회지가 별로 없고, 기껏 투고해도 "우리 학술지와 맞지 않다"는 이유로 반려된 적도 있습니다. 그래도 멈추지 않습니다. 멈출 수 없습니다. 제가 사랑하는 대상이 언제까지나 하찮고 쓸모없는 존재로 여겨지는 현실에 그저 수긍하는 것으로 시간을 보낼 수만도 없습니다. 그래서 연구를 합니다. 논문을 씁니다. 그리고 책을 씁니다. 대중음악에 대한 신변잡기적인 글이 이미 넘쳐나는 상황 속에서 그러한 책 한 권을 보태는 것 대신에 연구서를 낸 이유도 바로 이것입니다. 그럼에도 불구하고 이 책이 조금 편하게 다가온다면, 그것은 이 책이 누구에게나 친숙한 대중음악을 다루고 있기 때문일 것입니다.

『근대 대중가요의 지속과 변모』와 마찬가지로『근대 대중가요의 매체와 문화』에서도 이미지 자료를 되도록 많이 실었습니다. 왜냐하면 이미지는 그 자체로 중요한 일차 자료가 될 수 있기 때문입니다. 그 동안 여러 잡지와 신문, 그리고 도서관 고문헌자료실 등에 소장되어 있던 책들을 찾아서 복사하고 이미지들을 모았었습니다. 그 덕분에 『대경성사진첩』,『강명화의 설움』, 최승희의 『나의 자서전』 등에 수록된 사진들을 이 책에 실을 수 있었습니다. 그리고 경매로 산 일제강점기 엽서와 신보 소개 책자 속 이미지와 박민일 선생님 소장 이미지도 사용하였습니다. 인터넷에 떠도는 자료도 일부 사용했는데, 미처 그 출처를 정확하게 기록하지 못한 것도 있습니다. 혹 이미지의 원 소장자가 있다면 진심으로 양해를 구합니다. 최근에 구축된 '한국 유성기음반 아카이브'는 광복 이전 대중음악을 비롯한 유성기 음반 연구에 앞으로 큰 기여를 할 것입니다. 덕분에 제가 소장한 이미지보다 훨씬 선명한 이미지를 책에 실을 수 있었으니, 이 또한 감사할 일입니다.

많은 분들의 이름과 얼굴이 떠오릅니다. 제 공부길과 인생길의 등불이자, 제가 평생 따르고 싶은 서대석 선생님과 신동흔 선생님, 음원을 들을 수 없어 발을 동동 구를 때 기꺼이 제게 음원을 제공해 주신 이경호 선생님, 박민일 선생님을 비롯하여 알게 모르게 이 책이 나오기까지 도움을 주신 많은 선생님들, 아울러 소명출판의 박성모 사장님과 성영란 님 이하 소명출판 식구들에게도 고마운 마음을 전합니다. 저는 인연을 믿습니다. 제 주위의 모든 사람들과 제 곁을 오고 간 수많은 이들, 그리고 어떤 이유로든지 이 책을 펼친 당신에게도 고마운 마음을 전합니다.

그리고 소망합니다. 부디 이 사랑의 흔적들이 부디 공허한 말장난이나 헛된 것이 아니기를. 행여 제가 사랑에 눈이 멀어 보지 못한 것이 있거나, 사랑을 낭만적이거나 순진하게만 바라보다 놓친 것이 있다면 이제 그것들까지 볼 수 있는 혜안이 생기기를. 사랑은 '그래서'가 아니라 '그럼에도 불구하고' 하는 것임을 압니다. 따라서 대중가요에서 찾고 보게 될 대중가요의 결점과 허점은 그에 대한 저의 사랑을 오히려 굳건하게 해 줄 것입니다. 그러므로 지금까지 그랬던 것처럼 앞으로도 끈질기고도 미련하게 대중가요를 사랑할 것입니다. 그리고 그 사랑의 결과물을 지금처럼 조금씩 내놓겠습니다.

제 사랑은 여전히 서툴고 부족합니다. 하지만 시간이 지나고 세월이 흐르면서 제 사랑도 점점 여물어 가기를 바라고, 그렇게 될 것이라 믿습니다.

2012년 11월,
긴 외로운 시간의 끝에서 다시 사랑을 다짐하며,

장유정

제1부
근대 대중가요와 매체 / 산업 / 도시

라디오와 유성기의 출현과 음악 문화의 변모 양상[1]

1. 머리말

사회 변화의 역사는 매체의 역사라고 해도 과언이 아니다.[2] 수없이
다양한 매체가 생성과 소멸을 거듭하였으며, 이러한 매체의 변화에 따

---

1 「대중매체의 출현과 음악문화의 변모 양상 ― 라디오와 유성기를 중심으로」, 『대중서사연구』
제18호, 대중서사학회, 2007.
2 파울슈티히는 매체를 '사회적인 지배력과 함께 특정한 능력을 지니고 있는 조직화된 의사
소통의 통로를 둘러싼 제도화된 체계'라는 광의의 개념으로 설명하고 있다. 그리하여 인류
시원기부터 희생 제의적 성격을 지니고 있었고 그 가운데에서 집단적이고 공동체적인 의미
부여가 가능하였던 축제도 매체로 간주하였다.(베르너 파울슈티히, 황대현 역, 『근대 초기
매체의 역사』, 지식의풍경, 2007, 13쪽, 26쪽) 이처럼 매체에 대한 광의의 개념이 서술상의 장
점을 지니고 있다는 것을 부인할 순 없지만, 본고에서 이것을 수용하여 적용하기에는 그 범
위가 지나치게 넓어서 오히려 혼란을 야기할 수도 있을 것이다. 따라서 본고에서는 '신문,
잡지, 영화, 라디오, 텔레비전 따위와 같이 많은 사람에게 대량으로 정보와 사상을 전달하는
매체'로서의 대중매체에 한정하여 논의를 전개시키고자 한다. 특히 그 중에서도 라디오와
유성기에 주목하고자 한다.

라 사회가 바뀌고 역사가 진행되었다고도 볼 수 있다. 특히 1920년대 이후부터는 우리 주위에서 매체와 연계되지 않은 현실은 생각조차 할 수 없게 되었다.[3] 결국 근대의 시작도 새로운 매체의 출현을 떼놓고서는 이해할 수 없을 것이다. 신문, 잡지, 라디오, 유성기의 등장과 함께 시작된 우리의 근대적 삶과 사회는 그 이전과는 매우 다른 모습을 지니게 되었기 때문이다. 그 중에서도 라디오와 유성기의 출현은 근대 음악 문화의 지형도를 판이하게 만들었다는 점에서 특히 주목할 필요가 있다.

매체 문화사의 핵심은 어느 특정한 시기의 문화적, 사회적 변화 과정에서 어떤 매체가 어떤 기능을 발휘하였느냐는 물음에 대한 답이라고 할 수 있다.[4] 그러므로 단순히 매체의 역사를 살펴보는 데에 머물지 않고 매체 문화를 다양한 실천이 교차하는 사회적인 장으로 이해하는 데까지 나아가야 할 것이다. 이러한 점을 염두에 두고 본고에서는 라디오와 유성기가 등장하면서 이를 중심으로 새롭게 생성된 공공 영역(public domain)을 살펴보고 라디오와 유성기가 우리나라 음악 문화에 침윤하면서 음악 문화가 어떻게 변화였는지를 고찰하고자 한다. 논의의 편의상, 시기적으로는 일제강점기에 한정하고 음악 문화 중에서도 대중음악의 형성과 전개에 초점을 맞추어서 논의를 전개시키고자 한다.

최근 들어 유성기와 라디오에 대한 연구가 활발하게 진행되고 있다. 본고의 논의도 그러한 논의에 힘입은 바가 크다.[5] 그러나 본고에서 주목하는 것은 유성기와 라디오를 중심으로 자연스럽게 형성되었던 공

3 　요시미 순야, 안미라 역, 『미디어문화론』, 커뮤니케이션북스, 2006, 27쪽.
4 　베르너 파울슈티히, 황대현 역, 『근대초기 매체의 역사』, 지식의풍경, 2007, 14쪽.
5 　근대문화를 라디오나 유성기와의 연관 속에서 살펴보려는 최근의 논의는 본고의 중요한 기본 전제가 된다. 이에 대해서는 장유정, 『오빠는 풍각쟁이야─대중가요로 본 근대의 풍경』, 민음in, 2006과 서재길, 「한국 근대 방송문예 연구」, 서울대 박사논문, 2007을 참조할 수 있다.

공 영역과 대중음악의 형성, 그리고 취향공동체의 출현이다. 사실상 라디오 방송에서 대중음악이 차지하는 비중과 취향공동체에 대한 논의는 아직까지 활발하게 이루어졌다고 보기 어렵다. 특히 취향공동체에 대한 논의는 앞으로 더 많은 천착을 필요로 하는 연구 분야인바, 여기서는 일단 그에 대한 시론의 형태로 취향공동체에 대해 언급하고자 한다. 앞으로 이러한 논의를 바탕으로 일제강점기 대중문화에 대한 총체적이고도 다면적인 접근을 하고자 한다. 본고는 그러한 연구를 위한 초석다지기의 역할을 한다고 볼 수 있다.

2. 대중매체와 '공공(公共) 영역'의 출현

일제강점기는 쉽게 이해하고 규정할 수 없는 매우 복잡한 양상을 지니고 있는 문제적인 시기이다. 우리의 근대가 서구에서처럼 근대적인 자아가 출현한 이후에 그 바탕에서 근대도시와 문화를 만들어가는 자연스러운 방식으로 이루어지지 않았다는 점에서 일제강점기는 언제나 다양하고 복잡한 논쟁점을 야기하는 것이다. 물론 우리가 일본의 식민지가 되면서 일본의 필요와 강압에 의해 여러 가지 근대문화가 형성된 측면이 있는 것도 부인할 수 없는 엄연한 사실일 것이다. 그렇다고 해서 당시의 문화를 일본의 강압과 이식만으로 온전히 설명할 수 없는 부분 또한 분명히 존재한다.

그럼에도 불구하고 이제까지 이 시기 문화에 대한 논의는 지배와 피지배라는 이분 대립적 관계에만 초점이 맞추어진 측면이 있었다. 본고는 기존의 시각과는 조금 다른 차원에서 대중매체를 둘러싸고 자발적으로, 혹은 역동적으로 형성된 대중의 공공 영역, 대중의 감성과 취향의 형성 등에 대해 살펴보고자 한다. 그렇다고 해서 '제국-식민지'라는 구조 자체를 부정하는 것은 아니다. 그러한 구조를 전제하되, 다만 지금까지 놓치고 있던 문화 현상의 틈새를 그 '수용'에 초점을 맞추어서 고찰하고자 하는 것이다. 그리고 그것이 가능한 것은 대중이 대중매체를 통해 문화를 향유하였기 때문이라고 할 수 있다.

마셜 매클루언은 '미디어는 메시지다'라고 하였다.[6] 여기서 더 나아가 일본의 문화연구자인 요시미 순야는 미디어가 전달하는 것이 메시지라기보다는 텍스트라고 강조한 바 있다. 텍스트 속에는 물론 메시지의 측면도 포함되지만 그보다 텍스트란 타자에게 열린 기호의 복합체라는 의미를 지니고 있다는 것이다.[7] 매체를 텍스트로 이해하면, 매체를 둘러싼 발신자와 수신자는 상대적인 개념으로 존재한다. 이러한 개념은 곧 스튜어트 홀(Stuart Hall)의 '회로형 모델'과 상통한다고 할 수 있다.

스튜어트 홀은 '발신자-메시지(텍스트)-수신자'의 관계를 다음의 세 가지로 설명하였다. 첫째, 의미는 발신자가 단순히 고정시키거나 결정하는 것이 아니고, 둘째, 메시지는 결코 투명하지 않으며, 셋째, 청자는 수동적인 의미에서의 수용자가 아니라는 것이다.[8] 스튜어트 홀의 이러한 논의는 일제강점기의 근대 문화를 이해하는 데에도 큰 도움이 될 수 있다. 사실상 근대적 기술과 제도는 식민지 국가의 정치·문화적 억압 또는 통치력을 더욱 증대시킬 가능성을 제공하는 한편 정치적 저항과 문화적 표현을 위한 새로운 공간을 구체적으로 창출하기도 하였던 것이다.[9]

---

6 마셜 매클루언, 김성기·이한우 역,『미디어의 이해』, 민음사, 2006, 35쪽.
7 요시미 순야, 안미라 역,『미디어문화론』, 커뮤니케이션북스, 2006, 7쪽.
8 제임스 프록터, 손유경 역,『지금 스튜어트 홀』, 앨피, 2006, 117쪽.

그러므로 일제강점기에 대중매체를 중심으로 만들어진 문화의 장을 공공 영역(public domain)으로 이해할 필요가 있다. 식민지 시기의 공공 영역은 단순히 지배 권력이 식민지 민중을 경제적으로 지배하고 정치적으로 억압만 하였던 곳은 아니다. 그보다는 오히려 지배 권력과 식민지 민중 사이의 헤게모니가 역동적으로 작용하는 공간이었다고 할 수 있다. 그 때문에 공공 영역은, 그것이 비록 식민지 상황에서 만들어진 것일지라도 대단히 복잡하고 미묘한 양상을 드러낸다. 본고에서는 일제강점기의 대표적인 대중매체였던 라디오와 유성기를 중심으로 공공 영역의 구체적인 모습을 살펴보기로 한다.[10]

1) 라디오와 공공 영역

한국에서 정규 라디오 방송은 1927년 2월 16일에 사단법인 경성방송국이 호출부호 'JODK'를 사용하면서 시작하였다. '사단법인'이라는 단어가 말해주듯이, 라디오 방송은 설립 당시 민영의 형태로 운영되었다.[11] 그러나 그 속을 좀 더 들여다보면 실질적 내용은 외형과 전혀 다르다는 점을 간파할 수 있다. 사단법인이라고 내세우고 있지만 실제 라디오 방송은 조선총독부의 적극적인 주도권 속에서 이루어졌던 것이다. 이는 'JODK'라는 호출부호에서도 드러난다. JODK 경성방송국은

---

9   신기욱 · 마이크 로빈슨 편, 도면회 역, 『한국의 식민지 근대성』, 삼인, 2006, 51쪽.
10 이후의 논의 중 라디오 방송과 식민지 공공 영역의 자세한 관계에 대해서는 서재길, 「한국 근대 방송문예 연구」, 서울대 박사논문, 2007, 29~36쪽; 신기욱 · 마이크 로빈슨 편, 도면회 역, 『한국의 식민지 근대성』, 삼인, 2006, 103~127쪽; 이범경, 『한국방송사』, 범우사, 1994를 참조하였다.
11 「조선총독부 관보 제4291호」 (이범경, 『한국방송사』, 범우사, 1994, 131쪽에서 재인용)

그림 1. 라디오 방송국(JODK)의 외관

도쿄(JOAK), 오사카(JOBK), 나고야(JOCK)에 이어 일본이 네 번째로 개국한 방송국이었던 것이다. 결국 라디오 방송은 식민지의 정치적 상황을 반영하면서 시작하였다고 할 수 있다.

이는 다음에 살펴볼 유성기나 음반의 경우와는 다른 모습이라고 할 수 있다. 이 당시 라디오 방송은 일본제국주의의 선전과 문화적 동화정책에 적극 봉사하는 광범위한 정보 통제 시스템으로서의 성격을 다분히 지니고 있었다. 즉 1930년대 중반 일제의 문화 동화정책에서 라디오 방송은 일제의 '황민화(皇民化)' 정책에 상당히 중요한 역할을 수행하였던 것이다.

하지만 이것만으로 당시의 상황을 설명하기에는 부족한 느낌이 든다. 실상은 좀 더 모호한 양상을 띠고 있었던 것이다. 식민지의 라디오 방송이 중앙의 엄격한 통제를 받기는 하였으나 수신기를 확산시키고 청취 대중을 늘리기 위해서 일제는 한국어만을 사용하는 제2방송과를 설립할 수밖에 없었다. 그리하여 1933년 4월 26일부터 일본어 방송을 제1방송으로 하고 한국어 전용 방송을 제2방송으로 하는 이원적인 운영을 시작하였던 것이다. 이처럼 당초에 혼합 언어를 사용한 라디오 방송으로 출범을 하였지만, 곧 이어 순 한국어 방송 채널을 추가한 것은 경성방송국의 적자가 큰 요인으로 작용하였기 때문이라 할 수 있다.

경성방송국은 상업광고를 하지 않았기 때문에 2원의 등록비와 매달 2원의 청취료 등 청취자들이 내는 요금에 전적으로 의존하였다. 경성방송국이 출범한 1927년 2월에는 등록된 청취자 수가 1,440명이었다가 3개월 후에는 3,318명으로 늘어나긴 하였다. 그러나 매월 청취료 수입이 6,636원에 불과한 데에 비해, 경성방송국은 매월 1만 원씩 불어나는 채무 외에도 건설비와 설비비용으로 30만 원의 부채를 지고 있었다. 방송국의 확장은 차치하더라도 생존을 위해서 수입을 더 늘려야 하는 상황이었던 것이다.[12]

결국 경성방송국은 청취자를 더 많이 끌어들이기 위하여 다양한 유인 프로그램을 신설하여 운영하였다. 언어 사용 비율을 조정하고, 격일제 일본어와 한국어 방송을 편성하였으며, 한국어로 이루어진 야간 음악 방송을 하는 등 한국인 청취자들을 유인하기 위한 다양한 전략을 채택하였던 것이다. 이 밖에도 경성방송국은 청취료를 매월 2원에서 1원으로 내렸으며, 매월 청취료 납부가 불편한 지방의 청취자들을 위해 분할 납부 제도도 만들어 시행하기도 하였다.[13] 또 라디오 판매를 늘리기 위해 차량들을 지방으로 특파하고 이동 라디오 판매팀을 편성하

---

12 위의 책, 111~112쪽.
13 1938년 4월에는 조선방송협회에서 청취료 월액 1원을 75전으로 인하하여 청취자의 수를 늘리고자 하였다.(『동아일보』, 1938.3.16)

여 이를 지원하기도 하였다.

이러한 과정 속에서 라디오를 중심으로 한 공공 영역은 일방적인 전달이 아니라 상호 교차와 실천이 이루어지는 장으로서의 역할을 하게 되었다. 물론 일제는 방송 통제의 중앙 집중화를 더욱 강화하고 일본에서 제작한 프로그램을 더 많이 편성해서 송출하는 식으로 라디오 방송을 장악하려 하였다. 이에 경성라디오 방송은 점점 일본어 뉴스의 단순 번역, 총독부 공고, 문화·교육 강좌 프로그램들로 채워지게 되었다. 게다가 일본은 전쟁 기간 중에 라디오를 통해 일본 가요와 군가, 심지어는 일본식으로 변형된 한국 음악을 연주하도록 조장하기도 하였다.[14]

그러나 라디오 방송이 일본이 원하는 방향으로 나아간 것만은 아니다. 제2방송에서는 학교 수업이 파한 늦은 오후 시간대의 인기 프로인 '라디오 학교'에 어린이를 위한 한글과 문법 강좌를 추가하였는데, 그 결과 1931년 이후 공립학교에서 관심이 점차 줄어들던 한국어 교육이 상당한 인기를 얻게 되었다. 이보다 더욱 중요한 것은 라디오 방송이 전통음악이나 극예술 장르의 부활과 변형에도 커다란 영향을 끼쳤다는 점이다. 전통음악 연주자들이 라디오 방송에 빈번하게 출연함으로써 소멸의 길을 걷던 전통음악이 다시 부활을 맞이하게 되었으며, 이러한 라디오 방송을 통해 1920년대 후반과 1930년대 초반에는 전통음악 분야에서 새로운 스타 가수들이 생겨나기도 하였다.[15]

또한 라디오 방송은 한국 전통음악의 신성화(canonization)를 둘러싼 논쟁에 불을 붙이기도 하였으며, 그간 대중에게 잘 알려지지 않았던 몇몇 장르들을 발굴하여 대중적 공연을 통해 그 인지도를 높이기도 하

---

14 이범경, 앞의 책, 115~116쪽.
15 위의 책, 120~121쪽. 1935년부터는 대중음악 방송이 양적으로 증가하였으며 가사나 작곡의 현상모집을 통해 청취자들의 관심과 참여를 유발시키기도 하였다.

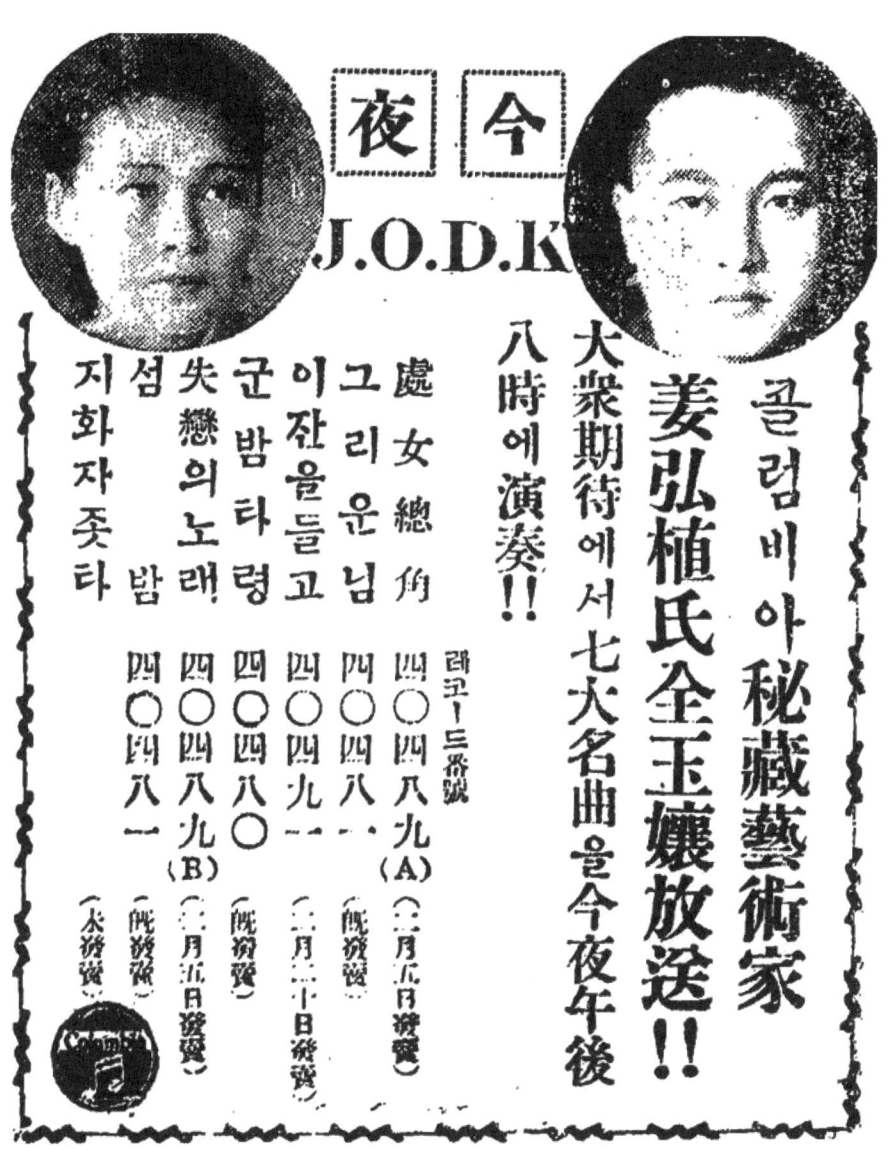

그림 2. 강홍식과 전옥의 라디오 방송 광고(『조선일보』, 1934.1.27)

였다. 그리고 음반 산업과 연계하여 대중음악의 유행을 선도하는 데 크게 기여하기도 하였다. 레코드사에서 기획한 새 음반은 라디오 방송의 공연 시기에 맞추어 출시되기도 하였는데, 이것은 라디오 방송이 새 음반을 미리 대중에게 선보여 그 반응을 살펴볼 수 있는 일종의 시험대로서의 역할도 하였기 때문이다.[16]

예를 들어, 1934년 1월 27일 강홍식과 전옥은 라디오에 함께 출연하였다. 여기서 강홍식은 〈처녀 총각〉과 〈이 잔을 들고〉 등을 불렀고, 전옥은 〈그리운 님〉과 〈실연의 노래〉 등을 불렀다. 그 후 이들이 부른 노래는 콜럼비아에서 2월 신보로 발매되었으며, 그 중에서 〈처녀 총각〉은 공전의 히트를 기록하기도 했다.[17] 결국 라디오 방송은 새로운 음악 장르들과 신속하게 결합하여 1927년 이후 음반 형태의 음악 소비를 대중화하는 데 지대한 공헌을 하였던 것이다.[18]

이처럼 이 당시 라디오 방송을 둘러싼 공공 영역은 단순히 일제의 동화정책을 추종하거나 아니면 일제의 동화정책에 저항하는 등의 극단적인 형식으로만 존재한 것은 아니라고 할 수 있다. 극단적이고 대척적인 두 가지 형식보다는 오히려 다양한 담론과 논쟁이 오고간 투쟁의 장이 바로 이 당시 라디오 방송의 공공 영역이었다고 할 수 있다. 즉 라디오 방송을 둘러싼 공공 영역에서 일제의 의도와 강제가 반드시 원하는 방향으로 흘러가 소기의 목표를 달성한 것은 아니었다.[19]

---

16 박찬호, 안동림 역, 『한국가요사』, 현암사, 1992, 255쪽.
17 위의 책, 255쪽.
18 위의 책, 127쪽.
19 조선총독부는 1931년 NHK로부터 43만 엔의 차관을 들여와 경성방송국에 자금을 투입하였는데, 이는 청취 범위를 늘리기 위한 더욱 강력한 중계 시설은 물론 제2방송을 위한 시설을 짓는데 도움이 되었다. 이후 조선총독부는 1935년과 1939년경에도 경성방송국 시스템에 투자를 하였다. 어떤 의미에서 일본은 한국어 방송국 시스템을 지탱하기 위한 비용을 식민 모국과 식민지 내의 일본 청취자들이 강제로 부담했다고 볼 수 있다.(이범경, 앞의 책, 115쪽)

(가) 경성방송국에서는 2중 방송을 실시한 이래 조선 사람 측 라디오 청취자가 점점 증가되어 15일 현재로 5,420호나 되는데 이와 같이 많은 청취자 가운데는 직업별로도 가지각색으로 망라되었지마는 더욱이 과도기 조선의 현상으로 볼 수 있는 안테나를 통하여 일어나는 신구사상 충돌의 사실이 있음을 발견하게 되었다. 수많은 청취자로부터 매일 희망 혹은 불평을 열거하여 투서가 여러 장씩 오게 되는데 한 집안 가족으로서도 늙은 아버지는 신식 유행가는 듣기 싫으니 고래의 조선노래를 많이 들려다오. 혹은 양악은 도무지 모르겠으니 가야금 같은 것을 많이 들려다오 하는 반면에 젊은 아들로부터는 케케묵은 예전 조선노래는 듣기 싫으니 신식 유행가를 들려다오. 가야금 같은 시대 늦은 악기는 듣기 싫으니 최신식 양악을 들려주오 하는 등 신구충돌과 또는 지방별로도 왜 남도노래만 많이 하고 서도노래는 적게 들려주느냐 하는 서도지방의 불평과 또 그 반대로 남도지방에서는 왜 수심가만 많이 하고 남도노래는 적게 들려주느냐 하는 등 불평 희망 등의 투서가 자꾸 들어옴으로 방송국 프로그램편집부에서도 그 조절을 맞추는데 여간 힘드는 바가 아니라 한다.[20]

(나) 聽取者의 立場에서 보면, 전혀 洋樂放送의 대부분이 樂器나 노래를 練習하는 拙稚한 것을 들려주는 放送局에 대해서 큰 不滿이 있습니다. (…중략…) 잡치기 프로라 해도 좋은 의미의 八方美人式인 編成이라면 어느 정도까지 了解할 수 있겠는데 그렇지도 못하니까요. 구체적인 희망이라면 이런 것을 가지고 있습니다. 물론 曲目編成委員(諮問機關)과 放送局과의 折衝으로서 決定한 洋樂放送의 1個月이면 1個月間의 度數(時間數)를 基準으로해서 될 것은 말할 것도 없지만 藝術的인 것과 通俗的인 것으로 大別할 일, 그리고 좀 더 音樂을 知的으로 鑑賞시키는 方法을 講究할 일입니다. 따라서 한 가지 더 強調하고 싶은 것

---

20 「신구사상이 안테나서 충돌」, 『조선일보』, 1933. 12. 17. (정진석 편, 『한국방송관계 기사모음 ─ 1924~1955』, 코리아헤럴드, 1992, 91쪽에서 재인용)

그림 3. 「라디오는 누가 제일 잘하나」(『조광』, 1936.1)

은 曲目을 編成하는 데 있어서 저널리스틱한 意味를 包含할 것입니다. 여하튼 그저 되는대로 式인 編成에는 絶對 不贊成이고 그래서는 全然 라디오 放送의 意義가 없어지고 말 것입니다.[21]

(다) 라디오가 생기고 이것이 보편화하게 되니 라디오의 프로그램 방송하는 사람이 화제에 오르고 항간의 대중의 입에 오르내리게 된다. 누구는 방송을 잘 하고 누구는 못하고 누구는 이[齒]앓던 소리를 하고 누구는 배고픈 소리를 하고 그 누구는 잘 하는 체만 하고 알아들을 수가 없느니 누구는 엉터리이니 또 누구는 학벌 지위만 가지고 방송을 하랴드니 또 어떤 양반은 코 훌쩍, 기침 소리만 방송 하느니 별의별 소리와 방송국의 점잖고 얄궂고 쌍된 문구로 투서가 들어 간다는 말이 많다.[22]

위의 인용문들을 통해서 라디오 방송과 관련된 공공 영역의 한 단면을 간명하게 엿볼 수 있다. 인용문 (가)는 라디오 프로그램을 둘러싼 신구 세대와 지역 간의 갈등을 보여주는 예에 해당한다. 오늘날과 마찬가지로 당시의 청취자들도 방송국에 편지를 보내 프로그램에 대한 자신들의 의견을 적극적으로 개진하였다. 그런데 나이든 세대들이 주로 전통음악을 선호하는 데 반해 젊은 세대들은 전통가요를 낡은 것으로 여기고 신식 유행가를 더 듣고 싶어 하였다. 또한 서도 출신과 남도 출신의 청취자들이 각각 자기 고향의 노래를 듣고 싶어하면서 이들 사이에서도 갈등이 벌어지기도 하였다. 이처럼 라디오 방송의 공공 영역에서 청취자들은 라디오 방송을 수동적으로 듣는 데에 그치는 것이 아니라 적극적으로 자신의 의견을 제시하고, 때에 따라서는 열띤 논쟁을

---

21 김관, 「라디오음악방송비판」, 『조광』, 1937.9.
22 안테나생, 「라디오는 누가 제일 잘 하나」, 『조광』, 1936.1.

벌이기도 하면서 자신들의 기존의 취향을 고수하거나 새로운 취향을 형성하였다고 볼 수 있다.

인용문 (나)는 라디오 음악 방송 프로그램에 대한 전문가의 논평이다. 당시에 음악 평론가로 활약하였던 김관은 이 논평을 통해 당시 라디오 음악 방송의 문제점을 제시하고 있다. 양악방송에서 보여주는 음악 연주의 수준이 낮아서 청취자의 불만이 날이 갈수록 높아간다고 지적하고 있는 것이다. 이에 대한 대안으로 김관은 곡목편성 위원과 같은 자문위원을 만들고 이들과 방송국측이 절충하여 1개월 분량의 양악프로그램 목록을 미리 작성해서 좀 더 체계적인 방송을 하자고 제안하고 있다.

마지막으로 (다)는 라디오를 둘러싸고 형성된 다양한 담론을 소개하고 있다. 누구는 방송을 잘 하고 누구는 못 하고 누구는 학벌과 지위만 가지고 방송을 한다는 등의 다양한 얘기들이 대중 사이에서 생성되었던 상황을 엿볼 수 있다. 「방송자의 괴벽 기벽」이라는 당시의 글에서도 방송하는 사람들의 특징을 낙서방송, 산보방송, 콧소리방송, 자꾸 절하는 방송, 영원중단방송, 엉망진창방송, 돈 내고 하려는 방송, 전조방송, 수중방송, 떠들썩 방송, 백과전서방송, 수수께끼방송, 기침방송, 점잖게 뽐내는 엿장수방송과 같이 다양하게 제시하고 있음을 알 수 있다.[23] 이처럼 대중은 단순히 라디오 방송을 수동적으로 청취하는 사람들이 아니라 적극적으로 라디오 방송을 비판하고 담론을 만들고 자신의 의견을 쓴 엽서를 방송국에 보내는 적극적인 수용자들이었던 것이다.

요컨대 라디오 프로그램이나 라디오 방송 자체를 놓고 일제 당국과 경성방송국 사이는 물론 방송국과 청취자 사이, 그리고 청취자들 사이

---

23 백동아, 「방송자의 괴벽 기벽」, 『조광』, 1939.10.

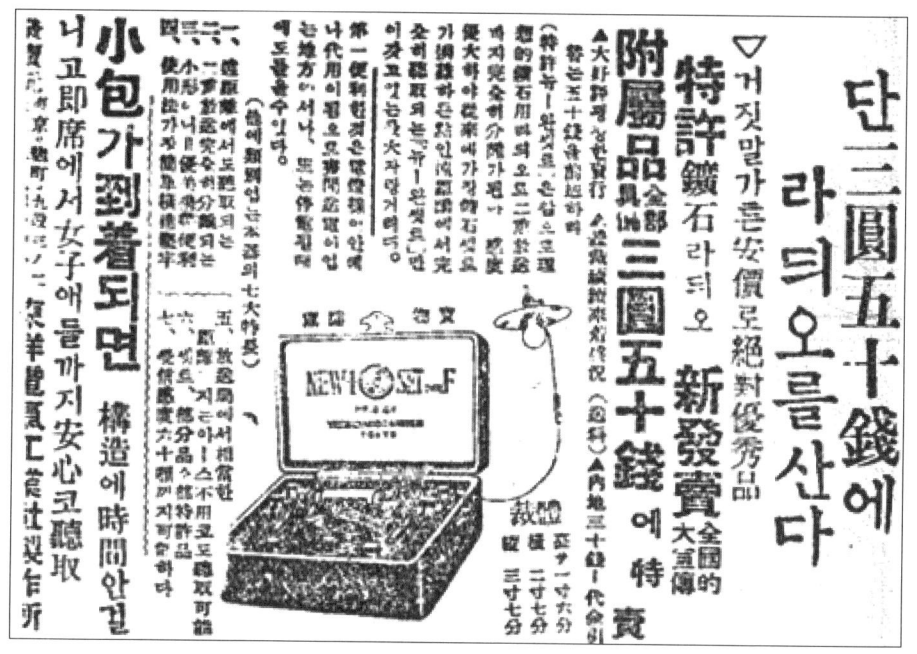

그림 4. 라디오 광고(『조광』, 1936.7)

에서 수많은 의견이 개진되고 경우에 따라서는 논쟁마저 오갔던 상황을 확인할 수 있었다. 이는 유성기를 둘러싸고 형성된 공공 영역에서도 마찬가지로 확인된다.[24]

2) 유성기와 공공 영역

음반에 녹음한 소리를 재생하는 기계로써의 유성기가 우리나라에

---

[24] 이후 서술하는 유성기를 둘러싼 공공 영역에 대한 기본 내용은 장유정, 『오빠는 풍각쟁이야―대중가요로 본 근대의 풍경』, 민음in, 2006을 참조하였다.

처음 소개된 것은 19세기 말이었다. 서울 한복판에서 유성기 시청회(試聽會)가 열린 것이 1899년인데, 이때 기생과 광대의 소리가 유성기를 통해 흘러나오자 그 곳에 모인 사람들이 모두 기이하다고 칭찬하며 종일토록 놀았다는 기록이 있다.[25] 오늘날의 관점에서 보면, 기계음을 타고 흘러나오는 사람의 목소리가 결코 놀랄 만한 일은 아니다. 그러나 유성기 소리를 처음으로 접한 당시 사람들의 충격은 대단한 것이 아닐 수 없었다.

애초부터 관영적인 성격을 짙게 띠고 출발하였던 라디오 방송과 달리 유성기나 음반은 상업적 원리의 지배를 강하게 받고 있었다. 처음으로 한국에서 상업음반을 발매하였던 미국 콜럼비아를 위시하여 빅타, 오케, 시에론, 포리돌, 태평 등의 1930년대 6대 음반회사들은 모두 기본적으로 이윤을 내기 위해 음반을 발매하였던 것이다. 그리하여 음반회사들은 음반 시장을 차지하기 위한 치열한 쟁탈전을 벌였고, 그 때문에 6대 음반회사들 간의 경쟁을 일러 '6대 회사 레코드 전쟁'[26]이라고 하기도 했던 것이다.

1940년 이후 당시의 정국이 전시체제로 바뀌면서부터는 식민지의 음반 시장 역시 일제의 정치적 지배 원리 아래에 놓이기는 하였으나 그 전까지 음반 시장은 이윤을 추구하는 데 혈안이 된 여러 음반회사들이 치열한 경쟁을 펼치던 곳이었다. 그리고 이러한 경쟁의 결과로 다양한 장르의 음악들이 다각적으로 모색되고 시도되는 등의 성과를 낳기도 하였다. 이 당시 유성기 음반은 마셜 매클루언의 표현처럼 '장벽이 제거된 음악당'으로서의 역할을 충실히 하였으며, 이전과는 비교할 수 없을 정도로 광범위한 지역에 신속하게 음악을 전달하여 음악의

---

25 『독립신문』, 1899.4.20.
26 「6대회사 레코드전」, 『삼천리』, 1933.5.

그림 5. 에디슨 축음기(1890, 국립중앙과학관 소장)

대중화를 이루어냈다.

오늘날과 마찬가지로 일제강점기에도 음반의 생명은 대중의 호응과 밀접한 관련을 맺고 있었다. 아무리 좋은 음반이라도 대중이 구매하지 않으면 음반회사의 입장에서는 손해가 아닐 수 없었다. 그렇기 때문에 각 음반회사들은 대중의 취향과 기호를 파악하는 데 부심하였다. 각 음반회사들의 문예부에서는 음반 제작의 기획부터 시작하여 매월 신보를 배정하고 판매부에 넘기기까지 음반의 제작과 발매에 관한 거의 모든 일을 담당하였는데, 각 음반회사들의 문예부장들은 전년도에 유행한 가요의 동향을 꼼꼼히 살펴서 대중의 취향을 파악하고 이를 토대로 하여 앞으로 유행할 가요를 예측하였던 것이다.[27] 결국 음반에

---

27 이에 대한 자세한 논의는 장유정, 『오빠는 풍각쟁이야― 대중가요로 본 근대의 풍경』, 민음in, 2006, 154쪽을 참조할 수 있다.

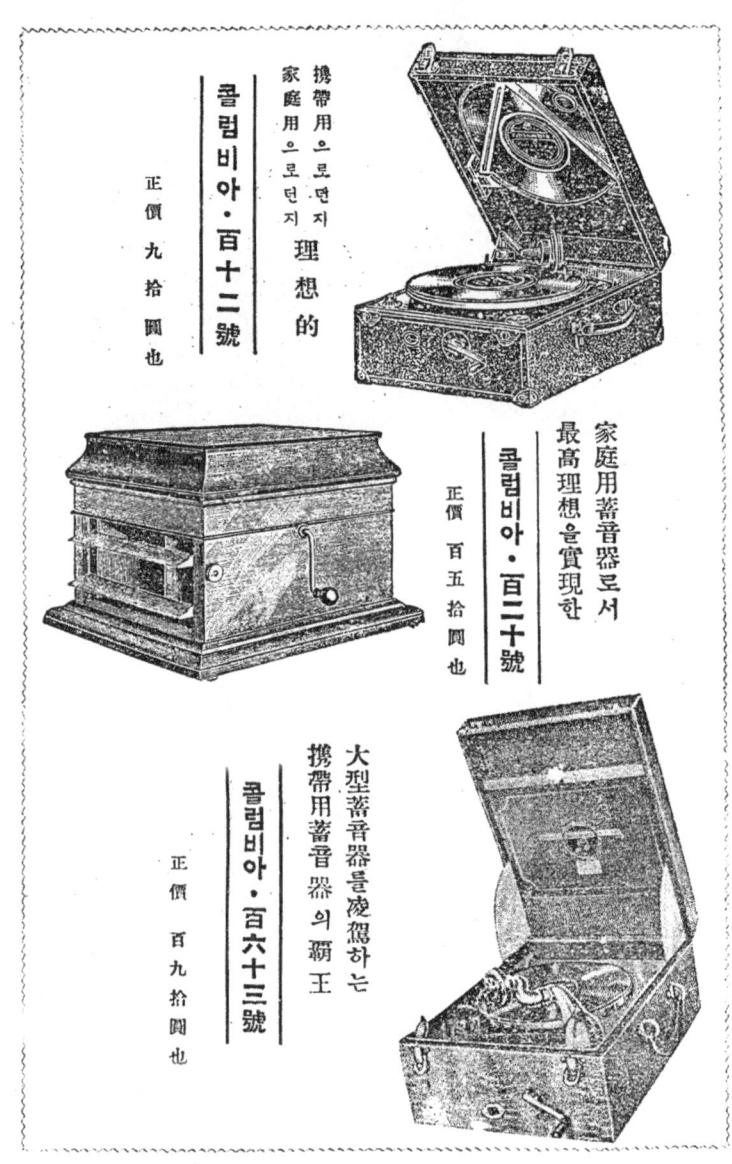

携帯用으로던지
家庭用으로던지 理想的
콜럼비아・百十二號

正價 九拾圓也

家庭用蓄音器로서
最高理想을實現한
콜럼비아・百二十號

正價 百五拾圓也

大型蓄音器를凌駕하는
携帶用蓄音器의霸王
콜럼비아・百六十三號

正價 百九拾圓也

그림 6. 콜럼비아 유성기 광고(1929)

대한 대중의 수용 태도가 음반의 제작에 상당한 영향을 끼쳤다고 할 수 있다.

이러한 상황에 비춰볼 때, 이 당시 유성기 음반을 둘러싼 공공 영역은 음반회사들 간의 경쟁과 투쟁의 장이었다고 할 수 있다. 또한 음반회사들과 대중 간의 의견 교환과 논쟁의 장이었다고도 할 수 있다. 당시의 대중은 음반회사가 제작하는 음반을 소극적으로 구매만 한 것은 아니었다. 대중은 유성기 음반회사에서 주관한 '유행가 현상 공모'나 '레코드 가수 인기투표' 등에 대거 참여하여 대중음악을 위시한 음반 전반에 대해 자신들의 관심과 입장을 적극적으로 표명하였다.[28] 특히 이 당시 대중음악을 사이에 두고 이루어진 비평가들의 논쟁은 당시 유성기 음반을 둘러싼 공공 영역에서 벌어진 상황들이 얼마나 역동적이었는지를 가늠하게 한다.

> (라) 오늘의 우리가 지적할 수 있는 소위 유행가란 극히 말초 신경적인 것으로 대부분 점령되어 있는 것이 사실이다. 〈사랑하여 주세요〉, 〈울면서 떠나갑니다〉 등속의 노래가 그의 전부라고 해도 과언이 아니다. 이런 것을 생산해서 시장으로 내보내야 그들의 경영이 유지될 수 있는지 모르지만 (만약 그렇다 하더라도) 이러한 저속한 유행가가 일반 가정에 끼치는 영향이 과연 어느 정도인지를 조금이라도 상상해 볼 때, 결코 대수롭지 않게 생각하고 눈 감아 넘겨 버릴 수는 없으리라 생각한다. 곡조는 별안간 어찌할 수 없다면 노래의 가사만이라도 좀 엄정히 선택하였으면 한다. 오늘의 레코드 기업자는 그들이 가지고 있는 영리적 야심의 십분의 일, 아니 백분의 일이라도 레코드에 대하여 문화적 의의를 느꼈으면 한다.[29]

---

28 '유행가 현상 공모'와 '레코드 가수 인기투표'에 대해서는 위의 책, 141~153쪽을 참고할 수 있다.
29 「유행가 시비」, 『조선일보』, 1939.9.16.

당시 대중음악을 둘러싸고 벌어진 논쟁의 핵심은 오늘날과 마찬가지로 대중음악의 '퇴폐성'과 '비속성'에 있다고 할 수 있다. 대중음악의 비속성과 퇴폐성을 문제 삼아 이를 비판하고 있는 것이다. 그러면서 "음반 기업자가 지니고 있는 영리적 야심의 아주 작은 부분이라도 음반에 대한 문화적 의의를 생각해 달라"고 부탁하는 것이다. 그런가 하면, 다른 쪽에서는 대중음악이 민중의 심리를 진솔하게 가장 잘 반영한 음악이라며 그 존재의 필연성과 의의를 강조하기도 하였다.

(마) 유행가를 정의하자면 대중 생활의 음악적 거울이라고 할 수 있고 유행가가 존재하는 사회적 기능도 결국 민중의 기분과 사상이 발표되는 데 있다고 볼 수 있습니다. (…중략…) 그러므로 음(音)으로 표현된 민중의 감정이 가장 솔직하고 직감적으로 나타나는 곳에 유행가의 특성이 있는 것입니다. '아스피린'이 감기에 필요한 진정제인 것과 마찬가지로 유행가 역시 민중의 정신적인 위무제라고 할 수 있습니다. 다시 말하면 오늘날 유행가는 경향(京鄕)을 물론하고 수많은 민중의 애호의 대상이 되고 따라서 음악적으로는 저급하다 치더라도 민중의 정신생활 위에 한 커다란 위안물로서의 큰 힘을 차지하고 있는 것은 사실이니 만큼 단순히 유행가가 표현하는 감정이 예술적으로 얕다 할지언정 오직 그 표현되는 감정만은 거짓이 없는 것임을 인식할 필요가 있습니다.[30]

(라)와 달리 (마)에서는 비록 대중음악이 그 표현 방식에 있어서는 다소 저급한 측면이 있다하더라도 민중의 감정을 가장 솔직하고 직감적으로 드러내며 대중의 마음을 위로해주는 정신적인 위무제로서의 역할을 한다며 대중음악의 존재 가치를 인정하고 있다. 이처럼 유성기

---

30 김관, 『가정지우』, 1939.6.

음반을 둘러싼 공공 영역은 대중음악에 대한 논쟁을 비롯하여 대중의 다양한 담론과 논의가 전개되는 공간이었다.

오늘날의 음반 상황과 유사하게, 당시에도 음반의 성공 여부를 예측하기란 쉬운 일이 아니었다. 심혈을 기울여서 만들고 대대적으로 홍보한 음반의 판매 실적이 예상외로 부진을 면치 못하기도 하는 반면에 전혀 예상하지 못했던 음반이 대대적인 히트를 기록하기도 했던 것이다. 결국 음반의 유행은 전적으로 대중의 취향과 감성에 의존하고 있었다고 볼 수 있다. 예를 들어, 일본에서 1930년대에 대대적인 인기를 얻었던 온도(音頭)는 우리나라에서는 거의 인기를 얻지 못했을 뿐만 아니라 발매조차 거의 되지 않았는데, 이는 당시 일본 대중과 한국 대중의 취향이나 음악 감각의 차이에서 그 원인을 찾을 수 있는 것이다.

요컨대 당시 유성기 음반을 둘러싼 공공 영역은 라디오 방송을 중심으로 펼쳐진 공공 영역과 마찬가지로 일제 당국과 음반회사, 그리고 대중이 만나 다양한 논쟁과 담론들을 생성해내는 공간이었다. 그리고 관제적인 성격을 지니고 있던 라디오 방송에 비해서 상대적으로 유성기를 중심으로 형성된 공공 영역이 더욱 역동적인 모습을 지녔다고 할 수 있다. 대중의 취향과 관심이 유성기 음반에 미친 영향이 라디오 방송보다 다대하였던 것이다. 이는 기본적으로 유성기나 음반이 음반회사의 이윤이라는 경제적인 지배 원리에 의해 운영되었기 때문이라고 할 수 있다.[31]

---

[31] 유성기 음반과 라디오 방송을 통한 음악 향유에 대해서는 그 목록 등의 비교를 통해 앞으로 좀 더 세세하게 살펴볼 필요가 있다. 이에 대한 논의는 다음으로 미룬다.

3. 대중매체의 출현으로 인한 음악 문화의 변모 양상

앞 장에서는 라디오와 유성기를 중심으로 형성된 공공 영역의 모습을 살펴보았다. 이 장에서는 좀 더 구체적으로 라디오와 유성기가 등장하면서 음악 문화가 어떻게 변하였는지에 대해 알아보고자 한다. 대중매체의 출현으로 인한 음악 문화의 변화 양상은 크게 두 가지 차원에서 살펴볼 수 있다. 첫째, 대중음악의 형성과 새로운 목소리의 출현, 둘째, 취향 공동체의 성립이 그것이다. 먼저 대중음악의 형성과 새로운 목소리의 출현에 대해 살펴보기로 한다.

1) 대중음악의 형성과 새로운 목소리(Record-voice)의 출현

대중음악은 유성기라는 대중매체가 등장하면서 자연스럽게 생겨난 양식이라고 할 수 있다. 왜냐하면, 이 당시의 유성기 음반은 약 3분 정도의 재생 시간을 지녔는데, 이처럼 제한된 시간에 의도적으로 맞춰 제작된 노래가 대중음악이기 때문이다. 다시 말해서, 작사자와 작곡자가 3분이라는 음반의 재생 시간을 적극 고려하여 제작한 것이 대중음악인 것이다. 이 당시 대부분의 대중음악이 대체로 3절의 분절 형태로 이루어진 것도 음반의 재생 시간이라는 매체의 기술적 제한 요건에서 비롯한 바가 크다고 할 수 있다.

이처럼 유성기 음반의 시간적 제약을 고려하여 만들어진 대중음악은 대중스타도 출현시켰다. 특히 과학기술의 소산물인 유성기나 라디오에 적합한 새로운 목소리의 가수를 탄생시킨 측면도 간과할 수 없다. 당시 최고의 인기 가수였던 남인수나 이난영의 노래를 들어보면, 판소리나 민요처럼 기존에 전래되던 전통음악의 소리꾼들과는 다른 질감의 소리를 빚어내고 있음을 알 수 있다. 전통음악의 목소리가 탁음이 많이 섞인 것이라면, 이들 대중음악 가수들의 목소리는 그야말로 미성(美聲)에 근접한 것이다. 이러한 미성은 유성기나 라디오와 같은 기계를 통해 들을 때 그 효과가 배가된다고 할 수 있다.

일제강점기의 또 다른 인기 가수였던 백년설의 경우 노래할 때 떠는 목을 많이 사용한데다가 음정마저 불안하였음에도 불구하고 당시에 상당한 대중적 인기를 얻을 수 있었던 것도 바로 그의 목소리가 유성기와 라디오라는 기계에 적합하였기 때문이라고 할 수 있다. 「유행 가수 지망자에게 보내는 글」이라는 제목의 구완회의 글에서도 그러한 사실을 확인할 수 있다. 그는 가수가 될 자격의 조건을 1. 성색(聲色)이 고와야 할 것, 2. 청각(聽覺)이 예민(銳敏)하고 두뇌(頭腦)가 명철(明哲)해야 할 것, 3. 기술(技術)이 좋고 광범위(廣範圍)로 노래를 부를 수 있어야 할 것, 4. 발음(發音)이 명확(明確)해야 할 것, 5. 대담(大膽)해야 할 것, 6. 인격(人格)이 좋아야 할 것의 여섯 가지를 제시한 후, '성색이 고와야 한다'는 부분과 관련해서 다음과 같이 기술하고 있다.

(바) 레코-드 歌手는 肉聲만이 좋다고서 반드시 레코-드 吹入에 適當하다고 볼 수는 없다. 우리가 흔히 經驗하고 있는 바이지마는 別로 美貌가 아닌 사람이 寫眞에 있어서 美人으로 現出되는 것과 가치 演奏會같은데서 聲量이 적어서 좋은 效果를 내지 못하는 사람도 레코-드를 通 하여서는 優秀한 성적을 내는 實例가 많다. 이것은 歌手의 肉聲을 直接 듣지 못하고 蓄音機라는 器械의 媒介物을 通 하야 듣는 데서 原因되는 것으로 레코-드 歌手를 志望하는 사람도 注意할 點도 여기에 있다. 卽 寫眞에 適當한 '카메라 훼스(Camera-face)'가 있는 것

과 같이 레코-드에는 레코-드에 適合한 所謂 '레코-드 보이스(Record voice)'
가 있다. 레코-드 歌手에게 있어서는 聲量의 大小는 그렇게 重要視되지 않는
다. 聲量의 大小만은 吹入器械에 對한 歌手의 位置如何 또는 調節如何로 音域
을 얼마던지 伸縮할 수 있는 까닭이다. 그러나 무엇보다도 第一必要한 條件은
聲色이 고와야 한다.[32]

　인용문을 통해서도 알 수 있듯이, 유성기나 라디오라는 대중매체에
특별히 적합한 목소리가 있다고 할 수 있다. 즉 무대에서 공연하는 것
과 달리 성량의 크기가 중요한 것이 아니라 유성기라는 기계음을 통해
들을 때, 곱게 들리는 목소리여야 한다는 것이다. 그 때문에 '성색이 고
운 목소리'를 레코드 가수의 조건으로 제시한 것이다. 또한 발음이 명
확해야 한다는 것도 기계를 통해 들리는 목소리인지라 가사 전달을 명
확하게 하기 위해서 정확한 발음이 필요하다고 한 것이다.[33]
　이처럼 유성기와 라디오는 그 기계에 적합한 새로운 목소리를 출현
시켰다. 일제강점기 가수 중에 미성의 소유자가 많은 것도 그러한 맥
락에서 이해할 수 있다. 그리고 여기서 더 나아가 이른바 유성기 음반
과 라디오 방송을 통해 대중음악이 알려지면서 대중음악의 인기에 힘
입어 대중스타가 탄생하기에 이르렀다. 대중은 자신이 좋아하는 가수
들에게 팬레터를 보내고 레코드 가수 인기투표에 참여하는 방식으로
가수들에 대한 자신들의 관심을 적극적으로 표명하기도 하였다. 1930

32　구완회, 「유행 가수 지망자에게 보내는 글」, 『조광』, 1939.5.
33　기본적으로 명확한 가사 전달을 위해서 가수의 발음이 좋아야 하겠으나 특히 TV가 나오기
　　전까지 라디오 가수에게는 정확한 발음이 무엇보다도 중요하였다고 한다. 얼굴을 보지 못
　　한 상태에서 오직 목소리에 의존하므로 발음이 정확해야 청취자들에게 가사를 제대로 전달
　　할 수 있었고 그 때문에 가수들은 명확하게 발음하여 노래를 부르는 것을 원칙으로 하였다.
　　이는 1950년대에 인기 가수로 활동하였던 금사향 선생님과의 면접(2006.5.15)을 통해서도 확
　　인한 사실이다.

년대 중반에 왕수복, 선우일선, 이난영 등의 여자 가수들과 채규엽, 김용환, 고복수 등의 남자 가수들이 대중의 선풍적 인기를 차지한 것이 실제적이고 구체적인 사례가 될 것이다.[34] 이 당시 『삼천리』와 같은 잡지에 빈번하게 실렸던 대중가요 가수들의 인터뷰 내용은 그들의 사생활에 대한 대중의 관심을 여실히 보여주는 것이면서 동시에 그들의 대중적 인기를 가늠할 수 있는 척도이기도 했다.[35]

이처럼 일제강점기에 이른바 대중스타들이 탄생할 수 있었던 데에는 유성기나 라디오와 같은 대중매체의 등장이 주요 배경으로 작용하였다고 할 수 있다. 라디오나 유성기는 단시간 내에 광범위한 지역으로 동일한 음악을 전달할 수 있었으며 그 파급 효과 또한 이전과는 비교할 수 없을 정도로 대단하였기 때문이다. 그리하여 유성기나 라디오 방송을 통해 흘러나온 노래가 대중에게 큰 인기를 얻게 되면서 이 노래를 부른 가수들은 일약 대중스타로 자리 잡기도 하였던 것이다.

(사) 最近 放送局에서 産業戰士의 希望音樂會를 하고자 希望曲을 募集하였는데, 絶對數가 백년설이 부른 曲들이었다 한다. 이것만 보아도 백년설 人氣가 어떠한지 짐작할 수 있다. 악기점에 가 보아도 레코드 사러 온 손님의 大部分이 백년설 판을 찾는 손님이요, (레코드 이름 무엇을 찾는 것이 아니라 백년설의 새로 나온 판을 찾는다) 콩쿨이나 테스트에도 백년설 흉내 내는 여드름 少年이 90% 以上이다.[36]

---

34 1930년대 중반 레코드 가수 인기투표에 대해서는 장유정, 앞의 책, 149~153쪽 참조.
35 잡지 『삼천리』에는 「인기 가수의 예술·사생활·연애」라는 기사명으로 1935년 6월호부터 왕수복을 비롯한 인기 가수들의 인터뷰 내용이 한동안 연재되었다. 기사는 가수들의 수입이나 이상형, 연애 등과 같이 가수들의 사생활에 대해 묻고 답하는 내용이 대부분을 이룬다.
36 양훈, 「인기유행가수군상」, 『조광』, 1943.5.

그림 7. 가수 백년설

위의 인용문을 보더라도 당시의 대중가요 가수는 단순히 노래만을 들려주는 사람이 아니었음을 알 수 있다. 대중은 이제 특정의 노래가 아니라 특정 가수가 취입한 음반을 찾아 악기점과 레코드 가게를 드나들고 급기야는 그 가수의 흉내까지 스스럼없이 내려고 하는 등 대중스타에 열광하는 모습을 보여주고 있다. 스타를 모방하고 그들과 동일시하고자 하는 심리가 일제강점기의 대중 사이에서도 이미 나타났던 것이다. 이러한 대중스타 탄생의 이면에는 라디오나 유성기와 같은 대중매체가 중요한 역할을 담당하였다고 할 수 있다.

2) 취향 공동체의 성립

앞서 살펴보았듯이, 라디오 방송과 유성기 음반은 다양한 음악 양식들을 출현시키고 대중으로 하여금 대중가요 가수들을 추종하게 하는 등 이전과는 다른 음악 문화를 조성하였다. 또한 라디오 방송과 유성기 음반을 통해 대중은 자신들이 선호하는 음악을 다투어 들었고 대중음악에 대한 다양한 의견을 개진하고 열띤 논쟁을 벌이면서 자신들만의 음악적 취향을 형성하는 데까지 이르게 되었다.

음악적 취향은 한마디로 정의 내리기가 어렵다. 대중이 특정 음악과 특정의 가수에 열광하는 이유를 객관적으로 해명하기란 쉽지 않은 것이다. 그럼에도 불구하고 대중 사이에 음악적 취향이라는 것이 엄연히 존재한 것도 사실이다. 대중은 전통음악을 선호하기도 하고 대중음악에 더 열광하기도 하고 때로는 서양음악에 심취하기도 한다. 그런데 이렇게 특정한 양식의 음악을 선택하는 이유는 대중 자신의 성향 때문도 아니고 그 음악이 뛰어나게 훌륭해서도 아니라는 연구 결과가 있다. 즉 대중이 특정의 음악적 취향을 갖는 이유는 다름이 아니라 그들이 살고 있는 사회 안에서 그 사회 구성원들과 연대감을 갖기 위해서라는 것이다.[37]

앞서 제시하였던 인용문 (가)를 다시 살펴보기로 한다. 인용문 (가)는 세대와 지역별로 다른 음악적 취향이 형성되고 있음을 짐작하는 데 도움을 준다. '신식 유행가 소리를 싫어하고 전통가요를 듣기 원하는 아버지들과 그들의 아들들 사이의 다툼'이라든지 '오직 가야금 연주만을 듣고자 하는 이들과 서구 음악을 듣고자 하는 이들 사이의 다툼'이

37　로베르 주르댕, 채현경·최재천 역,『음악은 왜 우리를 사로잡는가』, 궁리, 2002, 417쪽.

라는 구절들에서 전통가요와 가야금 연주를 선호하는 구세대와 신식 유행가 소리와 서구 음악을 즐겨 듣는 신세대 간에 존재하는 음악적 취향의 차이를 감지할 수 있다.

또한 '지역적인 갈등'이라고 적시하였듯이, 서도가를 선호하는 서도 출신의 사람들과 남도가를 더 많이 듣고자 하는 남도출신의 사람들 사이에도 역시 음악적 취향의 차이가 존재하고 있음을 알 수 있다. 이렇게 세대와 지역별로 서로 다른 음악적 취향을 형성하면서 비슷한 세대와 동일한 지역 출신의 사람들은 공감대와 연대감을 형성해갔다. 이른바 비슷한 음악을 향유하는 취향 공동체가 이 시기에도 형성되었음을 알 수 있다.

이러한 취향 공동체는 동일한 장소에 함께 모인 사람들 사이에서만 이루어지는 것은 아니었다. 라디오나 유성기라는 대중매체로 인해서 비록 다른 시·공간에 있을지라도 취향 공동체의 형성이 가능하였던 것이다. 그러므로 취향 공동체는 현실에 엄존하지만 그 실질적 모습은 유성기나 라디오라는 매체를 통해 형성된 가상의 공동체적 성격을 띤다고 할 수 있다.

(아) 시내 모 악기점 주인의 이야기를 들으면 일반 조선 사람의 악기 구매 경향이 대개 외국 음악의 편애주의로 유성기판 하나를 사는데도 우리 조선 사람은커녕 서양사람 자신들도 잘 이해하기 어렵다는 '에르겐(베토벤)'의 〈월광곡〉 같은 것을 찾는 것을 일종의 자랑으로 아는 대신에 혹 악기점 주인이 이러이러한 유명한 歌曲이 있으니 이것이 어떠하냐고? 조선의 음률을 주장하는 일이 있으면 ○○○○○(판독 불가 ─ 인용자) "아, 그까짓 거, 조선 음악 우리는 재미없어요!" 식으로 일언으로 거절하여 조선 음악을 말하며 조선 음률을 아는 것을 일종의 치욕으로 아는 듯한 표정을 하는 사람도 적지 않다고 한다.[38]

그림 8. 콜럼비아 유행 가수 좌담회(『신인문학』 1934.12)

인용문 (아)는 서양음악의 유입에 따라 형성된 이른바 고급 음악에 대한 대중의 취향을 엿보게 한다. 실제로 당시 지식인층을 중심으로 서양음악에 대한 선호가 이루어졌던 것으로 보인다. 게다가 인용문 (아)에서처럼 이러한 서양음악에 대한 선호는 조선음악, 즉 전통음악에 대한 경시로 이어지곤 하였다. 이처럼 자신이 좋아하는 음악을 중심으로 대중은 음악적 취향을 만들고 취향 공동체를 형성해갔다.

이처럼 라디오 방송과 유성기 음반을 통한 음악의 향유는 취향 공동체이자 정서적 공동체라고 할 수 있다. 나와 비슷한 음악을 좋아한다는 것만으로도 사람들은 일종의 동질감을 느끼고 이러한 동질감은 연대감으로 이어지는 것이다. 그러나 한편으로 자신과 다른 취향을 가진 사람들을 구분하는 일종의 '구별 짓기'가 이루어지기도 하였다. 앞으로 더 살펴보아야겠으나, 대체로 전통음악, 대중음악, 서양음악을 향유하는 사람들 간에 계층적 차이가 존재하였을 것으로 보인다. 또한 같은 대중음악이라도 트로트를 당대의 지식인들이 주로 향유하였다면 신민요는 상대적으로 하층의 대중이 즐긴 경향이 있다. 아울러 재즈송은 도시를 중심으로 모던걸과 모던보이들이 향유하였던 것이다.

요컨대 라디오 방송과 유성기 음반은 대중음악을 출현시키고 기계에 맞는 새로운 질감의 목소리를 출현시켰으며 대중스타를 탄생시켰다. 또한 취향 공동체 내지는 정서적 공동체를 형성하면서 기존의 음악 문화를 변화시키고 새로운 근대 음악 문화의 지형도를 만드는 데 일조하였다고 할 수 있다. 그리고 이는 다시 새롭게 편성된 음악 향유 계층을 낳기도 하였다.

4. 맺음말

　이상으로 일제강점기에 유성기와 라디오라는 대중매체가 등장하면서 음악 문화가 어떻게 변하였는지를 살펴보았다. 우리나라 근대 음악 문화의 형성과 변화에 라디오나 유성기와 같은 대중매체가 끼친 영향은 지대하다고 할 수 있다. 하지만 근대 음악 문화가 형성된 시기가 일제강점기라는 식민지 시기와 맞물리면서 발생하면서 이에 대한 평가는 일면적으로만 이루어진 측면도 있다. 그러나 실상은 단선적으로 이해하기 곤란할 정도로 복잡하고 다양하였다고 할 수 있다.

　식민지 시기 대중매체를 둘러싸고 이루어진 공공 영역은 단순히 지배 권력이 식민지 민중을 경제적으로 지배하고 정치적으로 억압만 한 것은 아니다. 그보다는 오히려 지배 권력과 식민지 민중 사이의 헤게모니가 복잡하고 미묘한 양상을 띠면서 역동적으로 작용하는 공간이었다고 보는 것이 실상에 더 근접할 것이다. 이에 본고에서는 일제강점기 라디오 방송과 유성기 음반이라는 대중매체의 출현과 이로 인해 형성된 공공 영역과 음악 문화의 변화 양상을 살펴보았다.

　라디오 방송과 유성기 음반은 근대 음악 문화를 변화시키는 데 중요한 요인으로 작용하였는데 그 구체적인 양상을 정리하면 다음과 같다. 먼저 대중매체는 대중음악을 낳았고 기계에 적합한 새로운 질감의 목소리를 출현시켰으며 대중스타를 탄생시켰다. 유성기 음반의 제한된 재생 시간을 충족시킬 수 있는 노래를 찾는 과정 속에서 본격적인 의미의 대중가요가 형성되었으며, 유성기 음반과 라디오 방송을 통해 이 시기 가수들의 노래가 단시간 내에 광범위한 지역으로 전파되면서 이른바 대중스타도 출현하게 되었던 것이다. 다음으로 라디오 방송과 유성기 음반은 취향 공동체를 성립시키는 데에도 큰 영향을 끼쳤다. 음악적 취향이 비슷한 대중끼리 서로 공감대와 연대감을 형성하면서 취향 공동체를 형성해 나간 모습을 확인할 수 있었다.

본고는 근대 대중매체 중에서 가장 대표적인 것이라 할 수 있는 라디오와 유성기를 중심으로 그를 둘러싸고 형성된 공공 영역의 모습과 이러한 대중매체가 일제강점기의 음악 문화에 끼친 영향에 대해 살펴보았다. 앞으로 라디오와 유성기뿐만 아니라 다른 매체들까지 포함하여 일제강점기 대중매체가 음악 문화에 끼친 영향을 살펴보고자 한다. 또한 당대의 사료를 토대로 취향 공동체에 대해서도 심도 깊은 논의도 이루어져야 할 것이다. 이에 대한 고찰은 추후의 과제로 남긴다.

참고문헌

『매일신보』, 『동아일보』, 『조광』, 『독립신문』, 『삼천리』, 『가정지우』

김점도 편, 『유성기음반 총람자료집』, 신나라레코드, 2000.
로베르 주르뎅, 채현경·최재천 역, 『음악은 왜 우리를 사로잡는가』, 궁리, 2002.
마셜 매클루언, 김성기·이한우 역, 『미디어의 이해』, 민음사, 2006.
박찬호, 안동림 역, 『한국가요사』, 현암사, 1992.
백대웅, 「18·19세기 서울의 도시문화 변천에 따른 음악 문화의 변화 양상」, 『민족문
　　　화연구』 제31집, 고려대 민족문화연구소, 1998.
베르너 파울슈티히, 황대현 역, 『근대초기 매체의 역사』, 지식의풍경, 2007.
서재길, 「한국 근대 방송문예 연구」, 서울대 박사논문, 2007.
신기욱·마이크 로빈슨 편, 도면회 역, 『한국의 식민지 근대성』, 삼인, 2006.
요시미 순야, 안미라 역, 『미디어문화론』, 커뮤니케이션북스, 2006.
이범경, 『한국방송사』, 범우사, 1994.
장유정, 『오빠는 풍각쟁이야－대중가요로 본 근대의 풍경』, 민음in, 2006.
정진석 편, 『한국방송관계기사모음－1924~1955』, 코리아헤럴드, 1992.
제임스 프록터, 손유경 역, 『지금 스튜어트 홀』, 앨피, 2006.
한국정신문화연구원 편, 『한국 유성기음반 총목록』, 민속원, 1998.

제1부／제2장

1930년대 근대매체의 실화 수용에 따른 글쓰기 방식의 변화 고찰[1]

1. 머리말

본고의 목적은 매체에 따른 글쓰기 방식의 차이를 고찰하는 것이다. 이를 위해서 본고는 1930년대에 발생하였던 한 사건을 소개하는 한편 그 사건이 당시의 매체와 만나서 어떤 변용을 거쳤으며 그 의미가 무엇인지를 살펴보고자 한다.

사회 변화의 역사는 매체의 역사라고도 하는데,[2] 이는 수없이 다양

---

1 「매체에 따른 글쓰기 방식의 변화 고찰－1930년대 근대매체의 실화 수용을 중심으로」, 『한국언어문학』 제65집, 한국언어문학회, 2008.
2 매체의 개념 정의는 논자에 따라 달라질 수 있다. 예를 들어, 파울슈티히는 매체를 '사회적인 지배력과 함께 특정한 능력을 지니고 있는 조직화된 의사소통의 통로를 둘러싼 제도화

한 매체가 생성과 소멸을 거듭하면서 사회가 바뀌고 역사가 진행되었음을 의미할 것이다. 우리나라에도 신문, 잡지, 라디오, 유성기 등의 근대매체가 등장하면서 이전 사회와는 다른 양상이 나타나기 시작하였다. 그리하여 1920년대 이후부터 우리의 현실은 매체와 밀접한 관련을 맺으면서 존재하였던 것이다.[3]

비록 당시 우리나라는 일제의 식민지라는 시대적·역사적 질곡에 놓여 있었으나 근대매체이자 대중매체였던 신문, 잡지, 라디오, 유성기 등은 당대인의 삶과 문화를 변화시켰다.[4] 신문, 잡지, 유성기, 라디오 등이 등장하면서 대중은 새로운 매체를 통해 이전과는 다른 모습의 문화를 경험하게 되었던 것이다. 특히 1930년대는 대중매체를 통해 소개된 대중문화가 대중의 호응을 받았던 시기이다.

같은 소재라 하더라도 어떤 매체를 사용하느냐에 따라 그 모습이 달라지고 결국 새로운 매체는 새로운 글쓰기 방식을 낳기도 한다. 본고에서는 이 점에 주목하여 매체가 지니는 특성에 따라서 글쓰기 방식이 달라질 수 있음을 하나의 실화를 통해 고찰하고자 한다. 이러한 작업을 통해서 매체에 따른 글쓰기 방식의 차이와 더불어 1930년대 문화의 한 특징을 포착할 수 있을 것이다.

된 체계'라는 광의의 개념으로 설명하면서 인류 시원기의 축제도 매체로 간주하고 있는 것이다.(베르너 파울슈티히, 황대현 역, 『근대초기 매체의 역사』, 지식의풍경, 2007, 13쪽, 26쪽) 그러나 본고에서는 논의의 혼란을 피하고자 매체의 정의를 '신문, 잡지, 영화, 라디오, 텔레비전처럼 근대 이후에 많은 사람에게 대량으로 정보와 사상을 전달하는 대중매체'로 한정하여 논의를 전개하고자 한다.

3 서구 문물을 적극적으로 받아들였던 일본의 경우도 1920년대부터는 매체와 연계되지 않은 현실은 생각조차 할 수 없을 정도로 현실과 매체가 밀접한 관련을 맺었다고 하였다.(요시미 순야, 안미라 역, 『미디어문화론』, 커뮤니케이션북스, 2006, 27쪽)

4 장유정, 「대중매체의 출현과 음악 문화의 변모 양상 – 라디오와 유성기를 중심으로」, 『대중서사연구』 제18호, 대중서사학회, 2007, 261쪽.

2. 신문매체와 실화

1920년대 이후부터 우리나라에는 새로운 연애관이나 사랑관이 등장하였다. 1920년대부터 소개된 엘렌 케이의 저술을 비롯하여 근대 사회의 징후들이 우리나라의 자유연애 및 자유이혼의 풍조에 큰 영향을 끼쳤던 것이다.[5] 이와 같은 자유연애 및 자유이혼 풍조는 급기야 전통적인 애정관에도 많은 변화를 가져왔다. 그러나 이러한 새로운 연애관은 전통적인 가치관과 충돌하면서 부작용 또한 불러 일으켰다. 기생 강명화가 장병천과의 사랑을 이루지 못해 1923년에 자살한 것이나[6] 〈사의 찬미〉를 불렀던 윤심덕과 유부남이면서 당대의 유명한 극작가였던 김우진이 1926년에 정사한 사건도 그러한 부작용 중의 하나로 이해할 수 있다.[7]

1920년대에 이어서 1930년대에도 이룰 수 없는 사랑 때문에 괴로워하다가 자살을 시도하거나 실제로 자살을 한 인물이 종종 있었다. 특히 사회에서 상대적으로 하위 계층의 인물로 취급받았던 카페의 여급과 상류층인 유부남의 사랑이 문제시되곤 하였다.[8] 카페의 여급이 이

---

5   권보드래, 『연애의 시대』, 현실문화연구, 2003, 104~110쪽.
6   장유정, 「20세기 전반기 기생 소재(素材) 대중가요의 노랫말 분석」, 『한국문화』 35, 서울대 한국문화연구소, 2005에서 강명화 관련 사건을 자세하게 소개하였다.
7   장유정, 『오빠는 풍각쟁이야 ─ 대중가요로 본 근대의 풍경』, 민음in, 2006, 94쪽. 윤심덕과 김우진의 정사 사건 이후, 윤심덕이 죽기 전에 녹음한 〈사의 찬미〉가 상당한 인기를 얻으면서 유성기와 음반이 대중에게 알려지는 계기가 마련되었다.
8   당시의 카페는 오늘날처럼 커피를 파는 곳이 아니라 여급의 술시중을 받으면서 술을 마시는 곳이었다. 새로운 직업군으로 등장하였던 카페 여급과 그곳을 드나들던 남성과의 연애 사건이 빈번하게 발생하면서 신문에 자주 기사화되곤 하였다. 한 예로, 『매일신보』 1933년 10월 1일에도 「사랑의 안전지대 찾아 연애 행진의 스타트」라는 제목의 기사가 실렸는데, 그 내용은 다음과 같다. 즉 법학사 출신으로 모 회사의 이사(理事)로 있던 부원봉(가명)이 낙원

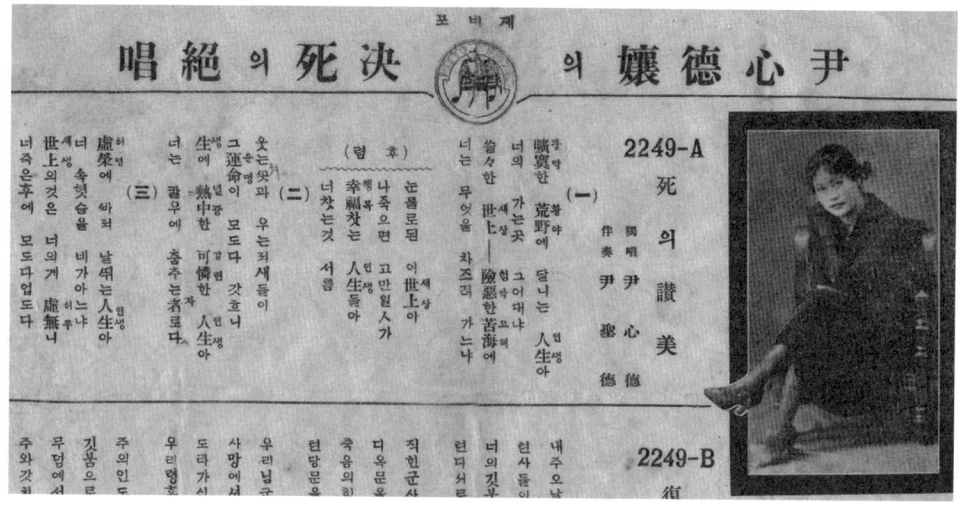

그림 9. 윤식덕의 〈사의 찬미〉 음반 가사지

루어질 수 없는 사랑이나 실연에 괴로워하다가 자살을 했다는 내용이 당시 신문에서 심심치 않게 등장하였던 것이다.

본고에서 대상으로 삼은 사건도 카페 여급의 자살 사건이다. 그러나 이 사건이 여타의 사건과 다른 점은 자살한 카페 여급의 상대 남자가 여급을 따라 죽었다는 것이다. 1933년 9월에 발생한 이 사건의 주인공은 엔젤 카페의 여급으로 있던 김봉자(갑순)와 의학사(醫學士)이면서 유부남인 노병운이다. 그러나 당시 신문에서 김봉자와 노병운의 정사 사건을 전달하는 방식이나 시선에 차이가 드러나는 바, 이에 대한 고찰이 요구된다.

회관 카페 여급으로 있던 군산 출생의 소야자(가명)와 달아났다며 부원봉의 아내인 황일성이 남편을 찾아달라고 경찰서에 호소한 것이다. 이처럼 유부남과 카페 여급의 사랑, 그리고 부작용으로 나타난 자살과 도피 등은 당시에 큰 사회적 문제로 사람들의 관심을 불러일으켰다. 일제강점기 다방과 카페의 풍경은 장유정, 『다방과 카페, 모던보이의 아지트』, 살림, 2008을 참고할 수 있다.

그림 10. 카페 '엔젤'의 외관(『조선과 건축』)

이 사건을 다룬 신문의 논조를 살펴보기에 앞서 당시의 신문 자료를 토대로 김봉자와 노병운의 인적 사항을 언급하기로 한다. 본적을 충북 옥천군 군선면 은향리에 두고 있는 김봉자[9]는 8세 때 부친을 여의고 어머니와 함께 외가를 찾아서 서울로 올라왔다고 한다. 17세 때 이모(某)씨와 결혼하여 1933년 당시 4살이 된 딸 이흥순(李興順)이 있었다. 남편의 실직으로 직업전선에 나오게 된 김봉자는 시내 모 병원 간호부로 약 2, 3년을 지내다가 카페 '스타'와 '태평양'을 거쳐 1932년 12월에 '엔젤' 카페에서 일하게 되었다. 이어서 1933년 1월에는 이모 씨와 이혼을 하고 독신으로 지내다가 노병운과의 이룰 수 없는 사랑에 비관하여 1933년 9월 26일, 밤 11시 30분경에 한강에 몸을 던져 자살하였다.

김봉자의 뒤를 이어서 한강에 투신한 노병운은 함경남도 북청 읍내 출생으로 양정고보를 졸업한 후 경성제대 의학부를 마치고 내과의 조수로 있었다. 그 당시 그가 결혼하여 살림을 하고 있었던 시내 청엽정(靑葉町) 1정목 63번지에는 4년 전에 결혼한 아내 박내씨(朴內氏)와 3살된 장녀 희완, 1살 된 아들 영걸이 있었다. 1932년 11월경부터 김봉자와 사귀기 시작한 노병운은 김봉자가 죽은 것을 확인한 후, 유서를 남기고 1933년 9월 28일 오전 7시에 한강에 몸을 던져 자살하였다.[10]

그러면 당시의 인쇄매체인 신문은 이 사건을 어떻게 다루고 있을까? 신문매체는 기본적으로 보도성, 사실성, 공정성, 간략성, 객관성, 정확성, 신속성 등을 그 특징으로 하며 대부분의 기사도 그러한 차원에서 작성된다. 당시 김봉자와 노병운의 정사 사건을 다룬 신문도 마찬가지 특성을 드러낸다. 『조선중앙일보』 1933년 9월 29일자에 수록된 기사를 통해서도 그러한 사실을 확인할 수 있다.

---

9 김봉자의 신상에 대한 소개는 『동아일보』, 1933.9.28 · 1933.9.29를 참조하였다.
10 『매일신보』, 1933.9.29.

작일속보 = 지난 二十六일 밤 11시 30분에 漢江 인도교 한강 ○○○에서 검푸른 강물 속에 쒸여들어 자살을 한 〈엔젤카페〉의 봉자(峰子)라는 김갑순(金甲順)의 자살 사건이 생긴 후 그와 일즉이부터 사랑을 속삭이든 노병운(盧炳雲)이라는 남자가 그 애인 김갑순이 자살한 후 十四시간 만인 二十七일 오후 2시부터 돌연이 행방을 감추어 사건은 이에 미궁에서 방황하고 잇다. 노병운은 원적을 북청(北靑)에 두고 일즉이 보통학교를 졸업한 후 부내 양정고보를 五년간 수석으로 졸업한 장래를 촉망하든 수재로서 대학 예과를 거처 경성제국대학(京城帝大) 학부를 금년 봄에 마친후 동 부속 병원 연구실에서 연구를 계속 하든 전도 유망한 청년 학도이었다.

그러나 그는 무슨 까닭으로 이에 행방불명이 되엿는가? 자살한 김갑순과 어떠한 연유가 숨어 잇스나 안혼가? 이 독자와 가치 꽤 궁금한 일이다. **긔자가 조사한 바에 의하면** 二十六일에 김갑순이 자살을 하얏다는 소식을 들은 병운은 오전 열시에 두 사람의 친구와 가티 용산경찰서에 출두하야 김갑순의 자살이 과연 확실한지를 묻고 갓다.(강조는 인용자)

—『조선중앙일보』, 1933.9.29.

인용문을 통해서 알 수 있듯이, 위의 기사를 쓴 기자는 자신이 확인한 사실을 바탕으로 하여 되도록 정확한 정보를 제공하고자 하고 있다. 감정적인 평가는 배제한 체, 시간적 순서에 따라 사건을 기술하고 있는 것이다. 그리하여 위의 기사는 기사문의 특징인 사실성과 공정성, 객관성 등을 확보하였고 할 수 있다. 또한 '작일 속보'라고 해서 비교적 신속하게 소식을 전한다는 것을 강조하였을 뿐만 아니라 '기자가 조사한 바에 의하면'과 같은 표현을 통해 독자에게 객관적이고 정확한 정보를 제공하고 있음을 알려주고 있다.

그러나 신문매체가 '객관성'을 담보한 상태에서 사건을 기술한다고는 하나 신문에 따라서, 또는 그 기사를 전하는 기자에 따라서 내용의 주안점이나 전달하고자 하는 내용의 초점이 달라질 수 있다. 또한 아무리 신문이 진실을 전한다고 하더라도 그 내용을 액면 그대로 믿을 수 없다는 것을 대부분의 사람들은 경험으로 알고 있다.

제목만 보더라도 같은 사건을 다루면서도 신문사에 따라서 그 사건을 다루는 방식이 다소 다르다는 것을 알 수 있다. 『조선중앙일보』가 "金甲順의 뒤를 이어 情男조차 行方不明"이라고 해서 사실 전달에 치중하고 있는 것과 달리, 『매일신보』는 "戀人 峰子의 뒤를 싸라 盧炳雲도 漢江 作魂-天國에 사랑을 매지렴인가"처럼 극적인 표현을 통해서

그림 11. 김봉자와 노병운(『조선중앙일보』, 1933.9.29)

독자들의 관심과 흥미를 유발시키고 있는 것이다. 제목뿐만 아니라 신문에 따라 동일한 사건을 바라보는 시선에도 차이점이 드러난다.

1930년대 민족지로 인식되었던 『동아일보』[11]는 당시 신문들 중에서 가장 빨리 이 사건을 전하고 있다. 『조선중앙일보』나 『매일신보』가 1933년 9월 29일에야 비로서 '김봉자와 노병운의 정사사건'을 소개한 것과 달리 『동아일보』는 1933년 9월 28일 조간과 석간에서 두 번씩이나 이 사건을 크게 다루고 있다. 그런데 『동아일보』는 김봉자의 자살 사건을 단순히 연애 문제에서 비롯한 것이 아니라 공산당 활동이라는

---

11 비록 1937년 이후로 『동아일보』와 『조선일보』가 친일지로서의 성격을 지니게 되었다는 주장이 있기는 하나(장신, 「1930년대 언론의 상업화와 조선·동아일보의 선택」, 『역사비평』 통권70호, 역사비평사, 2005 봄, 165쪽) 1930년대 초반에 두 신문은 민족지로 인식되었다.

정치적인 문제와 결부시켜 해석하고 있다.

紅燈에 隱身活動中 秘密에 殉死한 密使—연애관계로 친해진 동무에게서 중대 사명마타서 활동 중에 발각

—自殺한 金峯子過去, 國際黨의 秘命받고 紅燈下에 潛身活動

경성 카페계의 스타 김봉자(金峯子)양이 二十六일 오후 十시 四十분경에 한 강에 투신자살하엿다는 것은 기보한바 같거니와 그가 해외 동지와 연락을 하엿다는 김일선(金一仙)과의 관게는 어떠하엿든가? 김일선은 원래 상해(上海)에 잇는 국제공산당(國際共産黨)의 유력한 투사로 재작년 가을 경에 상해에 잇는 조선공산당(朝鮮共産黨)의 중대한 사명을 받고 조선에 잠입하야 작년 七월 三十一일에 鐘路 三정목에 잇는 카페「엔젤」에 들어가서 조선과 상해와의 밀접한 연락을 취하고 잇는 동시에 동지의 획득에 꾸준히 조력을 하고 잇든바 금년 二월에 김봉자양이 태평양(太平洋) 카페에서 엔젤로 옮겨가게 되면서 비로소 알게 되엇다 한다. (…중략…)

秘密의 열쇠? 所持品燒却 형사대가 수색하고 간 뒤에 自殺을 覺悟하고 置處

경성에서 어떠한 사람이 상해 공산당과 연락을 취하고 조선에서 활동한다는 정보는 벌서 오래 전에 시내 각서에 도달하야 그 사람의 정체를 각 경찰에서 수사하든 중 최근 용산서 고등계 장(張) 형사가 그 사람의 정체가 김갑순인 것을 내탐하고 이래 감시중이다가 二十六일 오후에 김(金) 형사를 대동하고 김갑순의 집을 습격한 것이라고 한다. 김갑순은 이 기미를 알고 벌서 경찰에 발각된 것을 각오한 후 자기의 소유물 전부를 없애버리고 기보와 같이 자살한 것인데 용산서에서 압수한 상해 김일선과 오고간 서신 二十四통의 내용으로는 경성에서 적색운동에 중대한 역할을 한 것만은 드러낫으나 동지 규합 기타는 자세히 알 수 없다는 바 용산서에서는 금후 행동방침을 어떠케 정하는지 자못 주목되는 바라고 한다.

—『동아일보』, 1933.9.28.

위의 기사를 통해서 알 수 있듯이, 『동아일보』에서는 김봉자의 자살 사건을 공산당 활동과 결부시켜 자세하게 다루고 있다. 김봉자와 같은 카페에서 일하였던 국제공산당의 투사였던 김일선과 김봉자의 관계를 언급하고 김일선이 상해로 떠나면서 김봉자에게 공산당 활동과 관련된 임무를 주었다고 한 것이다. 경찰서에서 이러한 기미를 눈치 채고 주시하다가 경찰이 김봉자의 집을 습격하여 24통의 문서를 압수하였다고 하였다. 이에 김봉자가 비관하여 자신의 소유물 전부를 없애버리고 자살하였다고 한 것이다.

『동아일보』는 공산당원을 '투사'라고 명명하고 경찰이 김봉자의 집을 압수 수색한 것을 '습격'이라고 표현하는 등, 김봉자의 입장에서 사건을 기술하고 있다. 이어서 김일선이 김봉자에게 보낸 편지를 소개하고 김봉자와 같은 카페에서 일하던 정복순의 증언을 통해 김봉자가 매우 이지적인 여성이었음을 밝히고 있다. 이러한 시각은 같은 날짜 『동아일보』 석간에서도 마찬가지로 나타난다.

綠酒紅燈의 그늘에 숨어 秘密通信하든 女鬪士
－事實發覺을 憂慮 끝에 生命을 끊은듯, 重大秘密 품고 漢江投身
二十六일 짙어가는 가을밤 十一시 三十분경에 서울 「카페」계의 스타 한 명이 타오르는 사랑의 불길이 속절없이 사라지게 되는 슬픔을 연약한 가슴에 품고 한강(漢江)에 영원히 사라지고 말앗다. 그는 종로(鐘路) 三정목에 잇는 엔젤 카페의 스타 김봉자(金峯子)다. 그는 二十六일밤 十一시까지 태연자약한 태도로 엔젤「카페」에서 여러 손님과 술작을 주고받다가 十一시경에 손님 네분과 가치 자동차로 한강을 향하야 소풍길을 떠낫다. 그는 한강에 도착한 후 가치 갓든 손님들과 잠시 소창을 한 후 十一시 四十분경에 그는 잠간 만나볼 사람이 잇으니 잠간만 기다려달라는 말을 남기고 인도교 중앙에 이르러 드디어 빠져버렷다 한다. 그는 웨! 그러한 악착한 주검의 길을 취하엿을까? 그는 본적을 충북 옥천군 군선면 은향리(忠北沃川郡 郡西面 銀香里)에 둔 본명 김갑순으로 어려서 서울로 올라와서 시내 모병원(某病院)의 간호부로 약 二, 三年 지내다가 우연히 간호부 생활을 그만두고, 작년 十二월에 「엔젤」카페의 여급으로 들어 왓는데 김봉자의 집에는 이십육일 오후 七시경 ○서 고등계 형사대가 습격하야 통신 다수를 압수하야 갓다.

이 말을 들은 김봉자는 곧 손들과 함께 한강을 향하야 가서 투신 자살을 한 것이다.

그는 소화 六년의 가을경에 상해 사천로(上海四川路)에 거주하는 김일선(金一仙)이라는 국제공산당(國際共産黨)의 유력한 여자에게 중대 사명을 받어가지고 잠입하야 부내 인사동(仁寺洞) 「카페 엔젤」의 여급이 되어 상해와 비밀이 연락을 취하엿섯는바 그는 김봉자에게 사명을 맡기고 상해로 돌아간 후 김봉자가 홀로 역할을 하다가 발각된 것이라고 한다.

—『동아일보』, 1933. 9. 28, 석간 2쪽.

1933년 9월 28일자『동아일보』석간에서도 김봉자의 자살 사건을 공산당 활동과 밀접한 관련이 있는 것으로 기술하고 있다. 제목도 김봉자를 '녹주홍등의 그늘에 숨어 비밀 통신하던 여투사'라고 하여 김봉자의 공산당 활동을 기정사실화 하고 있다. 그러나 김봉자가 연애 문제로 괴로워하다가 죽었다는 소문이 항간에 떠도는 것을 의식하였는지, 김봉자와 같은 카페에서 일하였던 정복순의 말을 빌려, "그 여자가 아직도 난숙한 청춘이니까 사랑인들 없겠읍니까마는 죽은 원인은 단순히 사랑으로만 볼 수 없고 고소를 당햇느니 하는 것은 전연 없는 말로 생각합니다"[12]라고 해서 연애 사건으로 보는 일부 시각을 일축하고 있다.

그러나 김봉자가 한강에 투신하여 자살을 한 후에, 그와 연인 관계로 알려져 있던 노병운마저 한강에 투신하여 자살하자『동아일보』또한 이 사건을 다른 차원에서 바라보게 된다.

哀傷의 漢江波에 靑年 醫師 投身－자살한 金峯子를 따라간다고 妻子에게 遺書 두고

남모를 의문의 비밀을 품고 가을 한강 맑은 물에 몸을 던져 죽은 봉자(峯子)라는 김갑순(金甲順)이와 관계가 잇다는 의사 노병운(盧炳雲)도 二十七일 오후 四시반경에 그의 뒤를 따라 같은 한강에 투신자살하엿다는 소문이 선전되고 잇다. 그의 자살설의 근거는 동일 오후 四시반경에 자살한 김갑순의 시체를 수습하기 위하야 그의 부모와 「엔젤」카페의 지배인 신촌일웅(新村一雄)으로 더불어 한강으로 간 전기 노병운이가 돌연히 한강에서 종적을 감추고 그의 짚엇든 「스텍기」가 한강 가에 놓여잇고 그의 모자가 한강물에 떠나려가 잇섯다는 것이다. 그리고 동일 오후 八시경에는 이미 죽은 갑순의 영 앞에 드리는 편지와 애인 갑순의 뒤를 따라간다는 그의 유서가 「엔젤」카페 주인에게 우편으로 배달되엇다는 것이다. 이와 전후하야 부내 청엽정(靑葉町) 一정목 그의 집에도 그의 본처 박씨(朴氏)와 그의 어린 아들에게 유서를 또한 보냇다는 것이다.

그뿐 아니라 일설에는 그가 한강 인도교에서 몸을 살려 한강에 떨어지는 것을 목도하엿다는 사람들도 잇어 그의 유족들은 물론 소관 용산서에서도 밤을 새어 그의 시체를 수사하엿는데 아즉 시체를 발견치 못하엿다 한다.

金峯子慰靈文－「카페」에 유서

그는 과연 죽엇는가? 살엇는가? 의문의 하루밤은 새엿다. 생사를 모를 그가 이미 눈을 감은 갑순의 영 앞에 드리는 편지는 이러하엿다.

『○전 당신은 웨 죽엇나이까? 나만을 두고 죽는다면 웨! 혼자 죽엇나이까? 나를 두고. 나도 당신의 뒤를 따라가렵니다. 깨끗하게 죽는 방법이 얼마든지 잇으

---

12 『동아일보』, 1933.9.28.

나 당신이 이미 한강을 택하엿으니 나도 당신이 죽은 한강을 취하려합니다. 곱게 잠든 당신의 깨끗한 영은 아즉 세상에 남어 있는 나를 원망치 말고 나를 기다려 주소서……』

—『동아일보』, 1933.9.29.

　김봉자의 자살 사건을 공산당 활동이라는 정치적인 문제와 결부시켜서 해석하였던 『동아일보』는 김봉자의 연애 상대였던 노병운이 자살하자 더 이상 공산당 활동에 대한 언급을 하지 않는다. 제목도 "애상의 한강파에 청년 의사 투신－자살한 김봉자를 따라간다고 처자에게 유서 두고"라고 해서 김봉자의 자살을 공산당 활동과 연결시켜 해석하던 기존의 시각을 수정하였다. 정치적인 문제에 초점을 맞추었던 이전 기사와 달리 1933년 9월 29일자 『동아일보』에서는 원인 관계 규명에 초점을 맞추어서 대체로 사실을 객관적으로 제시하고 있는 것이다. 시간적 순서에 따라 사건을 기술하는 한편 확인하지 못한 상황은 '~라고 한다'라고 해서 전달체를 사용하고 있다.
　이에 반해, 『매일신보』는 '김봉자와 노병운의 자살 사건'을 '정사사건'이라는 점에 초점을 맞추어서 정감에 호소하는 식으로 사건을 기술하고 있다. 거의 신문 한 면의 반을 할애하여 이 사건을 다루고 있는 『매일신보』는 제목도 "戀人 峰子의 뒤를 짜라 盧炳雲도 漢江 作魂－天國에 사랑을 매지렴인가? 그들이 죽엄으로 해결하지 아니치못할 기막힌 사정은 무엇"이라고 해서 매우 감상적이고 극적으로 사건을 바라보고 있는 것이다.

　　將來博士를 꿈구든 篠崎內科의 助手
　　엔젤의 봉자와 사랑하기는 昨年 十一月 頃부터

금 二十八일 새벽 七시에 유서를 남기고 사랑하는 갑순의 뒤에 짜라 항강에 투신자살한 로병운은 함남북청 읍내(咸南北靑邑內) 출생으로 양정고보를 마친 후 다시 경성제대 의학부를 마치고 조기내과 현미경 밋헤서 장래의 대학자를 꿈꾸는 한편 거물줄 가티 뒤엉킨 다각적 사랑에 연구하는 학술보다도 사랑에 열중하여 왓섯슬 것이다. 본집에는 본처가 잇스며 현재 살림을 하고 잇는 시내 청엽정(靑葉町) 一정목 六十三번지에는 四년 전에 엇은 안해 박내씨(朴內氏)와 장녀 희완, 차녀 영걸이라는 아들이 잇섯다. 청엽정으로 옴겨오기 전에는 창신동 처가 집에 잇스며 한편으로 학교에 가며 **한편으로 집에 안해를 두고 그리고도 부족함이 잇든지 카페의 녀급과 새로운 사랑을 속삭위에 된 것이 작년 십일월부터 이었다 한다.** 학교에서 늦게 나오는 길에는 청등홍등에 우슴 웃는 갑순에게 반하엿섯든 것이다.

거미줄가티 얼킨 多角的 사랑의 苦悶
부모와 처자의 존재까지 잇고 죽엄으로 이를 이저

죽은 사람의 말이 업스니 뉘라서 복잡하고 그윽한 그들의 심경을 말하며 그 원인을 알 수 잇스랴. 그러나 그들의 행동은 너모도 전후 사실을 증명하다십히 로골화하얏스니 날로 깁허 가는 갑순과의 사랑은 풋사랑을 지나 진정으로 드러가게 되어 **자긔에게는 임이 본처를 리혼한 죄가 첫재요.** 둘재는 현재의 안해가 잇는 몸에 귀여운 아들 딸이 잇는 몸이 쏘다른 사랑을 구하야 한줄밧게 업는 진정한 사랑을 잇는 것가티 속사귀게 된 그는 량심에 가책도 가책이려니와 줄에 안진 새와 가치 무슨 일이 업슬가하야 그날 그날을 지내든 끗혜 갑순이 자살하고 난 오날에는 결국 자기의 몸도 둘 곳이 업슴을 절실히 깨닷고 잇는 이 째 죽은 갑순의 삼춘 되는 김춘삼(金春三)이가 나의 족하딸이 너 째문에 죽엇스니 장례를 나라는 것과 여러가지를 육박하엿다한다. 그러치 안어도 자기 몸을 둘 곳이 업는 그의 격심한 심리에 이와 갓흔 자극은 장래가 아직도 멀고 부모 처자가

잇는 몸을 생각할 여지도 업시 죽어버린 것이다. (띄어쓰기와 강조는 인용자)

—『매일신보』1933.9.30.

　『동아일보』와 비교할 때,『매일신보』에서는 상대적으로 기자의 논평자적 관점이 부각되어 있다. 『동아일보』가 주로 김봉자에게 초점을 맞추어서 사건을 기술한 것과 달리『매일신보』는 노병운을 중심으로 사건을 해석하고 있는 것이다. 특히 노병운에 대한 부정적인 시각이 드러나는데, "한편으로 집에 아내를 두고 그리고도 부족함이 있던지"와 같은 표현이나 노병운의 행위를 '죄'라고 명명한 것에서 그러한 사실을 확인할 수 있다.

　이어서『매일신보』는 김봉자가 공산당원이라는 추측이 있으나 이는 사실이 아니라고 밝히고 있다. 즉 김봉자와 노병운의 사이를 알게 된 노병운의 아내가 여러 차례 봉자에게 단념해달라고 애원하였으나 듣지 않자 용산서에 세유원(說諭願)을 제출하였고 용산서에서 김봉자에게 호출장을 보냈었다는 것이다. 『매일신보』는 노병운의 처와 아기의 사진을 싣고 기자가 그들을 찾아간 내용을 다소 감상적으로 서술하여 이 사건을 바라보는 시각을 명확하게 하고 있다.

아버지를 일흔 가여운 幼兒들―어머니 품에 안기여서 벙글벙글 웃기만 해
　사랑하는 애인의 뒤를 짜라 간 고 로병운의 청엽정(靑葉町) 一정목六十三번지 十五호로 고인의 부인 박내씨(朴內氏)를 차젓드니 그는 쏘 무엇을 생각하고 안방에 누어잇섯든지 차저간 긔자의 말소래를 듯고 안방문을 열고 마루에 나와서,
　"그이는 한강에서 익사하얏습니다."
　이 말의 끗도 맷기 전에 박씨의 얼골에는 주옥가튼 눈물이 흘르고 잇섯다.
　"어제 집에서 나갈 째에는 조곰도 수상한 빗치 업섯습니다. 대학까지 졸업한,

사물의 시비를 판단할 줄 알만한 사람이 一개 녀급의 뒤를 짜라 죽으리라는 것
은 조곰도 생각하지 못하얏습니다. 본인의 말도 늘 걱정할 것 업다고 나에게 말
하야 주엇섯습니다. 그이를 알기는 九년 전부터 알앗고 결혼하기는 四년 전이
엇습니다. 아즉 시체를 찻지는 못하얏습니다마는 모자와 구두는 이미 한강 우
에 써잇섯고 그 근처 사람들도 빠지는 것을 확실이 보앗다고 하니 죽은 것마는
사실입니다. 그이와 가티 찍은 사진은 업습니다. 그이와 봉자와 가티 찍은 사진
은 잇섯습니다만……"

한 말 하고 눈물이오 두 말 하고 눈물이엇다. 그럼 三세 된 장녀 희완과 한 살
먹은 장남 영걸만은 벙글벙글 웃스며 놀고 있는 것이 **더욱 가련한 정경이엇다.**

—『매일신보』, 1933.9.30.

노병운의 아내와 아이의 사진까지 실은 것은 다소 지나친 감이 있으
나『매일신보』가 이 사건을 바라보는 관점은 명확하게 드러나고 있다.
『매일신보』는 이 사건을 다소 감상적으로 다루면서 독자들의 이성보
다는 감성에 호소하고 있는 것이다. 위의 인용문에 기자의 "더욱 가련
한 정경이었다"와 같은 논평은『매일신보』가 노병운의 자살 행위를 옳
지 않은 행위로 보고 있으며 동시에 사건을 극화시켜서 독자들의 감정
을 자극하려 하였음을 알려준다.

이처럼 신문매체가 기본적으로 사실 전달에 치중하여 객관성과 공
정성 등을 지향한다 할지라도 신문사나 그 기사를 다루는 기자에 따라
서 그 내용을 전달하는 방식이나 사건을 바라보는 시선에 차이가 드러
난다. '김봉자와 노병운의 정사사건'을 다루는 방식도 신문에 따라서
다르게 나타났다.『동아일보』가 김봉자의 자살을 정치적인 행위와 결
부시켜 해석하면서 인과관계 규명에 집중한 것과 달리,『매일신보』는
노병운의 자살에 초점을 맞추어서 노병운의 자살 행위가 옳지 않음을

다소 감상적인 글쓰기를 통해 보여주고 있는 것이다.

그렇다면 이러한 실화가 음반매체를 통해서 대중적 문예물로 변모될 때는 어떤 점이 부각되고 어떤 점은 탈각되는가? 다음 장에서는 '김봉자와 노병운의 정사사건'이 다른 매체와 만나서 대중적 문예물로 변모된 양상과 글쓰기 방식의 차이점 및 그 의미를 살펴보기로 한다.

3. 음반매체의 실화 수용 양상

20세기 전반기의 대표적인 대중매체로는 유성기를 들 수 있다. 19세기에 우리나라에 소개된 이래로 유성기는 빠른 시간에 넓은 범위로 음악이나 극을 전달하면서 음악이나 극의 대중화를 가능하게 하였다. 그리하여 1930년대는 이른바 '레코드 황금시대'로 일컬어지기도 하였던 것이다.[13] 이러한 유성기는 본격적인 의미의 대중가요나 음반 극과 같은 새로운 갈래를 출현시키는데 일조하였다. 결국 유성기가 등장하면서 음반을 통한 대중문화의 향유가 가능해졌다고 할 수 있다.

이 장에서는 '김봉자와 노병운의 정사사건'이라는 실화가 음반매체와 만나서 대중적 문예물로 변모된 양상을 살펴보기로 한다. '김봉자와 노병운의 정사 사건'은 유성기 음반을 통해 대중가요, 영화설명, 정사애화라는 갈래로 각색되었는데, 그 각각의 상세한 모습을 살펴보면 다음과 같다.

---

[13] 유성기의 등장과 보급에 대한 자세한 사항은 장유정, 앞의 책, 2006을 참고할 수 있다.

1) 실화와 대중가요

사랑의 애달픔을 죽음에 두리
모든 것 잊고 잊고 내 홀로 가리

살아서 당신 아내 못 될 것이면
죽어서 당신 아내 되여지리다

당신의 그 이름을 목 메여 찾고
또 한 번 당신 이름 부르고 가네

당신의 굳은 마음 내 알지마는
괴로운 사랑 속에 어이 살리요

내 사랑 한강물에 두고 가오니
천만 년 한강물에 흘러 살리다

— 〈봉자의 노래〉

(유도순 작사, 이면상 작곡, 채규엽 노래, 콜럼비아 40488B, 1934 발매)

영겁에 흐르는 한강의 푸른 물
봉자야 네 뒤 따라 내 여기 왔노라
오! 임이여 그대여 나의 천사여
나 홀로 남겨 두고 어데로 갔나

40488 B　　　（2）

流行歌　峯子의 노래

劉道順　作詞
李冕相　作曲
中野定吉　編曲
（女給）

蔡奎燁

伴樂　日本콜럼비아管絃樂團

四〇四八八－B

사랑의　애닯흠을　죽음에두리
모든것　잇고잇고　내홀로가리
　＊
사랑쉬　당신안해　못힐것이면
죽어서　당신안해　되여지리다
　＊
당신의　그일홈을　목메여찻고
또한번　당신일홈　불르고가네

당신의　구든마음　버알지마는
괴로운　사랑속에　어이살리요
　＊
내사랑　한강물에　두고가오니
천만년　한강물에　흘너살리다

그림 12. 〈봉자의 노래〉 음반 가사지

그림 13. 〈병운의 노래〉 음반 가사지

수면에 날아드는 물새도 쌍쌍

아름다운 한양의 가을을 읊건만

애끓는 하소연 어디다 사뢰리

나의 천사 봉자야 어데로 갔노

그대를 위하여서 피까지 주었거던

피보다도 더 붉은 우리의 사랑

한강 깊은 물 속에 임 뒤를 따르니

천만년 영원히 그 품에 안어주

— 〈병운의 노래〉

(김동진 작사, 고가마사오 작곡, 채규엽 노래, 콜럼비아 40490A, 1934 발매)

    1933년 9월에 실제 사건이 발생하였고, 1934년 1월에 〈봉자의 노래〉가 발매된 데 이어서 1934년 2월에는 〈병운의 노래〉도 발매되었다. 두 곡 모두 당대의 유명한 가수였던 채규엽이 불렀는데, 〈봉자의 노래〉는 봉자의 입장에서, 〈병운의 노래〉는 병운의 처지에서 각각 노래가 전개된다. 선율은 차치하고 그 가사만 보면, 두 노래 모두 매우 감상적인 내용으로 이루어져 있음을 알 수 있다.

    〈봉자의 노래〉 속 화자인 봉자는 사랑하는 임인 병운의 굳은 마음을 알지만 괴로운 사랑 속에서 살 수가 없어서 죽기로 결심하였음을 말하고 있다. 그러면서 비록 살아서는 병운의 아내가 못 되지만 죽어서는 병운의 아내가 될 것을 맹세한다. 이처럼 〈봉자의 노래〉에서 화자인 봉자는 5연에 걸쳐서 직설적인 감정의 토로를 통해 자신이 죽음을 택할 수밖에 없었던 이유를 소상하게 밝히고 있다.

    이는 〈병운의 노래〉도 마찬가지이다. 노래의 화자인 병운은 자신도

봉자의 뒤를 따라 죽기로 하였음을 밝히고 있다. 〈병운의 노래〉는 〈봉자의 노래〉보다 상대적으로 감상적인 표현에 더 치중하였는데, 봉자를 '천사'로 지칭한 것이나 '오!'와 같은 감탄사의 사용에서 그러한 사실을 확인할 수 있다. 아울러 병운은 죽음을 통해 "피보다 더 붉은 우리의 사랑을 천만 년 동안 이어가자"고 말한다. 한강의 푸른 물과 붉은 사랑이라는 색의 대비는 병운의 죽음을 통한 사랑의 획득을 강조하는 기제라고 할 수 있다.

대체로 대중가요는 음반에 수록하기 위해서 3분이라는 제한된 시간에 맞춰 제작되었기 때문에 그 길이도 제한을 받을 수밖에 없다. 따라서 그 길이의 제약에 따라 노랫말도 매우 집약된 정서를 표출하는 식으로 이루어진다. 〈봉자의 노래〉와 〈병운의 노래〉도 구구절절하게 사연을 서술하기보다는 자신의 감정을 집약해서 표현하고 있다. 특히 실제 사건을 대중가요로 만들어서 음반에 실을 때는 정치적인 문제나 병운의 도덕성에 대한 문제는 탈각되고 오로지 봉자와 병운의 '지고지순한 사랑'에만 그 초점이 맞추어졌다. 즉 실화가 음반매체와 만날 때는 '순애보 부각'에 집중하여 변용이 이루어진 것이다.

현재로서는 당시에 이 노래가 실제로 어느 정도의 인기를 얻었는지를 알 수 없다. 그러나 당대 인기 가수였던 채규엽이 이 노래들을 불렀다는 것과 이후에 김봉자와 노병운의 정사 사건이 극이나 영화로도 만들어졌을 가능성까지 염두에 둘 때, 실제 사건을 토대로 만들어진 노래가 당시 대중의 반향을 불러일으켰음을 짐작할 수 있다. 당시 콜럼비아 음반회사에서 음반의 신보를 소개하기 위해서 발간한 소책자에서도 당시 〈봉자의 노래〉와 〈병운의 노래〉가 인기를 얻었음을 짐작하게 하는 구절을 발견할 수 있다.

한때에 萬人의 耳目을 聳動식힌 大學醫師와 엔젤 女給의 悲戀을 노래한 歌盤을 내여 全鮮 坊坊曲曲에서 그들의 애달푼 情死를 弔喪하는 드시 불너섯다.[14]

이는 앞으로 살펴볼 영화설명 음반인 〈봉자의 죽음〉을 광고하기 위한 문구인데, 이 광고문에서 김봉자와 노병운의 자살 사건을 소재로 해서 만들어진 〈봉자의 노래〉와 〈병운의 노래〉가 인기를 얻었음을 알 수 있다. 이처럼 당대에 상당한 이목을 집중시켰던 김봉자와 노병운의 정사 사건은 다시 영화설명이라는 갈래명을 달고 음반에 수록되기도 한다.

2) 실화와 영화설명

'영화', '영화설명' 또는 '영화해설'로도 불렸던 이 갈래는 오늘날에는 찾아볼 수 없는 갈래이다. 그러나 20세기 전반기에는 히트한 영화 중에서 이들 작품의 어느 한 부분을 발췌하거나 혹은 전체의 내용을 짤막하게 축소하여 영화 해설자 혹은 변사가 들려주는 영화설명이라는 갈래가 존재했었다.[15] 약 1,000여 매의 극음반 중에서 영화설명은 152매 정도를 차지하고 있다.[16] 보통, 유성기 음반 한 면이 3분 분량에 지나지 않기 때문에 영화설명은 앞면과 뒷면을 모두 사용하거나 긴 내용은 몇 장에 걸쳐서 수록되기도 하였다.

김봉자와 노병운의 정사 사건을 다룬 〈봉자의 죽음〉은 '영화설명'이

---

14 한국정신문화연구원 편,『한국 유성기음반 총목록』, 민속원, 1998, 358쪽.

15 김만수·최동현,『일제강점기 유성기 음반 속의 극·영화』, 태학사, 1998, 22쪽.

16 음반 한 장은 두 매(두 쪽)로 이루어져 있다.

라는 갈래명을 달고 유성기 음반에 수록되었다. 그 이전에 김봉자와 노병운의 정사 사건이 영화로 만들어졌을 가능성도 있으나 이에 대한 자료는 앞으로 더 찾아봐야 할 것으로 보인다. 〈봉자의 죽음〉은 당시 영화 해설의 단골 변사였던 이우홍의 목소리로 음반에 수록되어 있다.

(노래) 사러서 당신 안해 못 될 것이면
죽어서 당신 안해 되어지리다

째는 추구월망간(秋九月望間)이요 곳은 한강인도교 우이엿다. 금풍은 소슬하고 월색은 명랑한데 위턴의 기럭이는 짝을 불너 슯히 울고 청강의 노든 백구 벗을 차저 나는도다. 이째에 간간히 늣겨 울며 거러나오는 외로운 그림자가 잇스니 그는 일즉이 환락경의 천사이요 방탕한 남자들에게 농낙을 바더가면서도 오직 노병운이 한아쭌만을 사랑하여 왓든 봉자의 애닯흔 최후에 거름이엿다

(봉자) 오- 어머님 불초여식의 죄를 용서해주세요. 의지 업는 늘그신 어머님을 거치러운 세상의 홀노 게시게 하고 먼저 쓸쓸히 쩌나갑니다.
병운씨 안녕히 계세요. 당신네 가정의 행복을 빌면서 봉자는 갑니다. 아모즈록 기리기리 행복을 누리시도록 빌지요 저- 멀고 먼 황천에 길에셔요

어대서인가 쓸쓸히 들니여오난 구슯흔 노래 소리난 봉자로 하여금 질거웁든 지내간 그 옛날을! 애닯흐게도 연상 식혀 쥬는 것이엿다. 그는 엇지 하여 황천의 길을 밟으라고 하엿든가 그 여자의 과거를 치여보자면? 환락의 마경이요 죄악의 원천인 종로의 거리 찬란히 장치한 네온싸인 아래 환락경이엿든 엔젤카페에서 녀왕이라는 별명을 듯고 어지러운 그 마음은 세상 사람들의 귀여움을 독차지하엿든 녀급 봉자이엿스니 그는 모대학병원에 명성이 놉흔 절문 의학사 노

그림 14. 〈봉자의 죽음〉 음반 가사지

병운과 우연한 가운데서 셔로이 사랑하엿스며 장래의 행복의 가정을 꿈꾸어가며 수개월은 지내갓든 것이엿다. 그러나 불행하게도 운명의 신은 그들로 하여금 영원한 행복을 쥬지는 아니하엿든 것이다. 그- 어느날이엿든가 봉자은 피곤한 몸! 힘읍는 다리를 끌고 쓸쓸히 집으로 도라갓슬 쌔 그 뒤를 이어서 아지 못하는 엇더한 부인 하나이 차져온 것이엿다

(봉자) 누구신대 이 깁흔 밤에도 불고하시고 차져오시엿습니까?
(부인) 네- 넘우나 미안한 말삼이오나 할 수 업는 집안 사정으로 북그럼도 무릅쓰고 차져온 것입니다. 져는 져- 병운씨의 안해 되는 사람이애요
(봉자) 네- 안해가 업는 줄 아랏든 그에게 안해가 잇슴을 알 째! 봉자는 너모도 뜻박이라 정신이 아득하여지며! 그간 그리엿든 몽상의 락원은 여지읍시 쌔여지는 것이엿다.

— 〈봉자의 죽음〉

(영화설명, 유일 작, 이우홍 설명, 도무(都武) 노래, 리갈 C192A, 1934)[17]

영화설명은 대개 노래, 해설, 그리고 대사로 구성되어 있는데, 노래를 제외하고는 해설과 대사를 모두 변사가 들려준다는 특징을 지니고 있다. 〈봉자의 죽음〉도 처음에 〈봉자의 노래〉 중 한 부분을 들려주면서 시작된다. 실제 음반을 들어보면, 영화설명이 진행되는 동안 〈봉자의 노래〉가 배경음악으로 계속 흐르고 있음을 알 수 있다. 이어서 변사는 봉자가 죽으려고 하는 상황을 실감나게 묘사한 후에 과거로의 회상을 통해 봉자가 왜 죽음을 선택하게 되었는지를 말해준다.

병운과 사랑을 속삭이던 중에 봉자에게 병운의 처가 찾아왔고 그제

---

17 최동현·임명진, 『유성기음반 가사집』 5, 민속원, 2003, 215~217쪽.

그림 15. 영화설명 〈봉자의 죽음〉 광고와 변사 이우흥(1934)

야 병운이 유부남인 것을 안 봉자는 모진 말로 병운을 집으로 돌려보내고 병운 없이 살게 된 자신의 처지를 괴로워 한 나머지 자살을 선택하게 되었다는 내용이다. 이처럼 영화설명 〈봉자의 죽음〉은 김봉자와 노병운의 정사 사건이라는 실화를 봉자의 죽음에 초점을 맞추어서 봉자가 죽게 된 배경을 실감나게 묘사하는 것으로 이루어져 있다.

대중가요에서와 마찬가지로 영화설명도 '순애보 부각'이라는 차원에서 글쓰기가 이루어져 있다. 비록 카페라는 환락경에서 방탕한 남성들의 농락을 받았던 봉자였으나 오직 병운만을 사랑하였고 그의 가정의 평화를 위해서 자신이 물러서는 용기를 보여주었다는 것이다. 결국 〈봉자의 죽음〉은 죽음으로 사랑을 지켜낸 봉자의 행위를 의로운 것으로 묘사하고 있다. 그러나 '영화 설명'이라는 갈래가 '설명'에 집중하는 경향이 있으므로, 〈봉자의 죽음〉 또한 전체적으로 감상적인 어휘를 사용하여 비극성을 강조하면서도 배경의 묘사에 치중하는 양상을 드러냈다.

3) 실화와 정사애화

'애화(哀話)' 또는 '비화(悲話)'라는 갈래는 '화(話)'의 형식 중 하나로, 말 그대로 '슬픈 이야기'를 의미한다. 이 또한 오늘날에는 찾아볼 수 없는 갈래로 20세기 전반기 유성기 음반에서도 약 24매 정도로 많은 수를 차지한 갈래는 아니었다. '비련애화', '비화', '승방애화', '아동비화', '여급애화', '전설애화', '홍등애화', '화류애화', '정사애화', '애화' 등으로 그 갈래명도 음반회사나 작품의 내용에 따라서 다양하게 명명되었다. 이 중에서 '아동비화'는 동화에 포함시켜서 다루어야 할 것이다. 그렇게 보면, 대체로 애화는 '여급애화', '홍등애화', '화류애화', '정사애화' 등의 명칭에서 보듯이, 기생이나 여급 등을 주인공으로 내세워서 이야기가 전개되고 있음을 알 수 있다.

'애화'라고는 하나 반드시 이야기로만 전개되는 것은 아니다. 노래나 대사가 있어서 여러 사람이 대사를 주고받는 형식으로 이루어진 애화는 여타의 '음반 극'과 구별되지 않기도 한다. 그러나 김봉자와 노병운의 정사 사건을 토대로 만들어진 정사애화는 오직 김봉자와 노병운의 독백으로만 구성되어 있다. 즉 앞면은 김봉자의 유언으로 전개되고 뒷면은 노병운의 유언으로만 이루어져 있는 것이다.[18]

　　오 달도 밝다 무심한 저달은 왜 이다지도 밝은지. 지나간 그날은 그러케도 정

---

18 『유성기로 듣던 연극모음(1930년대)』(킹레코드사, 1997)에서는 유성기 음반 가사지와 달리 앞면에 봉자와 병운이 주고받는 대사가 나오고 뒷면만 병운의 유언으로 이루어져 있다. 그러나 유성기 음반 가사지를 보면, 앞면과 뒷면이 각각 봉자와 병운의 유언으로만 이루어져 있음을 확인할 수 있다. 한편 『유성기로 듣던 연극모음(1930년대)』의 해설집을 보면, 이 작품이 〈봉자의 노래〉라는 대중가요와 관련이 있는 것은 지적하였으나 실화를 바탕으로 해서 이루어진 작품이라는 점은 미처 파악하지 못하였던 것으로 보인다.

답든 저 달이 오늘 이밤엔 왠 이러케도 원망스러운지?!

시절도 가을이요 내게도 가을은 오고야 말엇다. 그러나 이 봉자의 일생이 왜 이러케도 험상굿단 말이냐 오냐! 귀신의 얄미운 작난인 것을 무슨 수로 이기겟느냐?! 올타! 죽기를 결심한 내가 무엇을 한하며 무엇을 주저하랴 나에게는 죽엄밧게 편한 길이 업다

오!! 저 별! 은하수 한 모퉁이에 일흠 모를 저 별은 아모두 모르는 이 밤하늘에서 써러지고 마는구나!

일흠 업는 저 별은 그것이 내 별일 것이다. 아ー 가련한 이 몸…… 오! 노선생! 사랑하는 병운씨! 가련하고 불상한 봉자는 쓸쓸히도 죽습니다. 아ー 병운씨! 병운씨!! 웃기 실은 우슴과 마음에 업는 아양을 피워야 살아갈 수 잇든 한낫 녀급인 이 봉자는 이루지 못하는 사랑을 안고 저 나라로 홀노 갑니다.

병운씨! 한쩨는 나를 의심하신 적이 잇섯지요 그러나 인제는 이 봉자의 가슴 속을 알어주시겟습니까 더럽다 욕하든 녀급인 봉자도 끌는 피와 외줄기 사랑은 잇섯답니다. 그러나 나는 죽습니다. 한평생 당신 품안에서 써나지 안으랴든 나는 죽고 맙니다. 병운씨! 이 봉자를 못생긴 게집이라고 비웃지 마러주서요 내가 당신을 참으로 사랑하기 쌔문에 가치 안은 이 목숨이나마 당신께 밧침니다.

이것이 당신의 사랑을 밧든 최후의 표적입니다. 내가 더 살면 무엇을 합니까 당신에게는 당신이 도라오기를 애쓰녀여 기다리는 본처가 싀골집에 잇지 안습니까 그리고 서울 집엔 당신을 짜르는 사랑스런 안해가 쏘 잇지 안습니까

사랑은 하나랍니다. 하나밧게 업는 당신의 그 사랑을 독차지 하기에는 나는 너무나 불행한 게집이엿습니다. 그러나 인제는 모든 해결을 지랍니다. 그리고 모든 행복은 이 봉자의 독차지가 되엿습니다.

오! 병운씨! 당신의 피와 내 피를 석거서 다시 혈관에 너엇지오?! 그 붉은 피는 영원히 이 봉자의 심장 속에 잠자고 잇슬 것입니다. 명예와 인격을 날노 하야 저바린 당신의 그 사랑을 속가슴에 깁히 안고 갑니다. 영원의 길을 나 홀노 쓸쓸이……

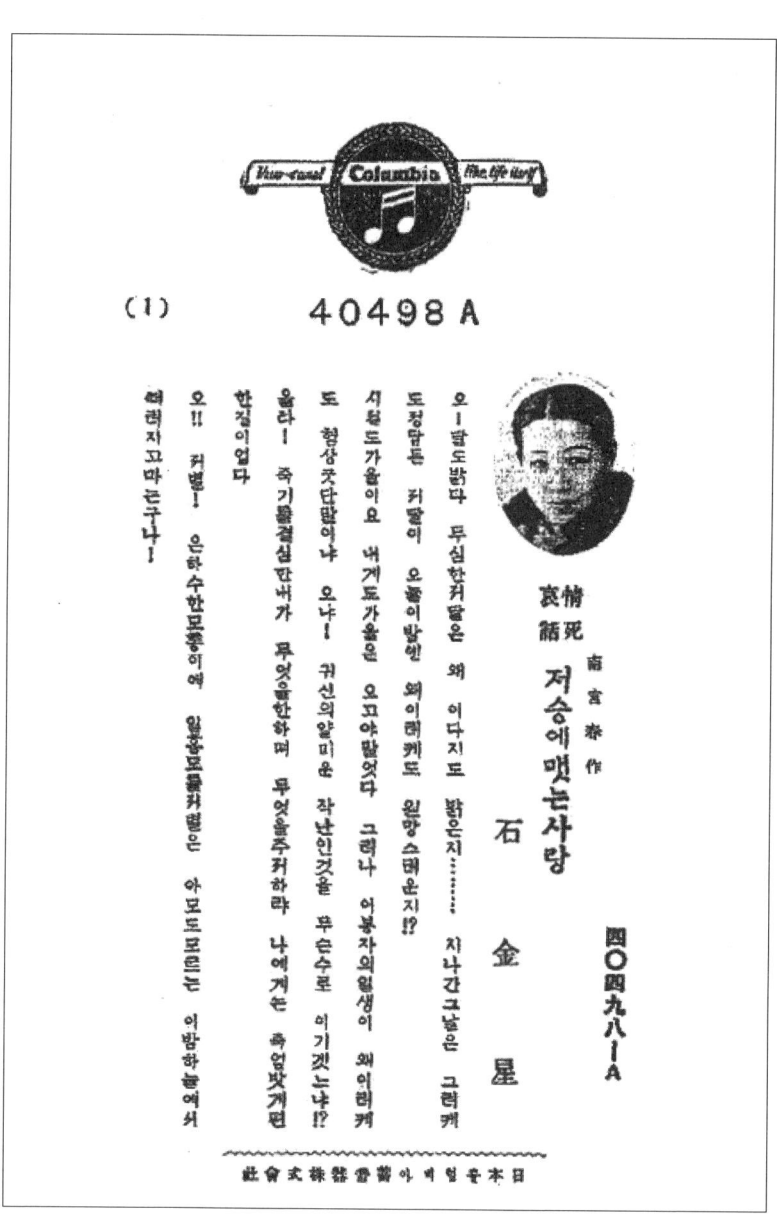

그림 16. 〈저승에 맺는 사랑〉 음반 가사지

병운씨! 부듸부듸 영화를 누리시고 째째로 이 봉자의 불상한 혼이나 달내여 주십시오.

당신이 사랑하는 이 봉자는 영원한 꿈나라로 저 달을 짜라갑니다. 아ㅡㄱ!!!

— 〈저승에 맺는 사랑〉

(정사애화 남궁춘 작, 석금성 대사, 콜럼비아 40498A, 1934)

위의 인용문은 〈저승에 맺는 사랑〉의 앞면에 실려 있는 봉자의 유언에 해당한다. '영화설명'과 달리 '애화'는 변사의 개입 없이 주인공이 직접 자신의 얘기를 서술하는 식으로 이루어져 있다. 앞면에서는 봉자의 목소리로 이야기가 전개되고 뒷면에서는 봉운의 말로 이야기가 이루어져 있는 것이다. 그리고 1인칭 서술을 활용하여 자신의 속사정을 여지없이 드러내고 있다. 봉자의 유언도 봉자가 자신의 심정을 표출하는 형식을 취하고 있다.

봉자는 남들이 비록 더럽다고 욕하는 여급이지만 자신도 끓는 피와 외줄기 사랑을 가진 사람임을 말하고 죽음으로써 병운의 사랑을 독차지하게 되었음을 밝히고 있다. 살아서는 이미 처가 있는 병운의 사랑을 온전하게 받을 수 없으므로 가슴 속에 병운의 사랑을 간직한 채 죽음으로써 병운과의 사랑을 영원한 것으로 만들겠다고 하는 것이다.

특히 "당신의 피와 내 피를 석거서 다시 혈관에 너엇지오?! 그 붉은 피는 영원히 이 봉자의 심장 속에 잠자고 잇슬 것입니다"처럼 극단적으로 감상적인 표현을 사용하여서 내용의 비극성을 한층 강화시키고 있다. 이는 음반 뒷면의 병운의 유언으로 이루어진 부분도 마찬가지이다. 병운의 목소리로 이루어진 뒷면에서는 사랑하는 여성을 죽게 하고 아내가 있으면서도 다른 여성을 사랑하였던 죄 값을 치르기 위해서 병운 자신도 죽음을 선택하게 되었음을 밝히고 있다. 또한, "네 피와 내

그림 17. 〈저승에 맺는 사랑〉 광고(『조선일보』, 1934.2.10)

기가 섞인 그 피가 지금도 염통 속에서 두근거리고 있다"와 같은 표현
을 통해서 극단적인 감상주의를 드러내고 있는 것이다. 아울러 애화의
마지막 부분에 '악과 같은 비명소리는 그러한 비극성의 절정을 보여주
기도 한다.

요컨대 정사애화 또한 '김봉자와 노병운의 자살 사건'을 '순애보 부
각'이란 차원에서 다루고 있다. 김봉자와 노병운의 죽기 직전의 장면
을 극대화하여 낭만적이고도 감상적인 어휘를 통해 사건을 미화시키
고 있는 것이다. 특히 "사랑은 하나다"와 같은 표현을 통해 사랑지상주
의를 드러내었다고 할 수 있다.

이처럼 신문매체가 정보 지향적 글쓰기를 하고 있다면 대중적 문예물
은 정감적 글쓰기를 주로 하고 있다. 김봉자와 노병운의 정사사건이라
는 실화가 대중매체인 음반과 만나서 대중가요, 영화설명, 정사애화라

는 갈래로 재탄생하였고 이러한 과정에서 '순애보 부각'이란 공통점을
드러낸 것이다. 특히 이러한 대중적 문예물은 비극적이고도 감상적인
어휘와 표현을 통해 낭만적인 사랑의 신화를 강조하였다고 볼 수 있다.

4. 매체와 글쓰기를 통해 본 1930년대 문화의 한 특징

1910년대 중반 이후부터 서구적 근대문학의 개념에 접근한, 개인의
감정과 내면 표현이 가치 있는 영역으로 공론화 되면서 우리나라에도
새로운 글쓰기 방식이 등장한다. 그리하여 근대적 글쓰기는 근대적 주
체 형성, 개인과 내면의 발견, 고백체의 등장, 언문일치 등의 특성을 보
여주었다.[19] 특히 새로운 매체의 등장은 새로운 글쓰기 방식을 낳았으
며 새로운 글쓰기 방식에 의해 새로운 의미화도 가능해졌다.

앞서 살펴 본 신문이나 유성기는 근대 이후에 새롭게 등장한 매체라
고 할 수 있다. 이러한 새로운 매체는 글쓰기 방식의 변화를 가져왔고 이
제까지의 문화 향유 방식도 바꿔놓았다. 본고에서는 하나의 실제 사건
을 소개하는 한편 그러한 실화가 대중매체와 만나서 대중적 문예물로
변모된 양상을 살펴보았다. 그리하여 신문매체와 음반매체에서 사건을
다룰 때 어떤 점을 부각시켰으며 그 의미가 무엇인지를 고찰하였다.

기본적으로 '정보 전달'을 목적으로 하는 신문매체는 객관적 태도를
견지하면서 되도록 사실을 소개하는 것에 치중한 것을 알 수 있다. 그

---

19 이은주, 「근대 체험의 내면화와 새로운 글쓰기」, 『상허학보』 16집, 상허학회, 2006, 41쪽.

러나 신문매체가 객관성과 정확성을 지향한다 할지라도 신문사나 기자에 따라서 동일한 사건을 다루는 방식은 달랐다. 본고에서 살펴본 것처럼『동아일보』와『매일신보』는 각각 다른 관점에서 '김봉자와 노병운의 정사사건'을 다루었던 것이다.

『동아일보』가 김봉자의 자살을 정치적인 입장에서 해석하였던 것에 반해서『매일신보』는 노병운의 자살에 초점을 맞추어서 그의 행위를 부정적으로 평가하는 양상을 드러냈다. 또한『동아일보』가 되도록 감정을 배체한 채, 시간적 순서에 따라서 사건의 전개 과정을 설명하고 있는 반면에『매일신보』는 기자의 논평자적 관점이 짙게 반영되어서 사건을 다소 감상적인 글쓰기를 하고 있다. 이는 당시『동아일보』와『매일신보』가 지니고 있던 성격과도 연관이 있을 것이다.『동아일보』가 한국인이 발행한 민간 신문이라면『매일신보』는 조선총독부의 기관지로 발행되었던 신문이다.

민족지로 간주되었던『동아일보』가 김봉자의 자살 사건을 정치적인 측면에서 해석하고 되도록 빨리 이 사건을 대중에게 전하려 했던 것도 그러한 차원에서 이해할 수 있다. 그 때문에 김봉자의 자살이 공산당 활동과 관련이 있을지도 모른다는 차원에서 1933년 9월 28일에 조간과 석간에서 두 번씩이나 상세하게 이 사건을 다루었던 것이다. 그에 반해『매일신보』는 사건의 비극성과 감상성에만 초점을 맞추어서 되도록 많은 대중의 눈을 신문에 고정시키고자 하였다. 그러면서도 논평자적 관점에서 처자를 두고 다른 여자를 만났으며 자살까지 한 노병운의 행위를 부정적으로 평가하였다.

이처럼 동일한 사건을 다루는 시선과 방식은 각 신문마다 다른 양상을 드러냈다. 그런데 이러한 사건이 음반매체와 만나서 대중적 문예물로 변용될 때는 오직 한 가지 특성만 강조되었다. 즉 '순애보 부각'이라는 차원에서 변용이 이루어졌고 순애보를 부각시키기 위해 정감적인 글쓰기 방식을 채택하였던 것이다. '김봉자와 노병운의 정사사건'을 소재로 한 대부분의 갈래가 모두 이러한 차원에서 작성되었다.

대중가요, 영화설명, 애화는 모두 감상적인 어휘를 사용하여 직설적으로 감정을 표출하는 식으로 구성되었다. 감정의 절제 없이 노골적으로 감정을 토로하는 이러한 대중적 문예물은 당시 문화의 한 단면을 보여준다. 일본을 통해 들어온 서양의 사고방식은 개인의 욕망 내지는 행복을 긍정하게 하였고 1920년대부터 우리나라에 소개된 엘렌 케이의 저술 등은 기존의 연애관이나 사랑관에도 변화를 가져왔던 것이다. 그리하여 '어떠한 결혼이든지 거기에 사랑이 있으면 그것은 도덕'이라고 하여 새로운 삶의 윤리를 구축하였고 사랑을 최고선의 자리에 올려놓기도 하였다.[20]

'사랑지상주의'가 통용될 수 있었던 것은 '개인의 탄생'으로 가능하였다고 볼 수 있다. 이른바 '개인의 탄생'은 공동체의 일원으로서의 개인이 아니라 욕망과 행복의 주체로서의 개인을 강조하였던 것이다. 이러한 상황에서 개인의 욕망과 행복의 절정이라 할 수 있는 '사랑지상주의'도 출현할 수 있었다. 그러나 이러한 사랑지상주의는 기존의 관습과 제도와 만나 충돌을 일으켰고, 개인은 더러 전통을 따르는 대신에 죽음으로 사랑을 지키고자 하였다. 본고에서 소개한 실화도 그러한 양상을 드러냈다.

음반매체와 같은 대중매체 또한 이러한 현상을 민감하게 반영하면서 대중의 관심을 유도하고 그러한 분위기를 조장하기도 하였다. 그리하여 신문매체에서는 다른 차원에서 다루어졌던 사건이 음반에 수록

---

20 권보드래, 앞의 책, 108~109쪽.

될 때는 유독 사랑의 낭만성과 비극성만을 강조하는 식의 글쓰기가 주류를 이루었던 것이다. 결국 매체와 글쓰기는 당대 문화를 규정하기도 하고 그 문화의 영향을 받기도 한다.

5. 맺음말

이상으로 1930년대의 대표적인 매체였던 신문과 유성기 음반의 글쓰기 방식을 살펴보았다. 즉 '김봉자와 노병운의 정사 사건'을 소개함과 동시에 신문에서 이 사건을 다루는 글쓰기 방식의 차이점을 고찰하였다. 이어서 이러한 실화가 음반매체와 만나서 대중적 문예물로 변용된 양상과 그 글쓰기 방식의 특성도 알아보았다. 그러한 과정에서 이제까지 거의 다루어지지 않았던 영화설명이나 애화라는 갈래도 살펴볼 수 있었다.

신문매체는 기본적으로 객관적인 태도를 견지하면서도 신문사나 기자에 따라서 동일한 사건을 다른 방식으로 다루는 양상을 드러냈다. 『동아일보』가 김봉자의 자살을 정치적인 차원에서 해석하였던 반면에 『매일신보』는 다소 감상적인 어휘 등을 사용하여 노병운의 자살을 부정적인 행위로 평가하였던 것이다.

그러나 이러한 사건이 대중적인 문예물로 변용될 때는 오직 순애보적인 측면만 부각시켜 정감적인 글쓰기가 주류를 이루었다. 특히 직설적으로 감정을 토로하는 노골적인 어휘를 사용하여 김봉자와 노병운의 자살을 '비극적이면서도 낭만적인 사랑의 신화'로 바꾸어놓았던 것이다. 그리하여 대중적 문예물에서 김봉자는 '공산당원'이나 '불륜의 주인공'이 아닌 죽음으로 사랑을 지켜낸 '천사' 내지는 '진정한 사랑의 화신'으로까지 찬미되었다.

앞으로 여타 대중적 문예물의 글쓰기도 살펴서 매체와 글쓰기의 관련성과 의미를 상세하게 밝힐 필요가 있다. 특히 일제강점기 대표적인 대중매체였던 유성기 음반에 수록된 대중적 문예물에 대한 정리와 이에 대한 천착이 요구된다.

참고문헌

『동아일보』,『매일신보』,『조선중앙일보』,『별건곤』,『삼천리』

권보드래,『연애의 시대』, 현실문화연구, 2003.
김동식,「연애와 근대성－신소설과 계몽적 논설을 중심으로」,『민족문학사 연구』18
　　　호, 민족문학사학회, 2001.
김만수·최동현,『일제강점기 유성기 음반 속의 극·영화』, 태학사, 1998.
베르너 파울슈티히, 황대현 역,『근대초기 매체의 역사』, 지식의풍경, 2007.
요시미 순야, 안미라 역,『미디어문화론』, 커뮤니케이션북스, 2006.
이은주,「근대 체험의 내면화와 새로운 글쓰기」,『상허학보』16집, 상허학회, 2006.
장　신,「1930년대 언론의 상업화와 조선·동아일보의 선택」,『역사비평』통권70호,
　　　역사비평사, 2005 봄.
장유정,「20세기 전반기 기생 소재 대중가요의 노랫말 분석」,『한국문화』35, 서울대
　　　한국문화연구소, 2005.
＿＿＿,『오빠는 풍각쟁이야－대중가요로 본 근대의 풍경』, 민음in, 2006.
＿＿＿,「대중매체의 출현과 음악 문화의 변모 양상－라디오와 유성기를 중심으로」,
　　　『대중서사연구』제18호, 대중서사학회, 2007.
＿＿＿,『다방과 카페, 모던보이의 아지트』, 살림, 2008.
최동현·임명진,『유성기음반 가사집』5, 민속원, 2003.
한국고음반연구회 편,『유성기음반 가사집』3, 민속원, 1999.
한국정신문화연구원 편,『한국 유성기음반 총목록』, 민속원, 1998.
《유성기로 듣던 연극모음(1930년대)》, 킹레코드사, 1997.

20세기 전반기 음반회사의 마케팅 전략에 대한 일고찰[1]

1. 머리말

19세가 말에 유성기가 전래된 이래로 20세기 전반기는 우리나라에서 본격적인 의미의 음반사(音盤史)가 시작된 시기이다. 1907년에 미국 콜럼비아가 첫 상업음반을 발매한 이후에 1926년에 윤심덕의 〈사의 찬미〉가 성공을 거두면서 우리나라는 음반 시장으로서의 가능성이 검증되었다. 이때부터 외국의 음반회사들이 우리나라에 관심을 지니게 되었고 이후 1928년에 전기녹음 방식을 도입하여 음질의 개선을 이룩

---

1 「20세기 전반기 음반회사의 마케팅 전략에 대한 일고찰」, 『한국음반학』 제14호, 한국고음반연구회, 2004.

한 음반회사들은 본격적으로 우리나라에 진출하였다. 그리하여 1930
년대는 음반 산업이 호황을 누리고 음반회사들 사이의 경쟁도 치열해
져서 '음반의 황금시대'로 일컬어지기도 하였다.

 기본적으로 음반 산업은 자본주의적 생산원리와 관계를 맺는 경제
현상으로 이해할 수 있다. 그러므로 본고는 상품으로서의 음반에 주목
하여 당시 음반회사들이 이윤 가치를 극대화하기 위하여 사용한 판매
전략 내지는 제작 방법 등을 살펴보고자 한다. 따라서 본고의 초점은
음반의 마케팅 전략에 놓여 있다. 마케팅이란 제품을 생산자로부터 소
비자에게 합리적으로 이전하기 위한 기획 활동, 시장 조사·상품 계
획·선전·판매 따위를 의미한다.[2] 본고는 당시 음반회사들이 이윤을
높이기 위해 사용한 방법을 마케팅 전략이라 지칭하고 주로 대중가요
를 중심으로 하여 당시의 음반회사들이 사용한 마케팅 전략의 구체적
인 실례를 소개하고자 한다. 따라서 본고는 마케팅에 대한 상세한 논
의보다는 20세기 전반기 음반회사들이 활용한 여러 가지 마케팅 전략
의 사례를 제시하고 그 의미를 찾아가는 귀납적 고찰이 될 것이다.

 현대 음반 산업의 마케팅 전략에 대한 논의는 더러 있었으나[3] 20세
기 전반기 음반 산업의 마케팅 전략에 대한 논의는 거의 이루어지지
않았다.[4] 그러므로 본고는 20세기 전반기 음반 산업의 마케팅 전략을

---

2 미국 마케팅 협회(AMA : American Marketing Association)의 정의에 따르면 마케팅이란 개인이나 기업
을 만족시키는 교환이 발생할 수 있는 상품(goods), 아이디어(ideas), 서비스(services)를 개념화하고
가격을 매기며(pricing) 프로모션(promotion), 유통(distribution)을 계획(planning)하고 실행(executing)
하는 과정(process)이라고 한다.(American Marketing Association, http://www.marketingpower.com(이진
만, 「한국 대중음악 스타의 스타브랜딩 전략에 관한 연구」, 중앙대 석사논문, 2002, 6쪽에서 재인용))
3 현대 음반 산업의 마케팅 전략은 주로 '스타시스템'을 중심으로 이루어졌다. 대표적으로 이
진만, 앞의 글과 김학진, 「한국 문화산업의 스타시스템에 관한 연구— 스타시스템 주체로서
의 매니지먼트 산업을 중심으로」, 중앙대 석사논문, 2001을 들 수 있다.
4 사실상 20세기 전반기는 일제의 식민지였다는 그 시대적 특수성으로 인하여 음반 산업을
마케팅 개념으로 설명하려는 시도조차 거의 없었다. 그러나 시대적 특수성은 차치하고 충

구체적으로 살펴보는 첫 번째 논의가 되리라 생각한다.

2. 상품으로서의 음반

일반적으로 음악매체의 발전단계는 크게 3단계로 분류된다. '사회적 활동으로서의 음악 단계'와 '연주회용 음악의 단계', 그리고 '전자매체에 의한 음악전달의 단계'가 그것이다.[5] 전자매체의 출현은 '전자매체에 의한 음악전달의 단계'를 이룩하였다. 전자매체에 의한 음악전달은 음악의 공간적·시간적 제약을 극복시켰고[6] 음악의 대중화를 가능하게 하였다.[7] 결국 유성기와 같은 전자매체의 출현과 음반 산업의 등장은 음악의 대량생산과 대량유통, 대량소비를 가능하게 함으로써 음악의 대중화를 이루었다.[8]

이처럼 음악의 대중화를 이룩한 음반은 그 시작부터 경제적 지배원리 아래에 놓여있었다. 간단하게 말해서 음반은 상품으로 존재하였다. 음반이 기본적으로 상품이라는 것은 당시에도 당연하게 인식되었던

분히 음반회사들의 마케팅 전략을 살펴볼 수 있다. 또한 기업에서 마케팅의 필요성이 본격적으로 대두하기 시작한 것이 1930년대 후반부터라는 사실을 감안할 때,(박영봉, 『마케팅』, 박영사, 1999, 4쪽) 당시의 음반회사들이 사용한 여러 가지 방법들을 마케팅 전략으로 명명할 수 있을 것이다.

5 이장직, 『음악의 사회사』, 전예원, 1986, 31~32쪽.
6 최지연, 「음반 산업에 대한 고찰」, 서울대 석사논문, 1995, 4쪽
7 마셜 매클루언은 유성기의 출현을 '장벽이 제거된 음악당'으로 설명하였다. 마셜 매클루언, 육은정 역, 「축음기─국민의 가슴을 위축시킨 장난감」, 『외국문학』 제28호, 열음사, 1991 가을, 115쪽.
8 유성기 음반의 등장과 보급에 대해서는 장유정, 일제강점기 한국 대중가요 연구─유성기음반 자료를 중심으로」, 서울대 박사논문, 2004, 10~30쪽을 참조할 수 있다.

사실이다. 음반의 제작태도를 어디에 두느냐는 질문에 당시의 음반제작자들은 다음과 같이 대답하고 있는 것이다.

> 박영호 : 大衆을 相對로 한 商品으로서의 價値如何를 먼저 主로 하면서 가장 消極的으로 文化的 任務를 履行하도록 한다는 것이 아마 거짓 없는 率直한 告白일 것입니다.
>
> 민효식 : 趣味, 娛樂, 實益
>
> 금릉인 : 좁고 가깝게는 大衆에 健全한 娛樂을 提供하고 넓고 멀게는 朝鮮文化向上의 一翼的 任務를 맡은 것입니다.
>
> 이일민 : (…중략…) 우리 習慣, 우리 感情에 一致한 曲과 演奏로써 朝鮮的 레코-드를 製作키에 努力하고 있습니다.
>
> 왕평 : (…중략…) 事實은 文化向上의 한 '그릇'이 되어야 할 '레코-드'가 現在에 있어서는 營利를 看板으로 한 商業化가 되고 보니 그 '製作態度'에 있어서도 不得已 脫線을 警戒함은 勿論 大衆藝術의 可能한 範圍內에서 그 淨化를 圖謀하고 있습니다.
>
> 이서구 : 무엇보다도 팔릴 것을 맨들랴고 합니다.[9]

음반 제작자들은 음반을 제작할 때 음반의 문화적 임무를 생각하지 않는 것은 아니나 대체로 가장 먼저 생각하는 것은 '상품으로서의 가치여하'라고 밝히고 있다. 박영호는 음반을 제작할 때 '대중을 상대로 한 상품으로서의 가치여하'를 가장 중요하게 생각한다고 하였고, 민효식은 간단하게 '취미, 오락, 실익'이라고 대답하였다. 이서구 또한 '무엇보다도 팔릴 것을 만든'고 하고 있다. 이처럼 음반이 기본적으로 상

---

9 「조선문화의 재건을 위하여−第四分科레코-드 文化를 爲하야」, 『사해공론』, 1936.12.

품으로서의 가치를 지니는 것은 음반회사의 목적이 이윤 창출이라는 상업적 목적 달성에 있다는 것을 생각하면 쉽게 이해할 수 있다.

그러면 각 음반회사들은 어떤 식으로 음반의 상품성을 높이는데 주력하였을까? 각 음반회사에는 문예부(文藝部)가 있었다. 음반회사의 문예부란 음반 제작에 대한 기획을 위시하여 매월 신보를 배정하고 판매부에 넘기기까지의 모든 일을 담당하는 부서였다. 구체적으로 문예부는 가수의 입선(入選), 작사·작곡·편곡의 선정과 배정, 전통가요의 곡선정, 극각본(劇脚本) 등을 선정(選定)하고 이를 마치면 가수의 연습, 취입예산과 여정(旅程)의 편성(編成), 취입 디렉터, 취입 후에 매월 신보선정문구(新譜選定文句) 카드, 월보편집(月報編輯), 선전방법(宣傳方法), 검열(檢閱) 등을 담당하였다. 한마디로 문예부는 문예부장의 지휘 아래 음반제작과 관련된 총괄적인 업무를 보는 곳이었다고 할 수 있다.[10]

따라서 음반 마케팅과 관련된 모든 업무는 문예부에서 이루어졌고, 문예부장은 문예부에서 이루어지는 모든 일을 지휘하는 사람이었다고 할 수 있다. 당시의 음반회사는 거의 대부분 문예부를 통해 음반의 마케팅 전략 등을 세웠기 때문에 문예부는 음반회사에서 매우 중요한 곳이었고 문예부장은 각 음반회사의 사활(死活) 문제를 쥐고 있는 사람이었던 것이다.[11]

한편 앞서 언급하였듯이 1930년대에 이르면 우리나라의 음반 산업은 매우 활기를 띠게 된다. 이는 1932년에 발매된 〈황성의 적〉이 대중에게 커다란 반향을 불러일으키면서 가능하였는데, 〈황성의 적〉이 인

---

10 김준영, 「문예부장의 제작 고심기」, 『조광』, 1938.2.
11 참고로, 1933년 당시 6대 음반회사의 문예부장을 소개하면 다음과 같다. 빅타의 이기세, 콜럼비아의 안익조, 포리돌의 왕평, 시에론의 이서구, 오케의 금릉인, 태평의 민효식이 그들이다.(「六大會社 레코드戰」, 『삼천리』, 1933.5)

기를 얻으면서 그 전까지 얼마 되지 않았던 음반 가수의 수요가 늘어나고 작사자와 작곡자가 일가(一家)를 이루게 된 것이다.[12] 1930년대 당시음반 산업의 활성화 정도는 다음의 예문을 통해서도 짐작할 수 있다.

레코-드의 洪水이다. 레코-드 藝術家의 黃金時代이다. 레코-드 外에는 娛樂을 갓지 못한 中産家庭에서는 찻느니 레코-드뿐이다. 콜럼비아 빅타-만이 接戰을 하는 때는 그야 말맛다나 한 옛날 이약이거리로밧게 남지를 안케 되얏다. 全鮮 三百이 넘는 大小蓄音機店에서 每朔 各社가 적어도 五十種에 갓가온 新譜를 내놋컷만 그것이 한 가지에 千枚 이천 매가 손쉽게 팔녀 간다[13]

조선 레코-드계의 전선은 콜럼비아, 빅타, 시에론, 오-케, 포리도루 다섯 회사가 혼전상태를 연출하고 잇다. (…중략…) 다섯 회사가 33년 안에 제작한 종류는 五百三十七 종 이를 다시 회사별로 논우면 콜럼비아 二백종, 빅타 七十四종, 포리도루 七十二종, 시에론 七十一종, 오케 백二十종이다.[14]

레코트盤을 普及 식히는 全朝鮮販賣店은 멧군대나 되느가 하면 約二百個所요 一年에 멋장이나 팔니는가 하면 콜럼비아 二百萬枚 빅타 亦二百萬枚 그박계 포리돌 시에론 오-케 太平 等 모다 合하면 六七百萬 枚에 達한다 하니 한 장에 一圓씩만 하여도 六七百萬圓이란 蓄音機譜盤賣買가 잇다. 놀납게도 큰 市場이라 아니할 수 업다.[15]

---

12 이하윤, 「조선유행가의 변천 – 대중가요소고」, 『사해공론』, 1938.3.

13 「六大會社 레코드戰」, 『삼천리』, 1933.5.

14 「시대인의 정서를 캣취한 유행가곡의 범람」, 『매일신보』, 1933.12.29.

15 「레코-드 販賣店과 六百萬圓」, 『삼천리』, 1934년 8월호. 한편 또 다른 자료에서는 "여섯 會社에서 한달에 六百種의 新譜가 나오는데 一種 五千枚, 一個月 三百萬枚 一年三千六百萬枚에 達하는데 한 장에 一圓씩이라 하여도 三千六百萬圓의 큰 市場 占奪戰이다. 競爭이 白熱化하지안을 수 업겟다"(「육대회사 레코-드전」, 『삼천리』, 1933.5)고 하고 있다. 수치에서는 차이가

내가(필자주 : 김동환) 총독부당국에 가서 조사한 바에 의하면 지금 조선서 일 년 동안에 팔려가는 레코-드 장수는 약 일백오십만 장으로 그 중에 삼분에 일인 사오십만 매가 조선소리판이라 합니다. 사오십만 명의 대중을 상대로 하는 레코 -드는 실로 우리 사회 문화 우에 크다란 영향을 던지고 잇는 줄 압니다.[16]

위의 인용문을 통해서도 알 수 있듯이 1930년대는 가히 '레코드의 홍수'를 이루었고 '레코드의 황금시대'라 할 만하였다. 제시된 수치를 전적으로 신뢰할 수 없을지라도 당시 음반의 인기가 상당하였다는 것은 충분히 짐작할 수 있다. 음반 판매점이 전국적으로 200개소 이상에 달할 정도로 음반 산업이 번창하였으며 각 음반회사에서 매월 약 50여 종의 신보(新譜)를 내놓는데, 한 종류에 천 매 내지는 이천 매가 손쉽게 팔려나갔다고 한다.

두 번째 인용문에서도 구체적인 수치를 통해서 음반 시장의 활기를 설명하고 있다. '유행가곡의 범람'과 '레코드의 천하(天下)'라는 제목의 이 기사에서는 5개 음반회사에서 1933년에 제작한 음반이 총 537종에 달한다고 하고 있다. 세 번째 인용문에서는 대표적인 6대 음반회사에 서 발매하는 음반이 1년에 총 600~700만 매 정도가 되는데, 한 장에 1 원씩만 쳐도 600~700만 원에 달하므로 음반 시장이 매우 큰 시장이라 고 언급하고 마지막 인용문에서도 1년 동안 팔리는 음반이 약 150만 장정도 되는데, 그 중에서 40~50만 매가 조선 소리판이므로 음반이 사 회 문화에 커다란 영향을 끼친다고 서술하고 있다.

1930년대의 대표적인 6대 음반회사로는 빅타, 콜럼비아, 포리돌, 시

나지만 당시 음반이 어느 정도의 인기를 얻었고, 음반회사간의 경쟁이 얼마나 치열했는지
는 충분히 짐작할 수 있다.
16 「人氣歌手座談會」, 『삼천리』, 1936.1.

에론, 태평, 오케를 들 수 있는데, 이들 회사 사이의 경쟁이 치열해지면서 '육대(六大) 회사 레코드 전쟁'이라는 표현까지 등장하기도 하였다.[17] 육대 회사 외에도 코리아(뉴코리아), 디어, 고라이, 밀리온, 쇼지꾸, 돔보와 같은 군소 음반회사가 있어서 1930년대는 육대 음반회사와 군소 음반회사들이 난립하면서 서로 경쟁하였던 시기라고 할 수 있다.

이처럼 1930년대에 음반 산업이 이른바 '레코드 전쟁'으로까지 치달으면서 음반을 팔기 위한 각 음반회사의 마케팅 전략 또한 치열해질 수밖에 없었다.

3. 음반회사의 마케팅 전략

이 장에서는 20세기 전반기 음반회사의 마케팅 전략을 광고와 판매 촉진으로 나누어서 살펴보고자 한다.[18] 여기서 '광고'란 어떤 확인된 광고주가 아이디어, 재화, 서비스를 유료형식을 통해 비인적(非人的)으로 제시하고 촉진하는 활동을 의미하며, '판매 촉진'은 소비자의 주의를 끌기 위한 정보를 제공함으로써 소비자가 당해(當該) 제품을 구매하도록 유도하는 효과를 지닌 채 소비자에게 어느 정도의 이점이나 기증물을 제공하여 가치를 더해주는 것을 의미한다. 광고와 판매 촉진은 모두 마케팅 중에서 촉진[19]에 포함될 수 있는데, 광고와 판매 촉진의

17 「六大會社 레코드戰」, 『삼천리』 1933.5.
18 광고와 판매 촉진에 대한 기본 개념은 모두 박영봉, 앞의 책을 참조하였다.
19 촉진(promotion)은 마케팅 믹스 구성요소 중의 하나로 주요 촉진 수단으로는 광고, 판매 촉

차이점은 광고가 직접적인 공격도구(frontal attack tool)인데 반해, 판매촉진은 간접적인 공격도구(indirect attack tool)라는 점이다. 따라서 판매촉진이 광고보다 우선할 수는 없다. 그러면 광고 문구(文句)를 통해 음반회사들의 광고 방법부터 살펴보기로 한다.

1) 광고

광고는 소비자에게 제품에 관한 정보를 제공하고 자사제품에 대한 소비자 수요를 촉발시켜야 한다. 당시의 음반 광고는 신문이나 잡지, 내지는 각 회사에서 신보(新譜)를 소개하기 위해 발간한 소책자를 통해 이루어졌다. 광고의 기본적인 목표는 인지도 증대, 태도변화, 태도강화, 기업과 제품라인의 이미지 구축으로 나뉜다. 그러면 음반회사들은 어떤 광고 문구를 사용하여 소비자로 하여금 해당 회사에서 발매한 음반을 구매하도록 유도하였는지를 살펴보기로 한다.

> 金興愛孃! 아마 처음 들으시는 일홈일 것입니다. 高雅한 美音을 獨차지하고도 숨어 잇는 金興愛孃을 弊社에서 千辛萬苦를 해서 期於히 차저내고 말엇습니다. 孃에 關한 滋味잇는 이약이가 만슴니다 마는 다음 機會로 밀기로 하고 今般이 노래를 吹込할 쌔에 일어난 逸話를 若干 말슴 들이겟습니다. 孃이 마이크로폰 앞에서 〈허러진 녯城〉을 부르다가 自己 입에서 흘너 나오는 멜로듸 그 물건에 感動되여 孃은 고만 참다 참다 못하야 울고 말앗습니다. 그리하야 이 노래의 半以上은 울면서 불넛스며 쌀아서 伴奏하는 樂士까지 울니엿섯습니다. 이만한

진, 인적판매, PR이 있다.(위의 책, 393쪽)

그림 18. 〈헐어진 옛성〉 광고(『조선일보』, 1933.8.30)

逸話를 만들어낸 이 노래가 그만치 熱情的인 孃을 맛나게 된 것이 決코 偶然한 機會라고 볼 수 업습니다. 끗으로 滿天下諸氏에게 적지 안은 滿足을 들일 것이라고 밋습니다.[20]

　그대여 아는가 이 마음을!! 그대여 아는가요? 이 마음을!! 어스름 황혼 사람 업는 거리에서 일허버린 녯꿈을 차저 갈피업시 헤메이는 안타가운 이 마음을요 그대여 아는가요 이 노래를!! 잠들은 물결 달빗마저 꿈꾸는 어두운 바다가에서 그대를 실어가든 아득한 뱃길을 바라다보며 눈물 석겨 불으는 목메인 노래를요. 물은 흘너서 배길은 뭇첫스나 노래는 남어서 이 마음을 울여줍니다 오! 그

20　한국정신문화연구원 편, 앞의 책, 192쪽.

그림 19. 〈그대여 아는가 이 마음을〉 광고(1933) (한국 유성기음반 아카이브)

대여 아는가요 이 마음을요!! 今年度 레코-드界에서 最高位의 好評을 가진 追憶의 作曲者 全基玹君이 本社와 專屬契約이 成立되자 그 記念作品!! 落葉 지는 밤 追憶에서 여러분의 만흐신 귀여움을 밧는 全玉孃의 玉갓흔 멜로듸-[21]

첫 번째 인용문은 김홍애가 취입한 〈헐어진 옛성〉[22]이란 노래를 소개한 광고 문구이고, 두 번째 인용문은 같은 시기에 전옥이 취입한 〈그대여 아는가 이 마음을〉[23]을 소개한 광고문이다. 그런데 두 광고문을 보면 공통적으로 이성이 아닌 감정에 호소하고 있음을 알 수 있다. 첫 번째 인용문에서는 김홍애가 취입 당시에 노래를 부르다가 울어버린 일화를 들어서 사람들의 감정을 자극하고 있으며, 두 번째 광고문에서도 노래의 제목에 해당하는 '그대여 아는가, 이 마음을'을 수없이 되뇌면서 '눈물 섞어 부른 목 메인 노래'라고 선전하고 있는 것이다. 이처럼 과장된 감정의 분출이 느껴지는 듯한 광고문은 당시 사람들의 감정에 호소하여 음반에 대한 관심을 유도하였으리라 짐작된다. 특히 마지막 부분에서 '만천하 제씨에게 적지 않은 만족을 줄 것이라 믿는다'는 표현이나 당시 음반계에서 최고의 호평을 받고 있는 작곡자의 이름을 거론한 것은 구매자를 설득하는데 도움이 되었으리라 생각한다.

이처럼 당시의 광고문은 과장법과 영탄법을 주로 활용하고 있는데, 이는 다음의 광고문에서도 확인할 수 있다.

名曲絶唱二重奏! 우리는 새로히 美音麗聲의 名歌姬 崔英姬孃의 珠玉盤을 發賣케 되여습니다. 孃은 芳年二十歲의 絶世美姬로 그 맑고도 아름답은 목소리

---

21 위의 책, 573쪽.
22 〈헐어진 옛성〉(유행창가, 이백수 작사, 전기현 작곡, 김홍애 노래, 포리돌 19076A, 1933)
23 〈그대여 아는가 이 마음을〉(유행가, 김규 작곡, 전옥 노래, 콜럼비아 40448A, 1933)

그림 20. 〈눈물의 일생〉과 〈숨어서 우는 울음〉 광고(1935)(한국 유성기음반 아카이브)

그림 21. 〈고도의 정한〉과 〈인생의 봄〉 광고(『동아일보』, 1933.10.21)

그림 22. 〈지난 꿈 곱다오〉 광고(1934)(한국 유성기음반 아카이브)

는 거리의 굇고리랄는지 종달새 노래갓치 우리의 가슴 속을 흔들어 줍니다. 이
것은 孃이 心血을 傾注하여 吹込한 第一回 佳作盤으로 반드시 斯界에 一大 센
세-슌을 이르키고야 말 것입니다.[24]

錦繡江山 平壤이 나흔 「포리도-루」의 專屬藝術家美聲의 歌姬 王壽福孃의
獨唱 레코-드 〈고도의 정한〉과 〈인생의 봄〉은 果然 靜寂한 가을에 우리를 얼
마나 慰勞하야 줄까! 드르라 이 好評의 소리盤을![25]

지난 꿈이 얼마나 고왓든가 누고나 가지고 잇는 지난 꿈이나 누고나 그리워
하는 게 지난 꿈이다. 作曲界의 才人金曙汀씨의 曲인 만큼 자랑할 수 잇는 名曲
이다. 崔香花의 무르녹아가는 목소리! 듯는 이의 가슴을 훗터놋코 추억의 쓸아
린 술잔을 기우리는 맛을 줍니다.[26]

近代的인 情熱의 歌人! 具龍布君. 칼 갓흔 迫力! 기름 갓흔 부드러움. 君은 歌
壇淨化의 苦行者로서 將來할 朝鮮流行歌界의 先驅가 방불하다. 인제 出戰第一
彈 들으라.[27]

첫 번째 광고문은 최영희가 콜럼비아가 입사하여 처음으로 취입한
〈눈물의 일생〉[28]과 〈숨어서 우는 울음〉[29]을 광고하는 문구이다. 광고
문에서는 그의 맑고 아름다운 목소리를 꾀꼬리와 종달새의 소리에 비

---

24 한국정신문화연구원 편, 앞의 책, 241쪽.
25 위의 책, 575쪽.
26 위의 책, 702쪽.
27 위의 책, 909쪽.
28 〈눈물의 일생〉(유행가, 유도순 작사, 전기현 작곡, 최영희 노래, 콜럼비아 40636A, 1935)
29 〈숨어서 우는 울음〉(유행가, 유도순 작사, 고하정남 작곡, 최영희 노래, 콜럼비아 40636B, 1935)

그림 23. 〈빛나는 조선〉 광고(『조선일보』, 1934.9.19)

교하면서 이 노래가 반드시 대대적인 선풍(旋風)을 불러일으킬 것이라
고 하고 있다. 두 번째 광고문에서도 왕수복의 노래가 정적(靜寂)한 우
리를 위로해 줄 테니 노래를 들으라고 하고 있다. 세 번째 인용문은 최
향화가 부른 〈지난 꿈 곱다오〉[30]를 선전한 문구인데, 여기서도 이 노
래가 '듣는 이의 가슴을 흐트러지게 하고 추억의 쓰라린 술잔을 기울이
는 맛을 준다'고 하고 있다. 마지막 광고문은 구룡포[31]가 취입한 〈빛나
는 조선〉[32] 등을 선전한 문구로, '정열의 가인', '칼 같은 박력', '기름 같
은 부드러움' 등의 과장적이면서도 영탄적인 표현을 통해 구매자의 감
정에 호소하고 있다고 할 수 있다.

　이상에서 살펴 본 바와 같이 당시의 음반회사들은 대부분 광고문에
서 과장법이나 영탄법을 많이 사용하였다. 이러한 과장적인 표현이나
영탄법의 활용은 구매자의 이성보다는 감정에 호소하는 측면이 높다
고 할 수 있다. 이러한 광고문은 상품에 대한 구매자의 인지도를 증대

30 　〈지난 꿈 곱다오〉(유행가, 김서정 작사, 김서정 작곡, 최향화 노래, 시에론 172A, 1934)
31 　구룡포는 최남용의 예명이다.
32 　〈빛나는 조선〉(신민요, 박영호 작사, 이경주 작곡, 구룡포 노래, 태평 8107A, 1934)

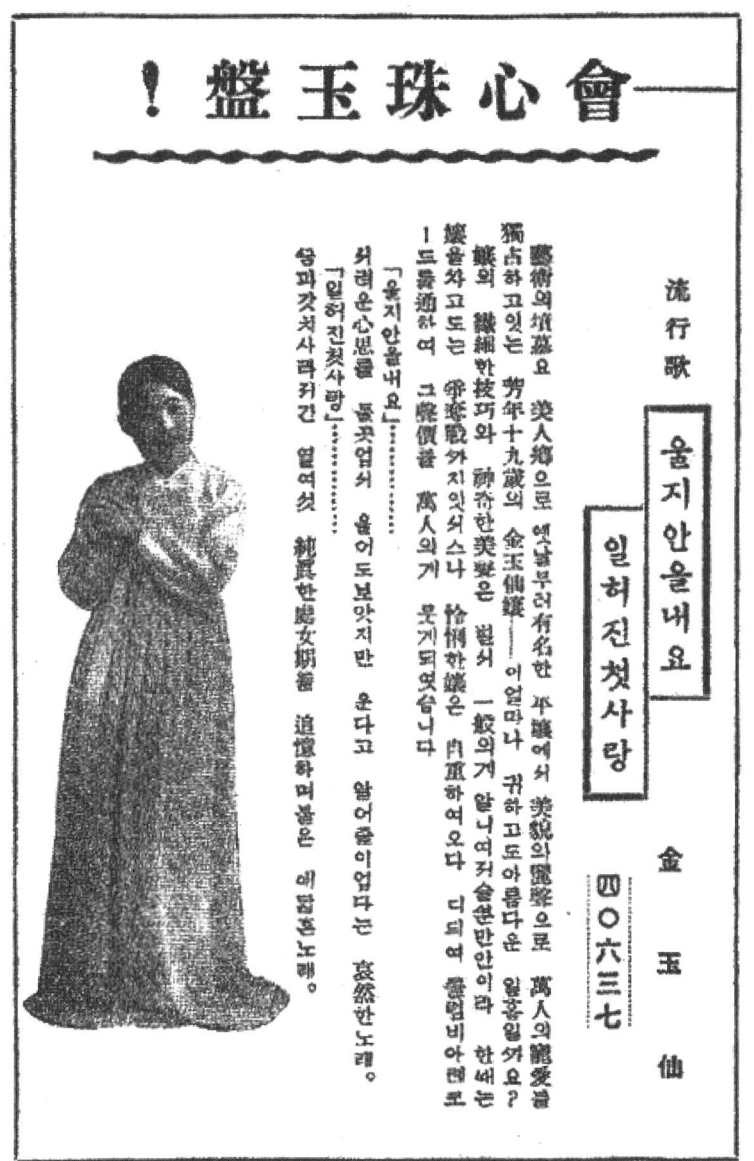

그림 24. 〈울지 않을래요〉와 〈잃어진 첫사랑〉 광고(1935)(한국 유성기음반 아카이브)

시키고 그들의 태도를 변화시켜서 구매를 하도록 권장할 뿐만 아니라 상품에 대한 구매자의 태도를 강화시키는 목표까지 수행하였으리라 짐작된다. 단순히 음반을 소개하고 음반을 구매하도록 설득하는 것뿐만 아니라 다음과 같은 광고문은 자신의 음반회사를 상기시키는 역할까지 수행하였다고 할 수 있다.[33]

藝術의 墳墓요 美人鄕으로 옛날부터 有名한 平壤에서 美貌의 麗聲으로 萬人의 寵愛를 獨占하고 잇는 芳年 十九歲의 金玉仙孃-이 얼마나 귀하고도 아름다운 일홈일까요? 孃의 纖細한 技巧와 神奇한 美聲은 벌서 一般의게 알니여저 잇슬 뿐만 안이라 한때는 孃을 싸고 도는 爭奪戰까지 잇서스나 怜悧한 孃은 自重하여오다 디듸여 콜럼비아레코-드를 通하여 그 聲價를 萬人의게 뭇게 되엿슴니다.[34]

위의 광고문은 김옥선이 콜럼비아에서 취입한 〈울지 않을래요〉[35]와 〈잃어진 첫사랑〉[36]을 소개한 것이다. 김옥선이 미인향(美人鄕)으로 유명한 평양 출신이라는 것과 그의 섬세한 기교와 신기한 미성(美聲)이 벌써 일반에게 알려져서 한때 그를 싸고도는 쟁탈전마저 있었음을 알려주고 있다. 그런데 광고문의 마지막에서 "영리한 그가 자중하여 드디어 콜럼비아를 통해 그 성가(聲價)를 만인에게 묻게 되었다"라고 한 것은 콜럼비아 회사가 자신의 회사를 여타 회사와 차별화시키기 위한 방편이라 할 수 있다. 이 광고문을 읽는 사람들은 쟁탈전에서 승리하

---

33 광고의 목표는 고지(inform), 설득(persuade), 상기(remind)로 분류되기도 한다.(안세원,『마케팅 원론』, 경성대 출판부, 1994, 274쪽)

34 한국정신문화연구원 편, 앞의 책, 242쪽.

35 〈울지 않을래요〉(유행가, 유도순 작사, 강구야시 작곡, 김옥선 노래, 콜럼비아 40637A, 1935)

36 〈잃어진 첫사랑〉(유행가, 유도순 작사, 전기현 작곡, 김옥선 노래, 콜럼비아 40637B, 1935)

그림 25. 〈울지 않을래요〉 광고(『동아일보』, 1935.9.20)

여 김옥선을 차지한 콜럼비아 회사를 대단하게 여길 수 있는 것이다. 따라서 콜럼비아는 단순히 음반에 대한 소개만이 아니라 음반 소개와 더불어 자신의 음반회사마저 광고하는 이중의 효과를 거두었다고 할 수 있다.

　요컨대 20세기 전반기의 음반회사들은 주로 신문이나 잡지 내지는 신보를 소개하는 소책자를 통해 음반을 광고하였다. 음반의 광고는 단순히 그 음반을 소개하는 차원을 넘어서서 '과장과 영탄을 통한 감정에의 호소'를 그 특징으로 하고 있다. 특히 신인 여자 가수인 경우에는 그 가수의 목소리와 더불어 그녀의 미모를 거론하곤 하였는데, 이러한 광고문은 당시 음반 구매자를 설득하고 태도를 변화시켜서 음반을 구매하는데 일조하였으리라 생각한다.

2) 판매 촉진

판매 촉진의 목표는 소비자들이 신제품을 구입하도록 유도하고 경쟁사의 제품에서 자사제품으로 구매 욕구를 변경하도록 하는 것이다.[37] 20세기 전반기 음반회사들이 판매 촉진을 위해 활용한 수단은 주로 가격할인과 현상 과제(懸賞課題) 내지는 경품이었다.

음반회사 중에서 오케는 처음부터 저가정책(低價政策)을 들고 나와서 성공한 경우에 해당한다. 오케는 1933년 2월부터 저가정책의 일환으로 1원짜리 음반[38]을 만들어서 상업적인 대성공을 거두었다. 오케의 저가정책에 맞서서 콜럼비아는 80전짜리 리갈 대중반을 만들어서 판매하기도 하였다.[39] 저가정책을 통한 음반회사들의 경쟁은 음반의 가격을 전체적으로 내리는데 도움이 되었으리라 생각한다.

그런가 하면 오케는 신불출의 만담인 〈대머리(공산명월)〉[40]가 히트하여 6개월 만에 2만 매를 돌파하는 쾌거를 기록하기도 하였다. 오케는 이처럼 〈대머리〉가 성공을 거두자 이후에 〈익살맞은 대머리〉로 이름을 바꾸고 그 발매를 기념하여 〈익살맞은 대머리〉에 한해서 한 매에 오십 전에 판매하기도 하였다.[41]

오케-레코-드 朝鮮盤이 新年의 太陽가치 半島에 出現! 上海香港을 中心으

---

37 박영봉, 앞의 책, 401쪽.

38 1929년 당시 음반의 가격은 통상 1원 50전이었다. 오케는 음반의 가격을 50전 내려서 1원에 판매하였고 이러한 저가정책이 당시에 성공을 거둔 것이다.

39 당시의 신문광고에는 리갈 대중반을 다음과 같이 광고하고 있다.
"이런 傑作盤이 八十錢이라니! 流行歌 〈가실여든〉 최창선, 〈님어실 시절〉 백계운, 콜럼비아 大衆盤一枚 80"(『동아일보』, 1936.4.25)

40 〈대머리〉(신불출·윤백단, 오케 1518A)

41 장유정, 앞의 글, 22쪽.

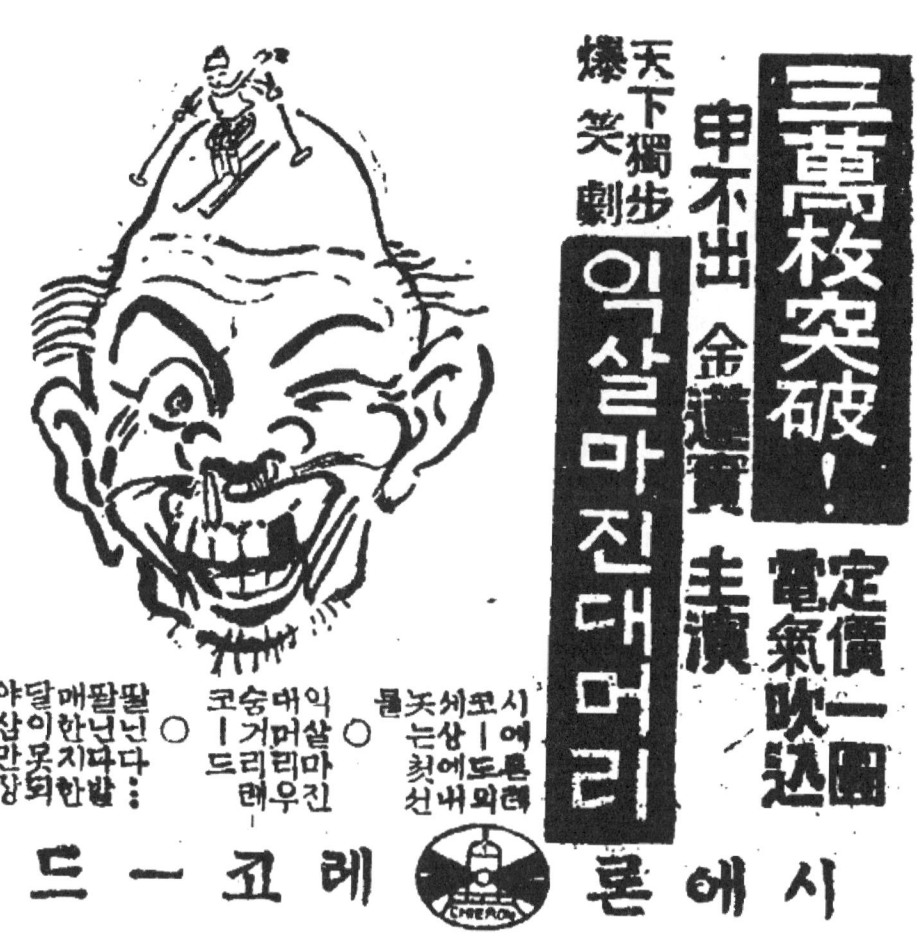

그림 26. 〈익살맞은 대머리〉 광고(『동아일보』, 1933.2.2)

그림 27. 〈익살맞은 대머리〉에서 소녀 역을 맡은 김연실(1933)

로 數多한 東西歌盤會社를 完全히 누르며 斯界의 人氣를 온몸에 지고 가는 오
케-레코-드가 一枚 定價 一圓이라는 奉仕的發 廉價로 朝鮮에 出現 發賣를 記
念키 爲하야 腰折한 爆笑劇 申不出·尹白南 익살마진 대머리(見本盤 一五一
八)에 限하야 一枚 五十錢에 提供!

吹込術 自信, 雜音絶無, 耐久力, 價格低廉을 生命으로 삼는 오케-레코-드야
말로 藝術에 歷史가 깁고 生活에 恨이 만흔 朝鮮 家庭에 唯一한 理想的 良友임
을 確信합니다.[42]

---

42 『동아일보』, 1933.2.1.

인용문은 오케가 〈익살맞은 대머리〉에 한하여 한 매에 오십 전에 판매한다는 광고이다. 그런데 여기서도 앞서 광고문구에서 살펴보았듯이, 과장법과 영탄법을 활용하고 있음을 알 수 있다. 오케 회사를 '태양같이 반도에 출현'하였다고 표현한 것이나 오케야말로 '조선 가정의 유일한 좋은 친구(良友)'라고 한 것에서 이를 확인할 수 있다. 오케의 저가정책은 당시에 성공을 거두어서 오케가 메이저 회사로 성장하는데 도움을 주었다. 오케가 〈익살맞은 대머리〉를 정가(定價)의 반 가격으로 제공하였던 것은 이미 〈익살맞은 대머리〉가 상당한 인기를 끌었기 때문에 그 인기에 힘입어 더 많은 이윤을 추구하고자 하였던 음반회사의 전략이었다고 할 수 있다. 그에 반해 노래를 발매할 때부터 그 음반을 선전하기 위해서 저가정책을 사용한 예도 있다.

特別宣傳 五十錢盤 彗星갓치 낫하난 우리의 歌手 申泰鳳·羅仙嬌 두 분의 노래를 宣傳키 爲하야 이 소리판 한 장만은 一萬枚 限하야 正價의 半額 一金五十錢에 팜니다.[43]

시에론은 신태봉과 나선교의 노래가 앞·뒷면으로 실린 음반을 일만 매에 한하여 정가의 반액인 오십 전에 팔겠다고 선전하였다. 당시 이 음반에는 신태봉이 부른 〈모던 서울〉[44]과 나선교가 부른 〈처녀 십팔세〉[45]가 각각 앞·뒷면에 실려 있었다. 시에론은 저가정책을 통해 일단 대중의 관심을 불러일으켜서 이윤을 취하고자 한 것으로 보인다.

이상에서 살펴본 바와 같이 음반회사들은 저가정책을 통해서 판매

---

43 한국정신문화연구원 편, 앞의 책, 680쪽.
44 〈모던 서울〉(유행가, 이외돛 작사, 백파 작곡, 신태봉 노래, 시에론 90A, 1933.5)
45 〈처녀 십팔세〉(유행가, 이외돛 작사, 백파 작곡, 나선교 노래, 시에론 90B, 1933.5)

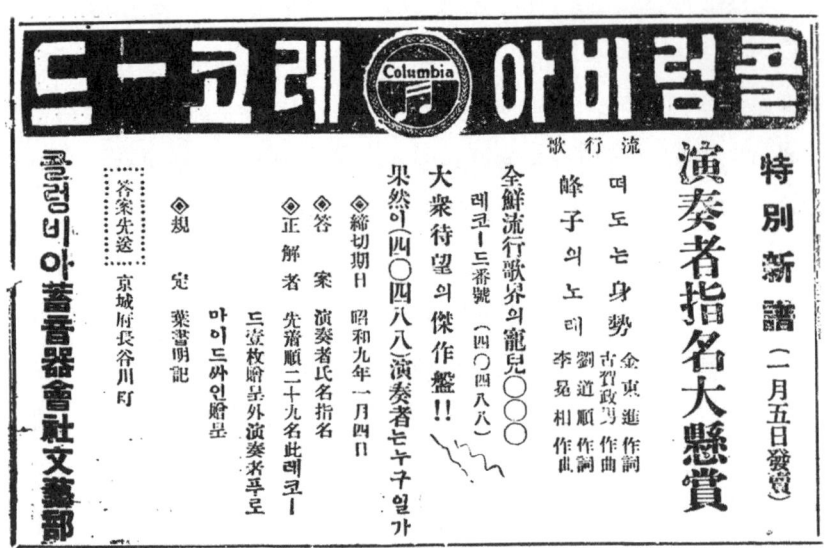

그림 28. '연주자 지명 대현상' 광고(『조선일보』, 1933.12.29)

촉진을 유도하였다. 그러나 오케가 이미 한 번 인기가 검증된 음반을 반액에 팔아서 이익을 추구한 반면에 시에론은 음반을 발매함과 동시에 반 가격으로 팔아서 대중의 관심을 유도하고 있다. 후자의 경우에는 그 매수를 한정하였는데, 실제로 이후에 '그간 선전반으로 50전에 팔던 중 예정매수를 돌파했기 때문에 다시 1원으로 값을 올린다'는 광고가 실리기도 하였다.[46]

당시의 음반회사들은 저가정책으로 판매 촉진을 유도하는 것 외에 현상 과제나 경품을 통해서 구매를 촉진시키기도 하였다.

大衆待望의 傑作盤!! 果然 演奏者는 누구인가? ◆ 締切期日 昭和九年 一月 四日 ◆ 答案 演奏者氏名 ◆ 正解者 先着順 二十名 此 레코-드 壹枚 贈呈 外演奏

---

46 한국정신문화연구원 편, 앞의 책, 681쪽.

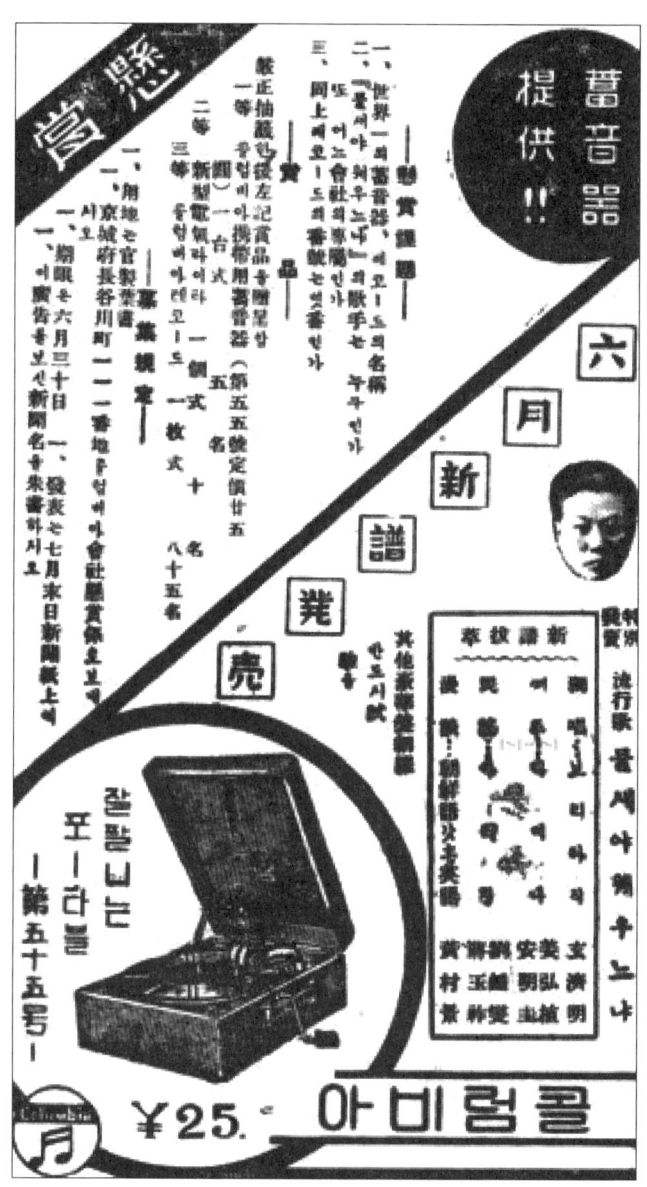

그림 29. 〈물새야 왜 우느냐〉 현상 과제 광고(『동아일보』, 1936.6.2)

者 푸로마이드 싸인 贈呈 ◆ 規定 葉書에 明記 ◆ 答案送處 京城府 長谷川町 콜
럼비아 蓄音機會社 文藝部[47]

   당시의 『동아일보』 하단에 '演奏者指名大懸賞'이라는 위의 광고가
실렸다. 그 내용을 보면 유행가 〈떠도는 신세〉[48]와 〈봉자의 노래〉[49]를
연주한 사람이 누구인가를 묻는 문제이다. 〈떠도는 신세〉와 〈봉자의
노래〉가 실린 음반은 1934년 1월 5일 발매 예정인 음반이었다. 그런데
광고는 1933년 12월 30일에 났으니, 음반을 발매하기 이전에 음반에
대한 대중의 관심을 불러일으키기 위해 퀴즈를 냈던 것으로 보인다.
다음의 예도 판매 촉진을 위해 '현상 과제'를 낸 경우이다.

    懸賞課題
    一, 世界 一의 蓄音機, 레코-드의 名稱
    二, 〈물새야 웨 우느냐〉의 歌手는 누구인가 쏘 어느 會社의 專屬인가?
    三, 同上 레코-드의 番號는 몃 番인가?
    賞品
    嚴正抽籤한 後 左記 賞品을 贈呈함.
    一等 콜럼비아 携帶用 蓄音機(第五五號 定價卄五圓) 一台式 五名
    二等 新型電氣라이타 一個式 十名
    三等 콜럼비아 레코-드 一枚式 八十五名[50]

---

47 『동아일보』, 1933.12.30.
48 〈떠도는 신세〉(유행가, 김동진 작사, 고하정남 작곡, 채규엽 노래, 콜럼비아 40488A, 1934)
49 〈봉자의 노래〉(유행가, 유도순 작사, 이면상 작곡, 채규엽 노래, 콜럼비아 40488B, 1934)
50 『동아일보』, 1936.6.2.

그림 30. 〈물새야 왜 우느냐〉 광고(『조선일보』, 1936.11.2)

위의 인용문도 〈물새야 왜 우느냐〉[51]라는 노래가 실린 음반을 발매하면서 음반의 판매 촉진을 위해 현상 과제를 낸 것이다. 그 상품으로는 고가의 휴대용 축음기와 전기 라이터 등을 내걸고 있어서 이러한 현상 과제가 충분히 당시 대중의 관심을 유도하였을 것이라 짐작된다. 그런데 앞서 제시한 현상 과제는 신보를 발매하면서 대중의 관심을 유도하는데 그치고 있다면 다음의 현상 과제는 그 음반의 구매까지 확실하게 이끌어내고 있다.

---

51 〈물새야 왜 우느냐〉(유행가, 이하윤 작사, 죽강신행 작곡, 채규엽 노래, 콜럼비아 40685A, 1936)

新年幸運大懸賞締切延期(二月十五까지를 三月二十日까지로)

一, 오케-專屬歌手 李蘭影孃이 올에(昭和十一年) 멧살의 봄을 맛습닛가(滿齡으로 計算하여 以前弊社에 宣傳用으로 發表한 孃의 年齡 正否責任지지안음)

二, 당신은 李蘭影孃의 팬임닛가

(解答) 葉書만한 白洋紙面에 一, 二,의 答을 쓰시고 二의 答의 證으로 弊社出荷番號 찍힌 李蘭影孃獨唱盤文句카-드 一枚를 添附한 後 開封郵便으로 보냄을 要함(出荷番號라는 것과 李孃레코-드라는 것을 推知할만큼 카-드의 一部分을 비여보내서도 無妨함但 카-드 添附 업든지 비라나 目錄添附는 解答을 無效로 함)

(締切) 昭和十一年 三月 二十日

(送先) 京城府南大門通 一町目 一0四番地 日本 오케-蓄音機會社京城支店文藝部

(賞金) 正答을 嚴正抽籤하야 左記의 賞金을 贈呈함

一等 一人 弊社新發賣蓄音機一台(賣價六拾圓家庭用)

二等 二人 李蘭影孃 吹込盤 十枚式(레코-드 種目은 入賞者의 指定에 依함)

等外 三十人 李蘭影 自筆 싸인入 푸로마이드 一組式

(發表) 弊社五月目錄[52]

위의 인용문은 오케에서 낸 '현상 과제'의 내용이다. 그 내용을 보면 문제 자체는 그다지 어렵지 않다는 것을 알 수 있다. 당시 많은 인기를 끌고 있던 이난영의 나이와 이난영의 팬인지를 묻고 있는 것이다. 중요한 점은 현상 과제가 단순히 음반에 대한 관심을 유도하는 것을 넘어서 답의 증거로 오케의 출하 번호가 찍힌 '이난영 독창반 문구 카드'

---

52 한국정신문화연구원 편, 앞의 책, 808쪽,

그림 31. 시에론 회사의 음반 광고(『동아일보』, 1933.5.12)

한 매를 첨부해서 보내라고 하고 있다는 점이다. 이는 음반을 구입하지 않으면 얻을 수 없는 것이므로 확실하게 음반을 구입한 사람에 한해서 현상 과제에 응모할 자격을 주겠다는 것을 의미한다. 단순한 판매 촉진이 아니라 확실한 구매를 유도하려는 전략이라고 할 수 있다.

그런가 하면 현상 과제가 아니라 단순한 증정품을 통해서 판매를 촉진하기도 하였다.

朝鮮劇場觀覽券 特別進呈 一○○番映畵主題歌 한 장 사시면 아름다운 犧牲入場券을 進呈합니다.[53]

인용문은 영화 〈아름다운 희생〉의 주제가 음반을 사면 그 영화의 입장권을 증정한다는 내용으로 이루어져 있다. 이는 음반의 홍보와 더불어 영화의 홍보라는 이중의 효과를 거두려는 시도라고 할 수 있다.

이상에서 살펴본 바와 같이 당시의 음반회사들은 저가정책과 현상 과제, 경품 등을 통해서 판매를 촉진하였다. 저가 정책은 이미 인기를 검증받은 음반이나 신보를 선전하기 위해 이루어졌다. 현상 과제는 신보를 선전하기 위한 하나의 수단으로 사용하였다고 할 수 있다. 이러한 현상 과제는 단순히 대중의 관심을 유도하는 것을 넘어서서 확실한 구매를 유도하기까지 하였다. 또한 영화주제가 음반인 경우, 그 영화의 입장권을 증정하여 판매를 촉진하기도 하였다. 이처럼 다양한 방식으로 당시의 음반회사들은 판매 촉진을 하였다고 할 수 있다.

---

53 『동아일보』, 1933. 5. 12.

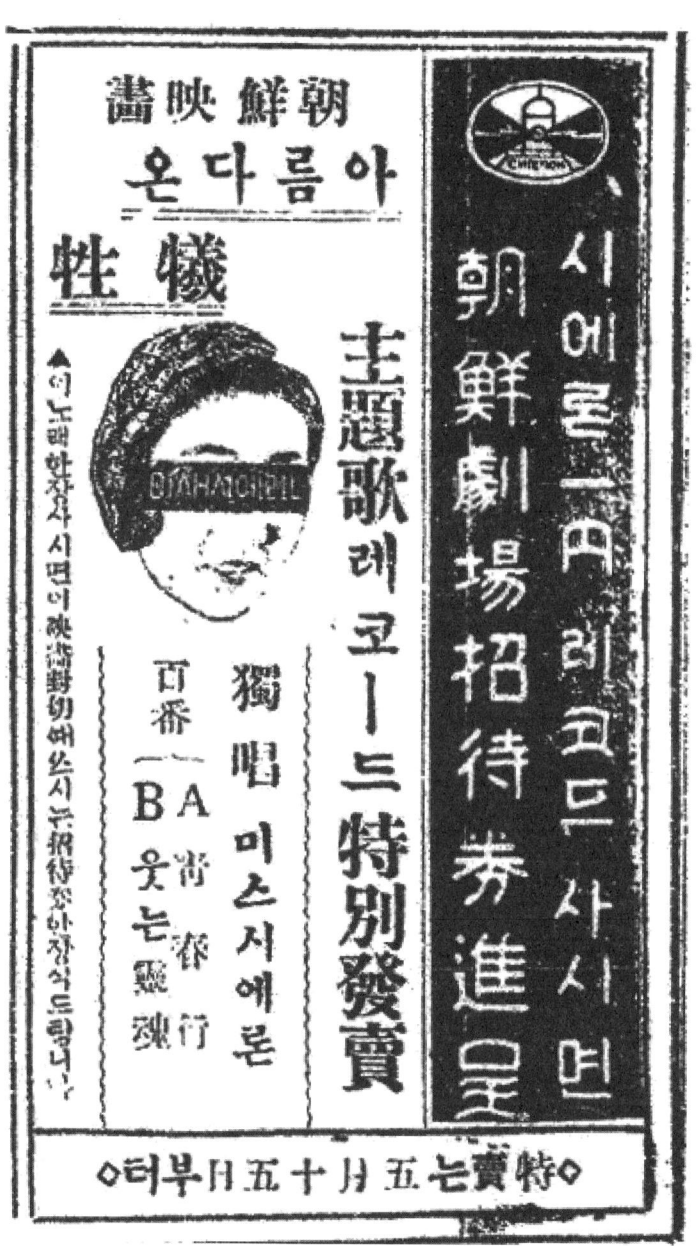

그림 32. 영화 설명 〈아름다운 희생〉의 주제가 광고와 미스시에론(『조선일보』, 1933.5.21)

4. '얼굴 없는 가수'의 등장과 의미

앞서 살펴보았던 광고나 판매 촉진이 일반적으로 음반의 판매와 관련된 마케팅 전략이라면 음반의 제작 단계에서부터 마케팅 전략을 사용한 예도 있다. 일명 '얼굴 없는 가수' 내지는 '복면(覆面) 가수'의 등장이 여기에 해당한다. 미스리갈, 미스시에론, 미스조선, 미스코리아, 미스터콜럼비아, 미스태평, 미스터태평이라는 예명으로 활동한 이들은 대체로 '얼굴 없는 가수'에 해당한다고 할 수 있다. 이들이 취입한 대체적인 음반 목록을 제시하면 다음과 같다.[54]

번호	제목	곡종	년도	작사	작곡	노래	상표	음반번호
1	울어도 울어도	유행가	3511	유영일	강구야시	미스리갈	리갈	C298A
2	고향아 잘 있거라	유행가	3511	유영일	김기방	미스리갈	리갈	C298B
3	님 무덤 앞에서	유행가	3512	유영일	유일	미스리갈	리갈	C303A
4	슬픔의 바다	유행가	3512	유영일	김기방	미스리갈	리갈	C303B
5	성삼문의 노래	유행가	3602	유영일	유일	미스리갈	리갈	C310A
6	사랑의 십자가	유행가	3602	유영일	고하정남	미스리갈	리갈	C310B
7	울기는 누가 울어	유행가	3608	김운	유일	미스리갈	리갈	C350A
8	젊은날 꿈이여	유행가	3608	이하윤	레이몬드복부	미스리갈	리갈	C350B
9	울지 말고 가세요	유행가	3610	천우학	고관유이	미스리갈	리갈	C399A
10	눈물의 밤비	유행가	3611	금오	김기방	미스리갈	리갈	C365A
11	잘 가거라 마차여	유행가	3710	이노홍	이삼사	미스리갈	리갈	C425A
12	청춘십자로	유행가	3711	고마부	손목인	미스리갈,임원	리갈	C417A
13	포구야곡	유행가	3711	김벽호	홍수일	미스리갈	리갈	C417B
14	신접살이풍경	유행가	3803	고마부	유일	미스리갈	리갈	C429A

---

54 음반 목록은 한국정신문화연구원 편, 앞의 책; 김점도 편, 『유성기음반 총람자료집』, 신나라레코드, 2000; 공간되지 않은 이준희의 개인 목록을 참조해서 작성하였음을 밝혀둔다.

번호	제목	곡종	년도	작사	작곡	노래	상표	음반번호
15	호반의 밤	유행가	3803	김익균	정진규	미스리갈	리갈	C429B
16	울려 주지 마세요	유행가	3803	이노홍	유일	미스리갈	리갈	C432A
17	웃어 주세요	유행가	3804	김포몽	이영근	미스리갈	리갈	C436A
18	청춘설계도	유행가	3806	이노홍	이삼사	미스리갈	리갈	C442A
19	청춘행	주제가	3305	이고범	백칠현	미스시에론	시에론	100A
20	웃는 영혼	주제가	3305	이고범	백칠현	미스시에론	시에론	100B
21	울산 큰애기	신민요	3308	이고범	김월신	미스조선	시에론	113B
22	님 그린 새벽	유행가	3309			미스조선	시에론	120A
23	님 계신 강남	유행가	3309			미스조선	시에론	120B
24	마의태자	신민요	3409	유도순	김준영	미스코리아	콜롬비아	40530A
25	오 내 사랑아	유행가	3409	유도순	김준영	미스코리아	콜롬비아	40530B
26	금강산이 좋을시고	신민요	3410	유도순	김준영	미스코리아	콜롬비아	40534A
27	금수강산	신민요	3410	유도순	김준영	미스코리아	콜롬비아	40534B
28	청춘일기	유행가	3609	이하윤	죽강신행	미스터콜롬비아	콜롬비아	40710A
29	웃음 짓는 희망	유행가	3609	이하윤	강구야시	미스터콜롬비아	콜롬비아	40710B
30	해녀의 합창	신민요	4102	처녀림	이재호	미스코리아	태평	3018
31	파도를 베개 삼고	유행가	3609	김상화	이기영	미스태평	태평	8230A
32	청춘가	유행가	3609	손병운	백파	노벽화·미스태평 ·최남용	태평	8230B
33	두 사람의 청춘	유행가	3609	김상화	편강지행	미스태평,최남용	태평	8233
34	돛 달고 간 배	유행가	3702	계취원	문예부	미스터태평	태평	8269
35	사나이 설움	유행가	3702	계취원	문예부	미스터태평	태평	8269
36	월하의 연가		3702			미스터태평	태평	8275
37	젊은 동자		3702			미스터태평	태평	8275
38	모던 풍경	유행가	3702		백파	나선교,미스터태평	태평	8276A
39	환락의 청춘	유행가	3702			나선교,미스터태평	태평	8276B
40	꿈에 보는 님	유행가	3705	유성호		미스터태평	태평	8284
41	남국의 아가씨		3705	불사조		미스터태평	태평	8284
42	얼사 좋네		3705			미스터태평	태평	8293
43	달려라 노새야	유행가	3707	이서구		미스터태평	태평	8307
44	울며 웃는 세상	유행가	3707	이서구		미스터태평	태평	8307
45	남포천리	유행가	3707			미스터태평	태평	8308

번호	제목	곡종	년도	작사	작곡	노래	상표	음반번호
46	상사루	유행가	3707	추객	백파	미스터태평	태평	8308
47	정한의 두만강	유행가	3708	김상화		미스터태평	태평	8312
48	탄식은 끝없오	유행가	3708	김상화		미스터태평	태평	8312
49	거리의 방랑자	유행가	3709			미스터태평	태평	8320
50	환락의 동산	유행가	3709			미스터태평	태평	8320
51	백두산 바라보고	신민요	3901	박영호	전기현	미스코리아	태평	8603A
52	달 같은 님아	신민요	3901	김다인	유일춘	미스코리아	태평	8603B
53	똥그랑 땡땡	신민요	3902	김다인	전기현	미스코리아	태평	8607
54	복조리타령	신민요	3902	처녀림	무적인	미스코리아,세명생	태평	8607
55	은어알 처녀	신민요	3902	처녀림	전기현	미스코리아	태평	8611B
56	봄바람 분다			김상화		나선교,미스터태평	태평	8263
57	귀염 받는 내 사랑					나선교,미스터태평	태평	8263
58	동그랑 땡땡	신민요				미스코리아	태평	8695
59	도라지타령	잡가				미스터태평	태평	8695
60	포곡새 천지	신민요	4102	박영호	김교성	모란봉	태평	3018
61	조선아가씨	신민요	4103	처녀림	김교성	모란봉	태평	3021
62	정어리떼 온다	신민요	4103	처녀림	김교성	모란봉	태평	3021
63	황진이 노래	민요	4105	처녀림	이재호	모란봉	태평	3032
64	물방아 푸념	민요	4105	처녀림	김교성	모란봉	태평	3032
65	궁초댕기	신민요	4106	불사조	김교성	모란봉	태평	5002
66	통타령	신민요	4107	불사조	전기현	모란봉	태평	5005
67	미나리 이십세	신민요	4107	불사조	전기현	모란봉	태평	5005
68	상주산간	신민요	4110	불사조	김교성	모란봉	태평	5014
69	육천리 풀이	신민요	4110	불사조	김교성	모란봉	태평	5014
70	팔선녀	신민요	4111	불사조	전기현	모란봉	태평	5015
71	기러기 편지	신민요	4111	불사조	전기현	모란봉	태평	5015
72	신곰배타령	신민요	4206	김다인	전기현	모란봉	태평	5040
73	춘하추동범벅	신민요	4208	처녀림	이재호	모란봉	태평	5047
74	공주강	신민요	4210	김다인	전기현	모란봉	태평	5050
75	금박댕기	신민요	4210	조경환	김교성	모란봉	태평	5050
76	대동강 물결 위에	신민요		김다인	전기현	모란봉	태평	

'미스'나 '미스터' 뒤에 음반회사명 등을 붙여서 예명으로 사용한 가수로는 아마도 미스시에론이 처음이라 할 수 있다. 1933년 5월에 미스시에론이 영화 〈아름다운 희생〉의 주제가를 취입하면서 미스시에론이라는 예명을 사용한 것이다. 광고를 보면, 처음에는 '얼굴 없는 가수'를 표방했으나 바로 그 주인공이 누구인지를 밝혀서 이른바 '신비주의 마케팅'을 적극적으로 활용하지 않은 것으로 보인다.

왜냐하면, 미스시에론의 눈 부분을 가린 그림과 달리 같은 해에 이미 미스시에론과 미스터시에론의 얼굴을 공개했기 때문이다. 즉 미스시에론인 나선교와 미스터시에론인 신태봉의 얼굴을 공개하여 그들이 시에론을 대표하는 가수임을 밝히고 있다. 아래 인용글에서도 나선교가 시에론 회사에 들어와서 처음으로 녹음한 〈처녀십팔세〉를 광고하면서 '나선교'라는 이름을 '미스시에론'과 함께 사용하고 있는 것이다.

◇ 미스시에론 羅仙嬌孃!

彗星갓치 낫하난 美聲의 歌姬! 羅仙嬌孃! 名家의 자근아씨의 大衆的 進出! 哀調와 特色을 씌운 『쏘프라노』이올시다. 〈處女十八歲〉 하늘에 뜬구름 속 달도 손짓을 함담니다! 시에론이 世上에 새로히 자랑하는 自他가 公認하는 名歌手[55]

인용문을 통해서도 알 수 있듯이 미스시에론이 나선교라는 것은 처음부터 알려져 있던 사실이었다고 할 수 있다. 그렇다면 시에론 회사에 '얼굴 없는 가수'를 표방하기는 했지만 이를 마케팅의 전략으로 적극적으로 활용했다고 보기는 어렵다. 실제로 나선교가 녹음한 약 24곡의 노래 중에서 '미스시에론'이라는 이름으로 발매된 곡은 단 두 곡에

---

55 한국정신문화연구원 편, 앞의 책, 680쪽.

그림 33. 시에론의 전속 예술가(왼쪽부터 신태봉, 나선교, 백파)(1933)

불과해서 '신비주의 마케팅' 전략을 적극적으로 활용한 것 같지는 않다. 즉 초반에 잠시 대중의 시선을 끌기 위한 수단으로 '미스시에론'이라는 이름을 사용한 것이다.

이는 시에론에서 음반을 발매한 미스조선도 마찬가지이다. 미스조선은 배우이자 가수로 활동하였던 김선초이다. 김선초는 비교적 이른 시기인 1931년부터 콜럼비아의 전속 가수로 활동하였다. 그는 콜럼비아에서 취입한 노래만도 약 60여 곡에 달해서 당시에 매우 활발하게 활동한 가수라고 할 수 있다. 김선초는 1933년 8월경에 시에론에서 미스조선이라는 이름으로 약 3곡의 노래를 녹음하였다.

김선초가 미스조선이라는 예명을 사용하였던 것은 콜럼비아의 전속 가수로 있으면서 다른 음반회사에서 노래를 녹음할 때 같은 이름을 사용할 수 없었기 때문이다. 한 회사의 전속으로 있으면서 다른 회사에서 음반을 녹음할 때 다른 이름을 사용하였던 것은 당시 음반계의 관례였던 것으로 보인다. 예를 들어서 1930년대의 인기 가수였던 최남용도 빅타의 전속 가수로 있으면서 태평에서 노래를 녹음할 때는 최남용 대신에 구룡포(具龍布)라는 예명을 사용하였던 것이다.[56]

이에 반해서 1934년에 등장한 미스코리아는 명실 공히 '얼굴 없는 가수'를 표방하고 나온 첫 번째 가수라 할 수 있다. 당시의 음반 가사지에 수록된 미스코리아의 사진을 보면 눈 부분을 하얗게 처리하여서 그 실물을 공개하지 않고 있다. 미스코리아는 〈마의태자〉라는 노래로 데뷔하였는데, 당시에 이른바 '얼굴 없는 가수'로 커다란 반향을 불러일으킨 것으로 보인다.

---

[56] 「인기 가수의 연애·예술·사생활」, 『삼천리』, 1935.9.

그림 34. '미스조선'으로도 음반을 발매한 김선초

前日新譜로 金剛山에 숨은 麻衣太子의 事蹟을 노래한 名曲絶唱盤을 發賣하여 레코-드界에 一大센세-슌을 惹起식힌 우리의 미스·코리아는 다시 詩人劉道順氏의 金剛禮讚을 新民謠調로 불너 空前絶後의 豪華盤을 만들엇습니다. 날노 人氣가 沸騰하는 미스·코리아는 果然 누구일가하는 疑問은 京鄕各地에 크다란 話題가 되엿슬뿐만 아니라 그 神秘로운 목소리에 춤을 흘니는 靑年들이 보내는 哭封套가 每日 殺到하니 레코-드를 通한 宣傳이 얼마나 큼을 미루워 推測케 됩니다. 미스·코리아 그 貴한 姓名三字난 不遠大懸賞에 부치겟지만 다시 이 金剛禮讚의 노래를 듯는다면 아러낼수가 잇슬가? 아니요 그는 金剛山에 숨어잇다 레코-드界에 烽火를 들고 나온 天使임니다. 드르면 들을사록 새롭고 情다운 그 목소래 쑴 속에 들녀오는 戀人의 鮮明한 목소래갓치 永遠히 未練을 남기고야 말것임니다.[57]

인용문은 미스코리아의 다른 노래인 〈금강산이 좋을시고〉를 소개한 글인데, 이 글만 보더라도 미스코리아가 처음부터 '얼굴 없는 가수'를 표방하였음을 알 수 있다. 경향 각지의 대중은 미스코리아의 정체에 대해 의문을 가졌고, 미스코리아의 신비로운 목소리에 반한 청년들이 매일 회사로 팬레터를 보냈던 것이다. 광고문은 미스코리아의 정체에 대한 궁금증을 더욱 유발시키고 있다. 음반회사는 미스코리아가 누구인지는 밝히지 않고, 그가 '금강산에 숨어 있다가 레코드계에 봉화를 들고 나온 천사'라면서 대중에게 신비감과 호기심을 부추기고 있는 것이다. 이러한 '얼굴 없는 가수'의 등장은 음반회사가 음반 매출을 올리기 위해 사용한 일종의 마케팅 전략이라고 할 수 있다.

미스코리아에 이어서 미스리갈 또한 '얼굴 없는 가수'로 1935년에 데

---

57 한국정신문화연구원 편, 앞의 책, 217쪽.

그림 35. 미스코리아와 〈금강산이 좋을시고〉의 광고(1934) (한국 유성기음반 아카이브)

그림 36. 미스터태평의 음반 광고(『조선일보』, 1937.2.17)

뷔하였다. 당시의 음반 가사지에는 눈 부분을 하얗게 처리해서 누군지 알아볼 수 없도록 한 미스리갈의 사진이 실려 있다. 미스리갈에 이어서 1936년에는 미스터콜럼비아가 등장하였고 태평에서도 미스태평과 미스터태평이 등장하였다. 이들이 1930년대에 활동하였던 '얼굴 없는 가수'라고 할 수 있다.

앞서 미스코리아의 경우를 통해 살펴보았듯이, '얼굴 없는 가수'는 당시에 일종의 마케팅 전략으로 사용되었다. 이러한 '얼굴 없는 가수' 마케팅은 이른바 '신비주의 마케팅'이라고 할 수 있다. 누구인지를 밝히지 않고 등장하여 사람들의 관심과 호기심을 유발시키고 이를 통해 음반의 판매율도 높이고자 하였던 것이다. 특히 이러한 신비주의 마케팅은 가수가 처음 데뷔할 때 사용하였던 것으로 보인다.

그러면 '얼굴 없는 가수'의 정체가 궁금해지지 않을 수 없다. 앞서 미스시에론은 나선교이고 미스조선은 김선초라고 하였다. 그러나 이들은 일부러 얼굴 없는 가수를 표방한 것으로 보이지는 않는다. 본격적인 의미의 '얼굴 없는 가수'로는 미스코리아를 들 수 있다. 그런데 얼굴 없는 가수에 걸맞게 미스코리아의 정체는 사실상 정확하게 밝혀져 있지 않다. 다만 1937년도 『매일신보』에 복면을 벗은 그의 사진과 '미쓰·코리아양 花柳界로 轉向'이라는 제목의 작은 기사를 찾을 수 있었다.

〈마의태자〉, 〈금강산조흘시고〉 등의 「힛트」반을 내노혼 西道 京畿雜歌의 名歌手詞 「콜럼비아」社의 미쓰·코리아孃은 얼마 前 花柳界로 轉向하야 金秋月이라는 藝名으로 「데뷰─」하엿는데 歌手들의 花柳界進出이 最近에 流行으로 되고 잇는 ○○이다.[58]

---

58 『매일신보』, 1937.5.16.

그림 37. 복면을 벗은 미스코리아와 〈백두산 바라보고〉 광고(한국 유성기음반 아카이브)

그림 37-1. 〈백두산 바라보고〉와 태평 회사 발매 음반 광고(『조선일보』, 1939.2.11)

그림 38. 미스리갈

　미스코리아는 1934년에 등장하여 콜럼비아에서 약 4곡의 음반을 취입하였는데, 그 이후에 그가 부른 노래 목록을 찾을 수 없는 것으로 보아서 별다른 활동을 하지 않았던 것으로 보인다. 그러다가 1937년도에 미스코리아가 화류계로 전향하여 김추월(金秋月)이라는 예명으로 활동하게 되었다는 기사가 실린 것이다. 이후, 미스코리아는 1939년에 태평에서 〈백두산 바라보고〉를 위시한 신민요 등을 녹음하였고, 1941년에는 일제의 압력 때문에 이름을 모란봉으로 개명하여 약 17여 곡을 취입하였다. 따라서 미스코리아가 취입한 음반은 모란봉이라는 이름으로 취입한 음반까지 합하여 총 28곡을 확인할 수 있다. 그러나 그의 본명과 그가 화류계에서 다시 가요계로 또다시 전향하게 된 배경 등에 대해서는 지금으로서는 알 수 없다. 다만 그가 유독 신민요에 특장을 지녔던 가수였다는 것은 지적할 수 있다.

　다음으로 미스리갈의 정체를 살펴보기로 한다. 당시의 음반 가사지

그림 39. 복면 벗은 미스리갈
(『매일신보』, 1937.4.15)

를 보면 눈 부분만 하얗게 처리된, 미스리갈의 사진이 실려 있다. 사진만 보더라도 그가 확실하게 '얼굴 없는 가수'로 등장하였음을 알 수 있다.

제시된 사진은 당시 음반 가사지에 실린 미스리갈의 모습이다. 이처럼 얼굴 없는 가수로 등장하였던 미스리갈의 정체는 사람들의 호기심과 궁금증을 유발시켰고 이를 통해 미스리갈은 많은 인기를 얻은 것으로 보인다. 미스리갈의 정체는 밝혀졌고 복면을 벗은 미스리갈의 사진과 약력이 『매일신보』 1937년 4월 15일자에 실리기도 하였다.

覆面의 女歌手로 「쎄뷰ー」하야 人氣沸騰

「콜럼비아·리갈 레코ー드」의 「힛트」盤 〈울어도 울어도〉의 歌手는 覆面의 女歌手 「미쓰·리ー갈」이었다. 일홈을 發表치 안코 覆面한 「미쓰·리ー갈」노써 人氣를 올니자는 會社의 宣傳策도 드러마젓스려니와 「리ー갈」孃은 覆面으로 그 긴 ○○中에 二萬匹 以上의 땅을 받었다고 한다.[59]

1935년에 '얼굴 없는 가수'로 데뷔한 미스리갈은 장옥조였다. 인용문을 통해서도 알 수 있듯이, 장옥조는 당시에 '얼굴 없는 가수'로 매우 높은 인기를 얻었었다. 그 때문에 회사로부터 이만 필 이상의 땅을 받기도 하였던 것이다. 미스리갈이 당시에 이만 필 이상의 땅을 받았다는 것은 음반회사의 신비주의 마케팅이 성공하였음을 알려주는 것이라 할 수 있다. 한편 미스리갈은 콜럼비아의 대중반인 리갈에서 음반

---

[59] 『매일신보』, 1937.4.15.

그림 40. 미스터콜럼비아

을 취입할 때는 미스리갈이라는 예명을 사용하고 콜럼비아의 정규반에 해당하는 콜럼비아 상표의 음반을 취입할 때는 장옥조라는 이름을 그대로 사용하여 리갈 음반을 취입할 때와 차별화시켰다.

다음으로 미스터콜럼비아는 1936년에 콜럼비아에서 데뷔하였다. 당시의 음반 가사지를 보면 역시 눈 부분을 하얗게 처리하여서 그 얼굴을 알아볼 수 없게 한 '얼굴 없는 가수'로 등장하였음을 알 수 있다. 그러나 미스터콜럼비아는 데뷔할 때만 '얼굴 없는 가수'였을 뿐, 이후 1937년부터는 박세환이라는 이름을 사용해서 약 10여곡의 음반을 녹음하였다. 미스터콜럼비아가 '얼굴 없는 가수'로 등장한 것은 당시 대중의 관심을 유발시키기 위한 일종의 마케팅 전략이었다고 할 수 있다.

이상으로 '얼굴 없는 가수'의 대체적인 모습을 살펴보았다. '얼굴 없는 가수'를 표방하고 나온 첫 번째 가수로는 미스시에론을 들 수 있다. 하지만 '얼굴 없는 가수'로 신비주의 마케팅 전략을 본격적으로 사용한 것은 미스코리아부터라고 할 수 있다. 1934년에 미스코리아가 처음 데뷔하였을 때부터 음반회사는 대대적인 선전을 통해 대중의 관심과 호기심을 불러일으켰던 것이다. '얼굴 없는 가수'는 일종의 신비주의 전략으로 음반회사는 이러한 마케팅 전략을 통해서 일정 정도의 성공을 거둔 것으로 보인다. 그 때문에 미스코리아에 이어서 미스리갈이나 미스터콜럼비아 등이 연이어 등장할 수 있었다. 또한 미스리갈은 '얼굴 없는 가수'로 인기를 얻으면서 회사로부터 2만 필 이상의 넓은 땅마저 받을 수 있었다.

'얼굴 없는 가수'의 공통점을 보면 이들이 대체로 데뷔와 동시에 신비주의 전략을 사용하였다는 것이다. 오늘날과 마찬가지로 당시에도 신인 가수가 등장할 때 그 선전이 매우 요란하였다. 그런데 '얼굴 없는 가수'와 같은 신비주의 마케팅은 이러한 선전의 효과를 배가시키는 기

그림 41. 복면을 벗은 미스터콜럼비아 박세환

능을 하였다. 아마도 이러한 신비주의 마케팅은 당시 일본 음반회사에서 사용한 신비주의 마케팅의 영향을 받아서 이루어졌을 것으로 추정되는데, 이러한 신비주의 마케팅을 통해서 음반회사들은 높은 이윤을 얻을 수 있었다.

그러나 '신비주의 마케팅'의 효과가 그리 오래가지는 못했던 것 같다. 그 때문에 미스코리아는 1935년 이후에는 별다른 활동이 없다가 1937년에는 화류계로 전향하였고, 미스리갈인 장옥조도 '얼굴 없는 가수'로 잠시 인기를 얻었으나 그 전체 음반 매수를 보면 약 20여 곡으로 그다지 꾸준하게 활발한 활동을 하였다고 보기는 어렵다. 이는 미스터콜럼비아도 마찬가지이다. 미스터콜럼비아는 박세환이라는 본명을 사용하여 발표한 음반까지 총 12곡 정도를 녹음하였을 뿐이다.

요컨대 '얼굴 없는 가수'는 일종의 신비주의 마케팅으로서 어떤 가수가 데뷔할 때 잠시 동안 대중의 관심을 불러일으키고 그를 통해 짧은 기간의 음반 판매율을 높이는 데에는 도움이 되었을지언정 그 전략이 오랫동안 지속적으로 효과를 거두는 데에는 역부족이었다고 할 수 있다. 다만 미스코리아 정도만 끝까지 그 정체를 완전하게 드러내지 않음으로써 일제 말기까지 '얼굴 없는 가수'로 활동하였을 뿐이다. 여기서 가수가 생명력을 지니고 오랜 시간 동안 인기를 끌기 위해서는 단순한 신비주의 마케팅 외에 다른 요건이 필요하다는 것을 알 수 있다. 그럼에도 불구하고 TV가 없었던 시절에 이미 '얼굴 없는 가수'의 신비주의 마케팅이 등장했었다는 것은 분명히 주목할 만하다.

5. 맺음말

이상으로 20세기 전반기의 음반회사들이 사용하였던 마케팅 전략을 살펴보았다. 사실상 20세기 전반기 음반 산업의 마케팅 전략에 대한 고찰은 거의 이루어지지 않았었다. 20세기 전반기가 일본의 식민지였다는 그 시대적 특수성으로 인해서 마케팅이라는 개념으로 당시의 음반 산업을 바라보려는 시도마저도 꺼려하였던 저간의 사정을 알려준다. 그러나 당시의 우리나라가 일본의 식민지였고 순수하게 우리나라 자본으로 만들어진 음반회사가 거의 없을지라도 한 가지 분명한 것은 당시의 대중가요가 우리나라 사람들을 대상으로 하여 만들어졌고 우리나라 사람들에게 판매되었다는 것이다. 또한 당시의 음반은 오늘날과 마찬가지로 기본적으로 상품으로 존재하였다는 점 역시 간과할 수 없는 사실이다. 이러한 사실에 기반을 두고 본고는 당시의 음반회사들이 음반의 판매율을 높이기 위해 사용한 여러 방법들을 마케팅 전략이라고 명명하여 그 구체적인 모습을 살펴보았다.

20세기 전반기의 음반회사들이 사용한 대표적인 마케팅 전략으로는 광고와 판매 촉진을 들 수 있다. 당시의 음반 광고는 신문이나 잡지, 내지는 신보를 소개하기 위해서 각 음반회사에서 만들어낸 소책자를 통해서 이루어졌다. 그 광고문의 특징은 '과장법과 영탄법을 사용한 감정에의 호소'라고 할 수 있다. 이성에 호소하여 음반의 장점을 드러내기 보다는 가수가 음반을 취입할 당시에 눈물을 흘렸던 일화 등을 소개하면서 구매자의 감정에 호소하고 있음을 알 수 있다.

당시 음반회사들이 사용한 판매 촉진은 주로 저가정책, 현상 과제, 그리고 경품 등을 통해 이루어졌다. 오케가 처음부터 저가정책을 들어서 음반계에 진출하자 콜럼비아는 리갈 대중반을 만들어 이에 맞섰다. 또한 오케는 당시에 상당한 인기를 끌었던 음반을 반액에 팔기도 하였고, 시에론도 음반을 발매하면서 이를 선전하기 위해 한정 수량의 음반을 반액에 팔기도 하였다. 그런가 하면 현상 과제를 통해서 그 음반의 판매를 촉진하기도 하였다. 현상 과제는 대체로 쉬운 문제였는데, 고가(高價)의 상품을 걸어서 대중의 관심과 참여를 유도하였다. 또한 단순한 관심을 불러일으키는 데 그치지 않고 해당 회사의 출하 번호가 찍힌 문구 카드를 현상 과제의 답과 더불어 첨부할 것을 요구하여 음반의 확실한 구매를 꾀하기도 하였다.

다음으로 '얼굴 없는 가수'를 중심으로 하여 그들의 대체적인 모습과 정체를 살펴보고 '얼굴 없는 가수'의 의미도 살펴보았다. 얼굴 없는 가수는 일종의 신비주의 마케팅으로서 당시 대중의 호기심과 궁금증을 유발하였다고 할 수 있다. 대체로 신인 가수가 등장할 때, 이러한 신비주의 마케팅을 사용하여서 대중의 관심을 촉발시키고 얼마간의 상업적인 성공도 거두었던 것으로 보인다. 그러나 '얼굴 없는 가수'들이 지속적으로 꾸준한 인기를 얻지는 못한 것으로 보이는데, 이는 '신비주의 마케팅'이 잠시 동안 사람들의 관심은 끌 수 있을지라도 다른 요건을 갖추지 않으면 그 가수의 인기가 지속될 수 없다는 것을 의미한다. 그럼에도 불구하고 TV라는 대중매체가 없었던 시절에 '얼굴 없는 가수'가 음반 산업의 마케팅 전략으로 등장하였던 것은 주목할 만한 사실이라고 할 수 있다.

본고가 비록 마케팅에 대한 심도 있는 고찰을 이루지 못했을지라도 처음으로 20세기 전반기 음반 산업의 마케팅 전략을 살펴보았다는 것에 의의를 부여할 수 있을 것이다. 앞으로 당시 우리나라 음반회사의 마케팅 전략과 동시대의 일본 음반회사의 마케팅 전략을 비교 고찰하

는 연구가 필요하다. 이를 통해 그 같고 다른 점과 영향 관계 등도 파악
할 수 있을 것이다.

참고문헌

김점도 편, 『유성기음반 총람자료집』, 신나라레코드, 2000.
김학진, 「한국 문화산업의 스타시스템에 관한 연구－스타시스템 주체로서의 매니지
　　먼트 산업을 중심으로」, 중앙대 석사논문, 2001.
마셜 매클루언, 육은정 역, 「축음기－국민의 가슴을 위축시킨 장난감」, 『외국문학』
　　제28호, 열음사, 1991 가을.
박영봉, 『마케팅』, 박영사, 1999.
박찬호, 『한국가요사』, 현암사, 1992.
안세원, 『마케팅 원론』, 경성대 출판부, 1994.
이장직, 『음악의 사회사』, 전예원, 1986.
이진만, 「한국 대중음악 스타의 스타브랜딩 전략에 관한 연구」, 중앙대 석사논문,
　　2002.
장유정, 「일제강점기 한국 대중가요 연구－유성기 음반 자료를 중심으로」, 서울대 박
　　사논문, 2004.
최지연, 「음반 산업에 대한 고찰」, 서울대 석사논문, 1995.
한국정신문화연구원 편, 『한국 유성기음반 총목록』, 민속원, 1998.

http://www.marketingpower.com

1930년대 서울 노래의 이중성[1]

웃음과 눈물의 이중주

1. 머리말

카페에는 재즈[2]의 선율이 흐르고 밤에는 네온등이 거리를 비추고 호텔과 백화점이 있는 곳. 오늘날의 서울의 모습으로 전혀 낯설지 않은 이러한 풍경은 1930년대 서울의 모습이기도 하였다. 물론 그 한편에는 여전히 선술집과 한복을 입은 사람들이 거리를 누비는 곳이 바로 1930년대의 서울이기도 하였다. 그리하여 근대와 전통의 이중적인 이

---

1 「1930년대 서울 노래의 이중성−웃음과 눈물의 이중수」, 『서울학연구』 24호, 서울학연구소, 2005.

2 당시의 '재즈'란 반드시 본격적인 의미의 재즈만을 가리키는 것이 아니다. 당시의 '재즈송'이란 미국의 파퓰러 음악이나 샹송, 라틴 음악도 그 범주에 포함되며 또 그러한 분위기를 모방하여 만든 음악까지도 지칭하는 용어로 사용되었다.(박찬호, 안동림 역, 『한국가요사』, 현암사, 1992, 221쪽)

미지가 만나서 충돌하고 공존하는 곳이 1930년대 서울이었다. 당시의 서울은 근대와 전통의 이미지가 병존한다는 의미에서 이중적일 뿐만 아니라 서울이 두 개의 생활권으로 나뉜다는 의미에서도 이중적이었다. 일본이 식민지 지배를 원활하게 하기 위해 도시 근대화 작업을 수행하는 과정에서 서울의 생활권은 북촌과 남촌으로 나뉘었던 것이다. 그리고 북촌과 남촌의 구별은 이중적인 서울의 모습을 양산하였다.

그러면 1930년대의 사람들은 이러한 서울의 모습을 어떻게 바라보고 거기에서 무엇을 느꼈을까? 대중가요가 당대의 삶을 반영하는 거울이라고 할 때, 대중가요를 통해서 당대인이 바라보고 인식하였던 서울의 모습을 살펴보는 것도 의미가 있을 것이다. 여기서는 서울을 소재로 한 대중가요를 대상으로 하여 당대인들이 바라보고 인식한 서울에 대해 살펴보고자 한다. 다시 말해서, 서울을 소재로 하여 서울에 살고 있는 사람들의 삶과 감수성을 작품화한, 이른바 '서울 노래'를 통해서 서울에 대한 당대인의 시각과 정서를 고찰하고자 한다.

'서울' 대신에 '도시'라는 용어를 사용할 수도 있다. 그러나 당시의 대중가요에서 '도시'의 모습은 서울을 형상화한 경우가 대부분이다. 이는 현대시에서 이른바 '도시시'가 서울 체험을 그리는 것에 치우쳐 있는 것과 유사하다고 할 수 있는데, 이러한 현상은 대중가요에서 더욱 두드러진다. 1930년대 대중가요에서 도시를 그리고 있는 노래는 거의 모두 서울의 모습을 담고 있는 것이다. 이는 당시의 대중가요가 서울을 중심으로 유행한 것과 더불어 1930년대 인구의 이주에 따른 서울의 팽창과도 연관이 있다고 할 수 있다. 그러면 서울 노래의 구체적인 모습을 고찰하기에 앞서, 다음 장에서는 서울의 이중성을 통해 서울 노래가 등장하게 된 배경을 살펴보기로 한다.

2. 1930년대 서울의 이중성

일제강점기 대중가요의 유성기 음반 목록을 참고하면, '서울'이라는 용어가 처음 등장한 것은 1929년에 콜롬비아에서 발매한 〈서울마치〉(랑소희 노래)라는 노래에서이다. '서울'이라는 용어와 함께 사용되었던 '경성'이나 '한양'이 제목이나 노랫말에 들어간 노래, 또 서울에서도 특히 '종로'의 모습을 담고 있는 노래를 서울 노래의 범주에 포함시키면, 전체 4,000여 곡의 대중가요 중에서 약 55곡 정도의 서울 노래 목록을 찾을 수 있다.[3] 이 중에서 1929년에 한 곡, 1940년과 1941년에 발매된 서너 곡을 제외하면, 거의 모든 서울 노래는 1930년대에 등장한다. 그러면 1930년대에 서울 노래가 대거 등장하게 된 배경을 살펴보기로 한다.

1909년 당시 서울의 인구는 23만 명에 불과하였다. 1863년 서울의 인구 규모가 20만 4천 명이었다고 하니, 1909년 당시의 인구수는 그 이전 시기의 인구수와 그리 차이가 나지 않았다고 할 수 있다. 서울의 인구는 1925년까지는 완만하게 증가하다가 이후 급속도로 증가하여 1935년에는 30만 명을 돌파하였다. 일제가 우리나라를 강점한 후, 서울은 '조선인(朝鮮人)'과 '일본인(日本人)'이 뒤섞여 사는 도시로 변모하였는데, 1934년 말 당시 서울거주 인구는 394,511명이었고, 이 가운데 조선인이 279,003명, 일본인이 109,62명, 외국인이 5,836명으로 각각 전체 인구의 71%, 28%, 1%를 차지하였다.[4] 그 결과 인구 증가면에서

---

3 서울 관련 노래 55곡은 절대적인 수치가 아니다. 논문을 썼던 이후로 자료를 더 발굴하였으나 이번 논고에는 반영하지 못했다.

4 장규식, 「일제하 종로의 문화공간」, 『종로─시간, 장소, 사람』, 서울시립대부설 서울학연구소, 2002, 167쪽.

볼 때, 1930년대를 '제1차 서울팽창기'라고 할 수 있다.[5]

1930년대에 서울이 여러 면에서 커진 것은 일제의 식민지 정책과도 연관이 있다고 할 수 있다. 일본의 식민지 정책은 조선을 자기 나라의 식량 공급지와 상품 시장으로 묶어두는 것이었다. 따라서 우리나라의 산업화와 도시화는 가로막히고 우리나라는 일본 제국의 농업지대이기를 강요당했다. 이러한 가운데도 예외가 있었는데, 그곳이 바로 서울이었다. 일본은 서울을 우리나라의 지배를 위한 전초기지, 혹은 수탈을 위한 거점으로 삼았다. 이러한 이유로 일본은 서울을 전략적으로 개발시켰고 그 때문에 서울의 개발은 처음부터 불균형적으로 이루어질 수밖에 없었다. 그리고 이와 같은 불균형적인 서울의 개발은 서울의 이중성을 낳았다.[6]

당시의 서울은 청계천을 경계로 해서 남과 북으로 나뉘었다. 남과 북의 구분은 민족에 따른 주거지역의 구분으로 나타났다. 청계천 이남에는 본정(本町 : 지금의 충무로)과 명치정(明治町 : 지금의 명동) 등에 위치한 일본인 상가를 중심으로 남촌이 형성되었다. 청계천 이북에는 조선인 상가가 주로 많았던 종로통을 중심으로 하여 북촌이 발달하였다. 일본은 행정구역의 명칭을 정하면서 조선인 거주지는 동(洞)으로, 일본인 거주지는 마찌, 또는 정(町)으로 구분하여 행정구역상의 이름만으로도 거주지의 성격을 알 수 있게 하였던 것이다. 이에 따라 북촌과 남촌은 각각 나름의 사회문화적 정체성을 지니고 되었고, 이는 일본의 식민

---

5 참고로, 제2차 서울팽창기는 1960년대이다.

6 일제강점기에 서울을 포함한 도시의 특징은 한마디로 '도시의 이중성'으로 요약된다. 일제 초 도시화 과정에 나타나는 특징은 개항장에서 출발한 '신도시에 대한 우대'와 '전통 도시에 대한 박대'에 있었다. 일본인을 위한 공간으로서의 도시 체계는 이중적이었다. 바로 신도시와 전통 도시 중 신도시만을 부(府)로 편성하면서 전통 도시의 성장을 왜곡하는 이중성을 가졌는데, 이를 '도시간의 이중성'이라고 할 수 있다.(고석규, 「일제강점기 서울 중심부에 나타난 도시문화의 특성」, 『한국사학사연구』, 나남출판, 1997)

그림 42. 일제강점기 본정(충무로)의 모습

그림 43. 일제강점기 명치정(명동)의 모습

지배 체제의 정비와 더불어 더욱 공고해져 갔다.[7]

수많은 일본인들이 남촌을 중심으로 거주하면서 일본인들은 남촌에 수도와 전기시설 등을 설치하는 등 자신들의 아성을 쌓아나갔다. 그 결과 진고개 중심의 남촌지역 상가에는 근대적 상품과 화려한 건물, 그리고 네온등으로 덮인 근대도시가 형성되었다. 하지만 종로통 부근의 북촌지역은 전통의 잔재가 남아 있는 불완전한 근대, 곧 식민지적 근대도시가 형성되었다. 이처럼 서울은 근대와 전통의 이미지가 중첩되는 곳이라는 측면에서뿐만 아니라 북촌과 남촌이라는 다소 이질적인 생활권으로 나뉜다는 측면에서도 이중적이었다고 할 수 있다. 그러므로 이를 '서울의 이중성'이라고 할 수 있다.

한편 우리나라에서 발매된 첫 상업음반은 1907년에 경기명창들이 미국 콜럼비아사에서 취입한 음반으로 알려져 있다. 이후, 우리나라에서는 1929년부터 전기녹음이라는 기술의 혁신을 통해 음질의 개선을 이룩한 음반이 발매되면서 음반 산업도 활기를 띠게 되었다. 이어서 〈황성옛터〉로 더 알려져 있는 〈황성의 적〉과 같은 노래가 히트하면서 1930년대는 유성기 음반의 황금시대 내지는 대중가요의 전성기를 이루었다고 볼 수 있다.[8] 비록 우리나라의 음반회사가 대부분 일본의 자회사 내지는 지점의 성격을 지니고 있기는 하였으나, 음반 산업의 발달과 대중가요의 유행이 서울의 팽창과 맞물리면서 '서울'은 자연스럽게 대중가요의 새로운 소재로 등장하였다.

---

7   신명직,『모던 뽀이, 경성을 거닐다』, 현실문화연구, 2003, 22쪽.
8   일제강점기 대중가요의 형성과 전개에 대해서는 장유정,『오빠는 풍각쟁이야― 대중가요로 본 근대의 풍경』, 민음in, 2006을 참조할 수 있다.

그림 44. 〈황성의 적〉을 부른 이애리수

그림 45. 〈모던 종로〉의 광고(『조선일보』, 1936.5.31)

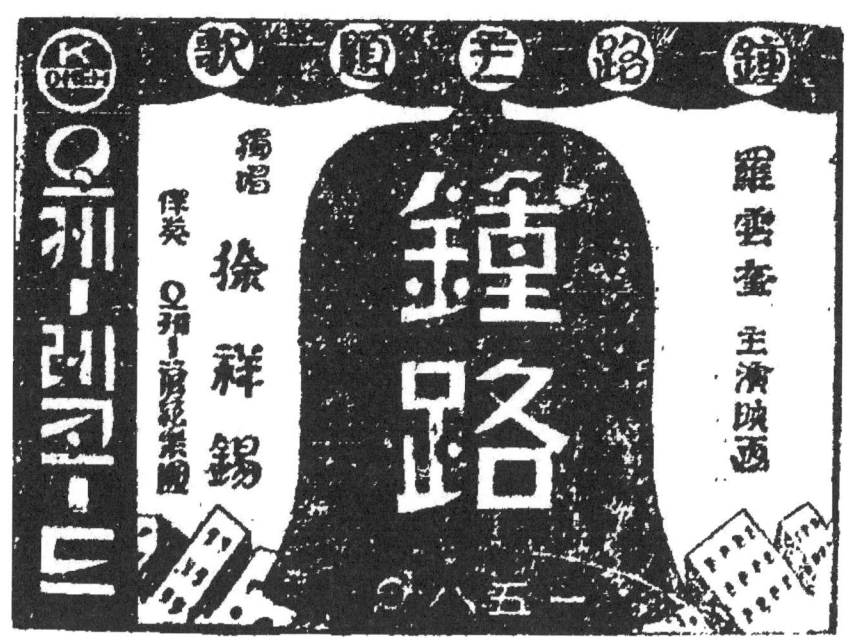

그림 46. 〈종로〉의 광고(『조선일보』, 1933.10.15)

그런데 여기에서 주목할 것은 북촌의 종로이다. 1930년대의 서울 노래를 보면, 남촌의 중심지였던 명동이나 충무로는 노래 속에 거의 등장하지 않는다. 그런데 대표적인 한인 거주지였던 북촌의 종로는 1930년대 서울 노래 속에 수없이 등장한다. 총 55곡 중에서 제목에 '종로'가 들어간 노래는 약 12곡이나 된다. 그 예를 들면, 〈모던 종로〉, 〈째즈 종로〉, 〈가을의 종로〉, 〈종로〉, 〈종로의 짙은 밤〉, 〈종로행진곡〉, 〈종로 네거리〉 등인데, 비단 제목뿐만 아니라 노랫말 속에서도 종로가 심심치 않게 등장하는 것을 확인할 수 있다.

당시에 종로는 서울 시민들의 애환이 서린 삶의 공간이자 전통의 거리였다. 1898년 10월 자주민권 운동이었던 독립협회 운동의 과정에서 발생한 만민공동회 운동이 바로 종로 네거리에서 있었고, 3·1운동 당시 운동의 시발점이었던 유명한 파고다공원도 종로 한복판에 있다. 고

그림 46-1. 파고다공원

종황제의 기념비전(紀念碑殿) 역시 종로의 출발점인 광화문 네거리에 있다. 그리고 서울에서 행해진 대부분의 민족운동은 종로를 중심으로 이루어졌는데, 이처럼 종로는 이른바 민족의 거리였다고 할 수 있다.[9]

　이러한 배경에서 '종로'가 1930년대의 서울 노래에도 빈번하게 등장하였다고 볼 수 있다. 주로 우리 민족의 거주지였던 종로가 1930년대의 서울 노래에 많이 등장한 것은 서울 노래의 작사자가 거의 대부분 한국인이었고 그에 따라 노래에도 우리나라 사람들의 삶과 정서가 반영되면서 자연스럽게 이루어진 현상이라고 할 수 있다. 다시 말해, 당시 종로에 우리 민족이 주로 거주하면서 종로는 자연스럽게 민족의 애환이 서린 곳이 되었으며 대중가요에도 빈번하게 등장하였던 것이다.

9　고석규, 앞의 글, 269쪽.

그림 47. 화신백화점

조선인의 거리로 이루어진 종로에는 조선인들이 소공동체를 이루
고 있었다. 따라서 조선인의 지원을 받는 전통 상권은 쉽게 무너지지
않았다. 종로는 이런 점에서 전통 상권의 보루였고 일본인 중심의 신
흥 상권에 맞서는 전선(前線)이었다. 나아가 종로는 조선인과 일본인의
민족적 경계로서 조선인의 자존심이기도 하였다. 이처럼 종로는 일제
때 일인들에게 상권을 빼앗기지 않고 끝까지 고수했던 전통과 자존심
의 거리, 민족 상권의 거리였다.[10] 이러한 배경에서 북촌이 남촌에 비
해 열악한 사정에 처해있었으면서도 일제강점기 내내 일본인들은 감
히 종로를 넘보지 못하였다.

　그런가 하면, 1930년대에 들어서 종로에는 조선인 자본에 의한 대형
상업건축물들이 하나씩 들어서기 시작하였다. 화신백화점, 한청빌딩,

영보빌딩 등이 그 예에 해당한다. 특히 한국인 건축가 박길룡(1899~1943)이 설계한 화신백화점은 한국인이 설계한 최초의 고층빌딩이었다.『삼천리』1935년 7월호에 의하면, 당시 종로 네거리의 건축 현황은 영보와 한청이라는 2대 재벌의 빌딩 쟁탈전으로 요약할 수 있다고 한다. 일류 부호인 민규식을 중심으로 한 영보계의 화신빌딩(본래 이름은 종로 빌딩이다)과 대지주인 한학수계의 한청빌딩이 종로 네거리 양편에 우뚝 솟아 당시 사람들의 눈길을 끌었던 것이다. 화신백화점이 일본자본과 치열하게 경쟁하면서, 백화점업계의 세력 판도는 북촌의 화신과 남촌의 미쓰꼬시 간의 대결로 압축되었다. 요컨대, 화신백화점이 있어서 종로는 백화점 수준에서도 민족 상권을 유지할 수 있었다. 이와 같은 배경을 지니고 있는 '종로'는 1930년대의 서울 노래에도 빈번하게 등장하였다.

　　리화(梨花)는 두리둥둥둥 하늘에 날고 닭소래 계림산천(鷄林山川)에 끈허젓구나
　　봄이 되면 거리거리에 꽃이 피더니 쓸쓸타 오백 년 후(五百年後)에 종로(鐘路) 네거리

　　아침에 량식(糧食)차저간 참새쎄갓치 동(東)으로 쏘 서(西)로 헤저가더니
　　십 년(十年) 만에 꽃 한짐 지고 도라를 오네 형데(兄弟)와 꽃송이로 찬 종로(鐘路) 네거리
　　　　　　　　　　　　　　　　　　　　　　　　　　　 ─ 〈종로네거리〉
　　　　　　　　　　　(김동환 작사, 정순철 작곡, 채규엽 노래, 콜롬비아 40270A, 1932)

　　1934년 8월에 회고적이고 애상적이라 치안에 방해가 된다는 이유로 일제 당국으로부터 금지곡 처분을 받았던 〈종로네거리〉는 파인 김동

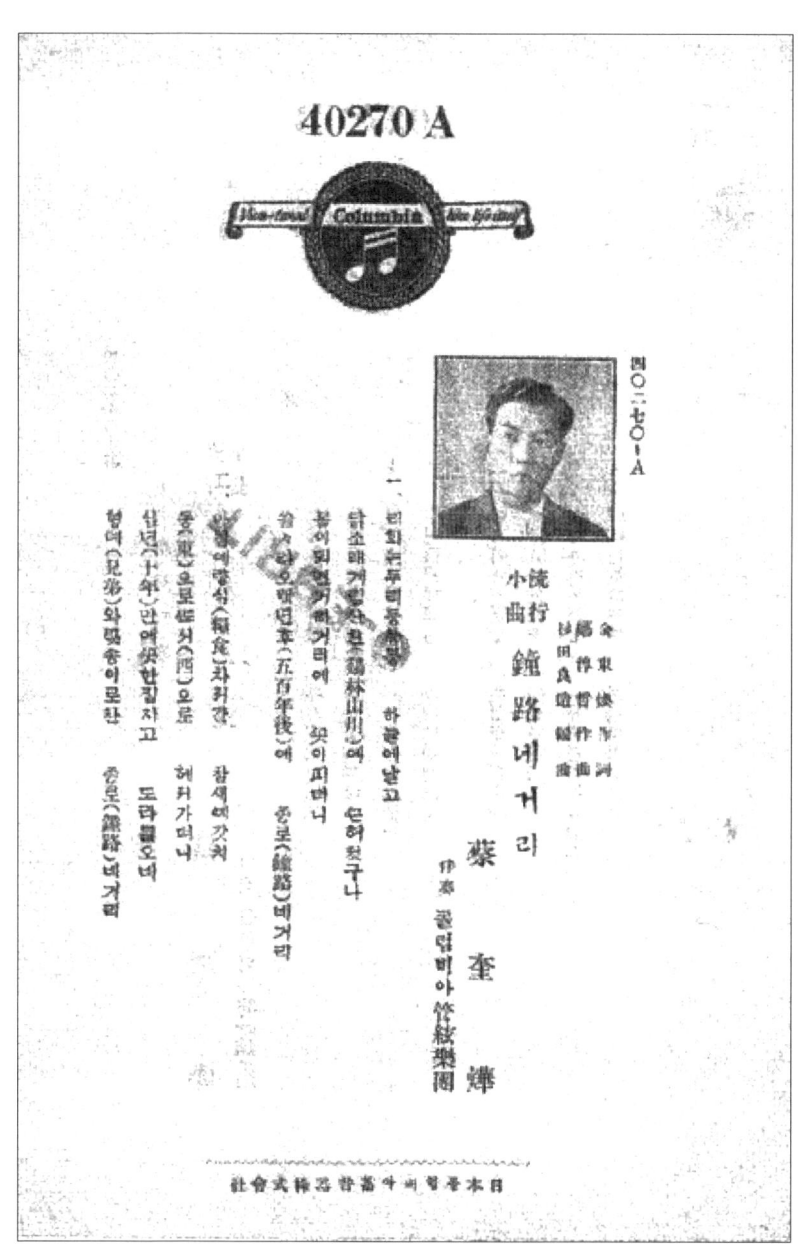

그림 48. 〈종로네거리〉의 음반 가사지(한국 유성기음반 아카이브)

환이 작사하고 당대의 인기 가수 채규엽이 부른 노래이다. 가사를 보면, 이 노래가 종로 네거리의 풍경을 묘사한 노래라는 것을 알 수 있다.

1절에서는 종로의 어두운 상황을 묘사하고 있다. 봄이 되면 거리거리에 꽃이 피더니, 지금은 계림산천에 닭소리는 끊어지고 그저 쓸쓸한 거리가 되었을 뿐이라고 하고 있다. 그러나 종로가 단순히 쓸쓸함만을 자아내는 거리는 아니다. 1절에서 어둡게 묘사되었던 종로가 2절에서 희망의 공간으로 그려지고 있기 때문이다. 2절에서는 동서로 흩어졌던 동무들이 십년 만에 꽃을 안고 돌아온다고 하였다. 그리하여 종로는 동무와 꽃송이로 가득 차는데, 여기에서 '꽃송이'는 희망의 상징이라고 할 수 있다.

이처럼 1절에서 암울한 종로의 현실을 그리다가 2절의 '꽃 한짐'을 통해 희망에 찬 종로의 모습을 묘사한 것은 일종의 선취된 미래[11]를 통해 그러한 바람을 드러낸 것이라고 할 수 있다. 즉 바람을 마치 이루어진 것처럼 서술하여 간절한 소망을 드러낸 것이다. 그러고 보면, 대중가요 속에서 종로는 일제강점기라는 시대적 배경 속에서 단지 우울하고 쓸쓸한 장소만으로 묘사된 것은 아니다. 비록 시대는 우울하였으나 종로는 바람과 희망이 생성되는 공간이기도 하였다.

1930년대의 서울 노래에서 일인이 주로 거주하였던 명동이 아니라 한인의 거주 지역인 종로가 자주 등장한 것은 1930년대의 서울 노래가 우리나라 사람들의 삶과 정서를 반영했다는 것의 한 증거라고 할 수 있다. 당시 사람들의 거주지가 종로를 중심으로 이루어졌고 그러다보니 자연스럽게 종로는 민족의 애환이 서린 곳이 되었던 것이다. 그 때문에 시대적 상황을 반영하는 대중가요에도 종로는 중요한 소재로 등

---

11 대중가요에 나타나는 '선취된 미래'에 대해서는 장유정, 「1930년대 신민요에 대한 당대의 인식과 수용」, 『한국민요학』 제12집, 한국민요학회, 2003을 참고할 수 있다.

장하게 되었다고 할 수 있다. 다음 장에서는 구체적인 작품을 들어 서울에 대한 당대인의 인식과 정서를 살펴보기로 한다.

3. 1930년대 서울 노래의 이중성

텍스트를 이해하기 위해서는 그 텍스트의 배경을 이루는 사회를 알아야 하고, 한편 사회를 이해하기 위해서는 그 사회에 대한 텍스트를 접해야 한다.[12] 앞서 2장에서는 텍스트를 이해하기 위한 방편으로서 텍스트의 배경을 이루는 사회에 대해 살펴보았다. 이 장에서는 1930년대의 서울 노래에 반영된 서울의 모습을 살펴보기로 한다. 도시 텍스트를 읽는 것은 도시 경관을 지적으로 면밀하게 검토하는 것이 아니라 도시에 대한 인식 속에 담겨 있는 환상, 희망의 과정(wish-process), 꿈을 탐구하는 일[13]이라는 것은 여기에도 적용이 될 것이다. 즉 서울 노래를 살펴봄으로써 당대인이 서울에 대해 지니고 있던 환상, 희망의 과정, 그리고 꿈을 알 수 있을 것이다.

1930년대의 서울 노래는 크게 두 가지 측면에서 살펴볼 수 있다. 하나는 '웃음의 서울'이고, 다른 하나는 '눈물의 서울'이다. 거리를 두고 서울을 바라보면, 그 속에서 웃음을 이끌어 낼 수 있다. 이에 반해, 서울을 직접 체험하는 주체에게 있어서 서울은 눈물의 의미로 다가올 수

---

12 마이크 새비지 · 알랜 와드, 김왕배 · 박세훈 역, 『자본주의 도시와 근대성』, 한울, 2002, 161쪽.
13 위의 책, 172쪽.

있다. 그런데 여기서 말하는 웃음이나 눈물은 단지 기쁘고 슬플 때의
웃음과 눈물은 아니다. 그러면 실제 서울 노래를 들어서 그 구체적인
모습을 살펴보기로 한다. 이러한 작업을 통해 1930년대 서울 노래가
지니고 있는 의미와 가치도 드러날 것이다.

1) 거리 두고 바라보기 - 웃음의 서울

서울 노래를 살펴보면, 당대의 사람들이 서울을 어떻게 바라보고 있
는지를 알 수 있다. 당대인은 서울에서 이루어지는 옛 것과 새 것의 충
돌을 매우 비판적으로 바라보고 있다. 이처럼 당대인이 서울의 문화를
비판적으로 바라본 것은 거리를 두고 서울을 바라보았기 때문에 가능
한 것이었다.

> 넷 城터에 붉은 긔와 아리랑 도라듸오 당기 느린 새 과부가 긴 한숨을 짓네
> 모던 서울 하하하 익살맞다 하하하 갓 쓴 新郎 斷髮 新婦 엉클녀서 논다
>
> 거리거리 흘닌 사랑 줍는 이가 임자일세 쩌스썰은 五錢이면 손목조차 잡네
> 모던 서울 하하하 익살맞다 하하하 사는 사람 파는 사람 휘둘녀서 논다
>
> 종로거리 저 인경은 어느 째나 움니가 말도 못할 서름 안고 목에여서 우네
> 모던 서울 하하하 익살맞다 하하하 웃는 사람 우는 사람 뒤석겨서 논나
> ─ 〈모던 서울〉
> (이외돗 작사, 백파 작곡, 신태봉 노래, 시에론 90A, 1933)

그림 49. 〈모던 서울〉 광고(『동아일보』, 1933.4.19)

　〈모던 서울〉은 그 가사의 내용을 볼 때, 일제강점기 대중가요 중 코
믹송의 일종인 만요에 해당한다고 볼 수 있다.[14] 〈모던 서울〉에 등장
한 작중 화자는 시종일관 웃음을 잃지 않는다. "모던 서울 하하하 익살
맞다 하하하"라는 후렴구에서 그러한 사실을 확인할 수 있다. 그러나
이 웃음이 단순히 즐겁거나 기뻐서 웃는 웃음이 아니라는 것은 그 내
용을 보면 금방 알 수 있다. '옛 성터와 붉은 기와', '갓 쓴 신랑과 단발
신부'는 각각 전통적인 이미지와 근대적인 이미지를 상징한다. 그런데
이러한 전통적인 이미지와 근대적인 이미지가 어우러지면서 유발되

14　만요를 위시한 일제강점기 대중가요 갈래에 대해서는 장유정, 앞의 책과 장유정, 「만요를
　　통해 본 1930년대의 근대문화」, 『웃음문화』 창간호, 한국웃음문화학회, 2006을 참조할 수
　　있다.

는 것은 어울리지 않는 것이 함께 있음으로 해서 생성된 비웃음이라고 할 수 있다. 따라서 여기에서의 웃음은 조롱 섞인 풍자의 웃음이라고 할 수 있다.

2절에서는 이와 같은 비웃음 내지는 조롱의 강도가 더욱 세어진다. 버스걸은 서울에 버스가 등장하면서 새롭게 등장한 직업여성이라고 할 수 있다. 1920년대부터 밀려온 도시문화는 새로운 직업 여성군을 형성시켰다. 극장에서 표를 팔던 티켓걸, 엘리베이터걸과 마찬가지로 버스에 승객을 싣고 내리는 일을 도와주고 승객에게 요금 받는 일을 하였던 버스걸도 사회적인 관심의 대상이 되었다. 그런데 화자는 오전의 돈만 주면 버스걸의 손목조차 잡을 수 있다고 말한다. 화자는 성적으로 문란해진 당시의 상황과 돈만 있으면 무엇이든지 살 수 있는 당시의 사정을 이런 식으로 표현한 것이다. 성적인 문란함은 "거리 거리 흘린 사랑, 줍는 이가 임자일세"라는 표현에서 확연하게 드러나고 있다. 화자는 이러한 상황을 웃음으로 풍자하면서 "사는 사람 파는 사람 휘둘려서 논다"라고 하였다. 당대의 서울 풍경에 대한 이런 식의 풍자는 다음의 작품에서도 나타난다.

서울이라 장안에 처녀들도 만하 아가씨네 절남회나 열어볼가
고흔 아씨 미운 아씨 만키도 할 걸 쌤 마질 소리 마라 하 우서워

검정꾕이 핸드쩩 든 스텍기쩔에게 東大門 박 가는 길을 물러버다가
팔자 업는 트라이푸에 톡 털니고서 빈주먼이만 남어 하 우서워

푸틔 쓰루한 분이 電車 안에서 어느 젊은 아씨의 발등을 밟어
도라오는 答禮가 쌤 하나 철석 이게 무슨 亡身인가 하 우서워

그림 50. 〈서울가두풍경〉을 부른 가수 김용환

레스트란트에서 신사 한 분이 젊은 女給 스카트에 매여 달녀서

점잔치 못하게 울고 잇스니 그게 무슨 사정일가 하 우서워

— 〈서울가두풍경〉

(김광 작사, 김탄포 작곡, 김용환 노래, 포리돌 19025A, 1933)

『현대평론』1927년 2월호에 수록된 최돌의 「여자와 간판」에 의하면, "1927년 서울 거리의 모든 간판 그림의 70~80%가 꽃 아니면 여자"라고 하고 있다. 실제로 당시 서울의 소비와 유행을 주도하였던 것은 이른 바 신여성이었다고 할 수 있다. 그리고 여성을 중심으로 한 소비와 유행은 1930년대에 들어와 더욱 확산되었다. 교육을 받은 신여성 외에도 카페 등에서 일하였던 카페걸은 당시 유행의 첨단을 걸었던 것이다. 차를 마실 수 있는 공간이었던 다방과 달리 여성의 술시중을 받으면서 술을 마실 수 있는 공간이었던 카페가 출현하면서 이른바 카페 걸이라는 새로운 직업여성도 등장하였다.[15]

1930년대에 여성들이 문화의 새로운 주체로 등장하면서 소비문화도 발전하였다. 작중 화자는 작품에서 시종일관 웃음을 잃지 않으면서 거리에 등장한 여성을 그려내고 있다. 1절에서는 서울이라 장안에 처녀들이 많으니 아가씨들의 전람회를 열어보자고 한다. 그 전까지의 여성들은 '보이지 않는 여성', '숨은 여성', 내지는 '안에 있는 여성'이었다고 할 수 있다. 그러나 1930년대에 도시문화가 본격적으로 형성되면서 거리에서도 여성들의 모습을 어렵지 않게 볼 수 있게 되었다. 물론 여기에는 구여성과 신여성의 갈등이 내재하였고 신여성을 바라보는 남성의 시선에도 긍정적인 시각과 부정적인 시각이 공존하였다. 그러나

---

15 다방과 카페의 차이, 다방걸과 카페걸의 차이에 대해서는 장유정, 『다방과 카페, 모던보이의 아지트』, 살림, 2008을 참조할 수 있다.

그 속사정은 차치하고, 1930년대가 되면 여성들은 거리를 활보하게 된 것이다. 작중 화자는 서울 거리에 많아진 여성들을 곱지 않은 시선으로 바라보고 있다. 그래서 '아가씨네 전람회'를 열면 고운 아씨와 미운 아씨가 많을 것이라고 말한 것이다. 그러자 이에 대해 다른 화자 내지는 동일 화자가 '뺨 맞을 소리 말라'고 대꾸한다.

2절에서 작중 화자는 핸드백을 든 멋진 여성에게 동대문 밖 가는 길을 물어본다. 그러자 여성은 길을 가르쳐준다며 함께 택시를 타고 서울 시내만 뱅글뱅글 돈다. 그 때문에 결국 화자는 팔자 없는 드라이브에 택시비로 돈을 다 날리고 빈주머니만 남게 된 것이다. 3절에서는 뿌띠 부르주아한 남성이 전차 안에서 어느 젊은 아가씨의 발등을 밟는다. 그러자 발등을 밟힌 아가씨가 남성의 뺨을 때리고 이러한 상황을 화자는 망신스럽다며 조롱한다. 마지막으로 4절에서는 레스토랑에서 신사가 젊은 여급의 스커트에 매어 달려 울고 있는 상황을 묘사하고 있다. 그리고 이러한 신사의 행동을 화자는 점잖지 않다고 평가한다. 화자는 1절에서부터 4절까지 우스꽝스러운 상황을 사실적으로 그려내면서 그에 대한 평가를 한마디로 "하 우스워"라고 한다. 그러므로 이 웃음 또한 풍자의 웃음이라고 할 수 있다.

> 할로 할로 압헤 가는 모던 아조 그럴듯해 오-이애-스
> 기생 짠사 학생갓진 안코 귀부인도 안이 그럼 이게 뭘가
> 올치 아럿다 바로 그걸세 요지음 서울 명물 카페의 썰
> 밤에 피는 네온의 불꽃 박쥐 사촌 누나 라-
>
> 할로 할로 험구쟁이 할로 아주 제가 젠 척 오-이애-스
> 영화배우 강그갓진 안코 장사치도 아니 그럼 이게 뭘가

그림 51. 영화 〈아내의 윤리〉(1941) 속 카페 장면

올치 아렷다 바로 그걸세 요지음 서울 명물 주먹 장사 훅크압파

사내짜운 펀취 내 마음도 그록키 라-

— 〈서울명물〉

(범오 작사, 오산정길 편곡, 강홍식 노래, 콜롬비아 40622, 1935)

이 작품에서는 그 비판의 대상이 다른 작품보다 더 명확하게 드러나
고 있다. 1절에서는 카페걸을 풍자하고 있고, 2절에서는 주먹 장사를
풍자하고 있는 것이다. 작중 화자는 위에서 살펴본 다른 작품의 화자
와 마찬가지로 대상을 시종일관 비웃고 있다. 1절에서는 "할로 할로 앞
에 가는 모던 / 아주 그럴듯해 오 예스"라고 하면서 흥겹게 대상을 띄
워준다. 다음에는 기생도 아니고, 학생도 아니고, 귀부인도 아닌데 누
구일까 하면서 일부러 알면서도 모른 척, 질문을 던져서 상대를 조롱
한다. 그리고 이어서 '서울 명물 카페의 걸'이라고 말하는 것이다. 대상

에 대한 이러한 조롱은 '서울 명물'이라는 표현에서 선명해진다. 여기에서 명물은 좋은 의미에서의 명물이 아니라 나쁜 의미에서의 명물이기 때문이다. 카페걸에 대한 풍자는 '밤에 피는 네온의 불꽃, 박쥐 사촌 누나'라는 표현에서 절정을 이룬다. '박쥐의 사촌 누나'라는 표현은 노래 속에 좀처럼 등장하기 어려운 표현인데, 이와 같은 표현을 통해서 화자는 카페걸을 조롱하고 있는 것이다.

앞서 언급하였듯이, 소비문화의 발전에 따라 1930년대 이후 서울에 많은 카페들이 생겨나면서 카페의 환락적이고 퇴폐적인 성격은 더욱 심해져갔다. 카페는 저급하고 퇴영적인 '에로 중심지'로 그 이미지를 고착화시켰던 것이다. 다음에서도 그와 같은 카페의 이미지를 확인할 수 있다.

> 카페! 카페는 술과 계집 그리고 엽기가 잠재하여 있는 곳이다. 붉은 등불, 파란 등불 밝지 못한 샹드리아 아래에 발자취 소리와 옷자락이 비비어지는 소리, 담배 연기, 술의 냄새, 요란하게 흐르는 재즈에 맞추어 춤추는 젊은 남자와 여자 파득파득 떠는 웃음소리와 흥분된 얼굴! 그들은 인생의 괴로움과 쓰라림을 모조리 잊어버린 듯이 즐겁게 뛰논다.
>
> ―「인테리 여급 애사」,『삼천리』1932.9

서울을 바라보는 관찰자에게 카페와 카페걸이 좋은 이미지로만 다가올 수는 없었을 것이다. 그 때문에 화자는 카페걸을 밤에만 활약하는 박쥐의 사촌 누나라고 풍자하였던 것이다. 그런가 하면, 2절에서는 주먹 장사를 비판하고 풍자하고 있다. "할로 할로 험구쟁이 할로 / 아주 제가 젠 척 오 예스"에서처럼 화자는 주먹 장사를 험구쟁이라고 비난하고 또 '젠 척' 한다며 비꼰다. 그러면서 1절과 마찬가지로 알면서도 모르는 척, 영화배

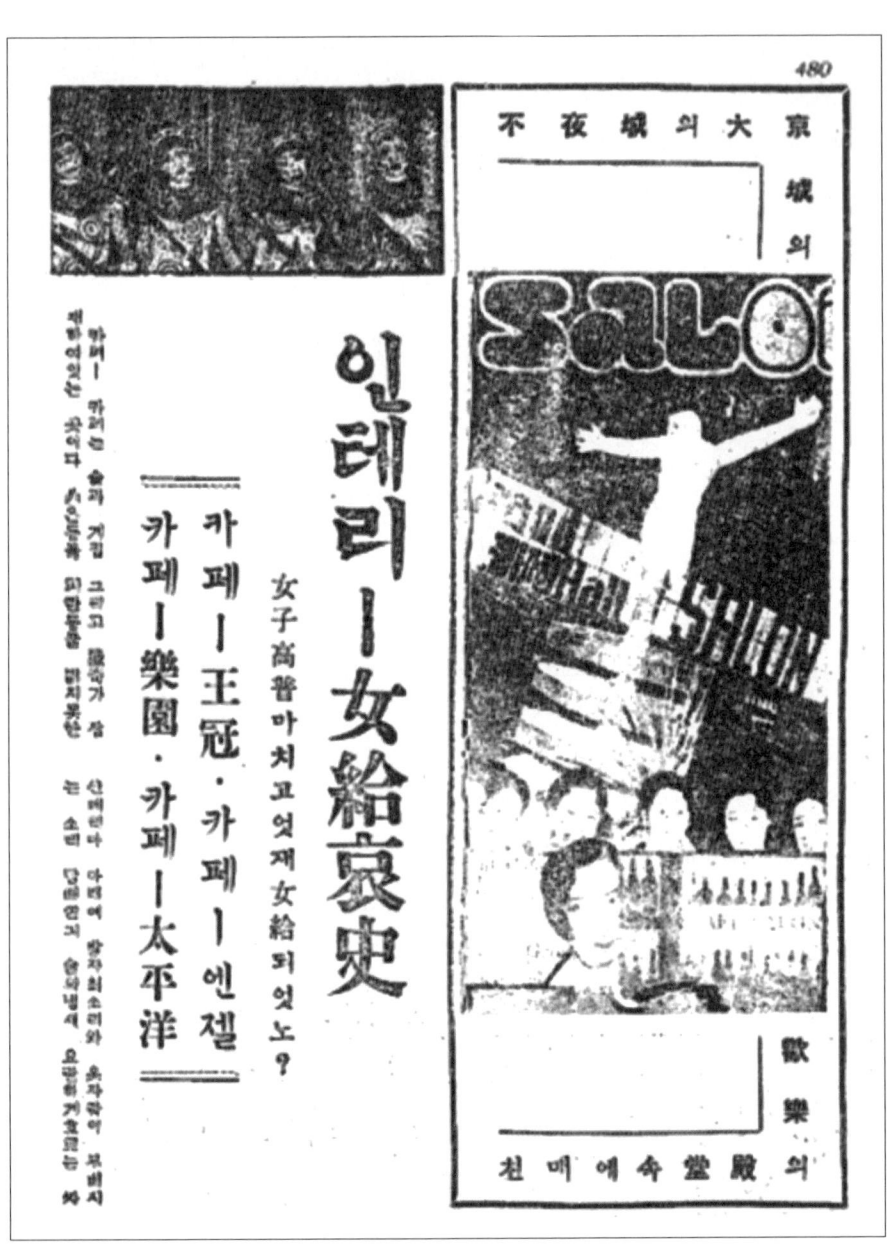

그림 52. 「인테리 여급(女給) 애사(哀史)」, 『삼천리』 1932.9)

우도 아니고 장사치도 아닌데, 누구냐며 묻는다. 묻고 주의를 환기시킴으로써 주먹 장사의 존재를 더욱 부각시키고 있는 것이다. 이어서 화자는 주먹 장사를 서울의 명물이라고 조롱하고 "사내다운 펀치에 내 마음도 그로키"당한다고 말한다. '사내다운 펀치에 내 마음마저 넘어간다'고 하고 있으나 전체 문맥을 통해 볼 때, 이와 같은 표현은 조롱에 지나지 않는다고 할 수 있다. 표현 자체는 명랑하게 대상을 추켜세우는 것 같지만, 그속에는 주먹 장사에 대한 조롱이 담겨있는 것이다.

> 모던껄 아가씨들 둥근 종아리 쎄파트 출입에 굵어만 가고
> 저 모던 쏘이들 굵은 팔뚝은 네온의 밤거리에 야위어가네
> 쑹짠지 서울 꼴불견 만타 쑹짠지 쑹짠지 쑹짠지 서울
>
> 만나면 헬로 소리 러브파레드 뒷골목 행랑에 파티를 열고
> 하로밤 로맨스에 멀미가 나서 쪼스톱 네거리에 싯빠이 하네
> 쑹짠지 서울 꼴불견 만타 쑹짠지 쑹짠지 쑹짠지 서울
>
> 집에선 비지밥에 쪼리 치면서 나가선 양식에 게트림 하고
> 티룸과 카페로만 순회를 하며 금붕어 색기처럼 물만 마시네
> 쑹짠지 서울 꼴불견 만타 쑹짠지 쑹짠지 쑹짠지 서울
>
> — 〈뚱딴지 서울〉
> (고마부 작사, 정진규 작곡, 유종섭 노래, 콜롬비아 40828, 1938)

이 작품도 당시 서울의 모습을 풍자적인 시각으로 그려내고 있다. 1절에서는 모던걸과 모던보이를 풍자한다. 백화점 출입이 잦은 모던걸들의 종아리는 굵어가고 그와 대조적으로 네온의 밤거리를 헤매는 모

그림 53. 〈뚱딴지 서울〉의 음반 가사지와 가수 유종섭

──◆──(3)──◆──

박구도심고
『요새 무얼하시우』하는 말을드르면 주둥이를 찟여

실업자의 심정(心情)은 그가아니면모른다 뜨는해도 보기실코 아츰에 드는해도 보기실코 다─들키실코 도대체 이늦체, 아모리 사는것이실타 집안여, 초풍소리, 도 첫다보고 바라다보고 무에나웅가하고기대리는 집 안식구가 가엽고 샹글나아오면 맛나는 사람마다 의 그순간의 생각이 다─다를것이다

어쩨든 그날의 그쩨는 지내버려야햇더이니 돈십 쯘만잇스면 차스집어 초라고드려가나 컵피차한잔 만먹고 원송일 안저잇슬수는업스니 질로해맨다 이 래서양부정어 룸펜이된다 그러나 차스집에는 무 위도식군의 출입도만타 부랑녀와 부랑차도 여긔 서 맛나가지고는 압록면으로 다려간다 룩속드리 마시는 차스불이, 사람에 따러맛이다르고 먹을때

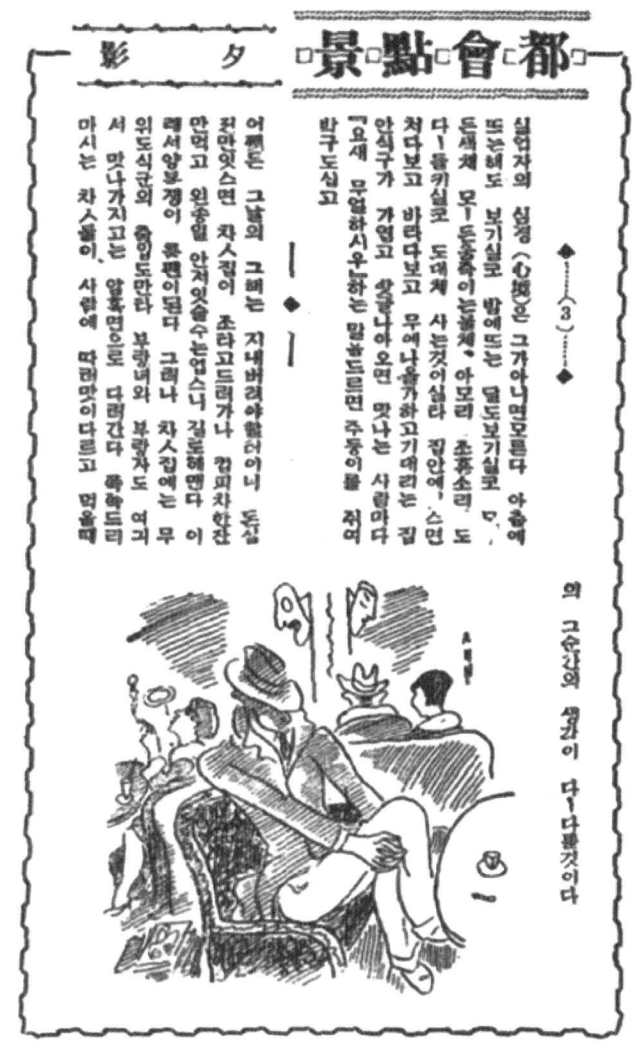

그림 54. 롬펜들의 다방(『조선일보』, 1934.2.9)

던보이들의 팔뚝은 야위어간다고 한 것이다. 화자는 그러한 상황을 '꼴불견'이라고 일축하고 '뚱딴지'라고 비웃는다. 2절에서는 '근대'라는 미명으로 행해지는 사람들의 행위를 그리고 있다. 사람들은 서로 만나서 영어로 "헬로" 하며 인사하고 파티를 열고, 하룻밤의 찰나적인 유회를 즐긴다. 그러나 그들은 그러한 상황을 자신의 것으로 체화하지는 못하였다. 그 때문에 하룻밤 로맨스에 멀미를 느낀 사람들은 네거리에서 '굿바이'하며 돌아서는 것이다. 이상한 이미지의 근대를 어설프게 받아들인 사람들은, 몸으로는 근대라는 이름에 걸맞은 행동을 할지 몰라도 마음으로는 온전하게 그러한 상황을 받아들이지 못하고 있다. 화자는 이러한 상황을 보고 '꼴불견이 많다'고 하고 '뚱딴지'라고 풍자한다.

3절에서도 당시 서울에서 볼 수 있는 꼴불견의 행태를 그려내고 있다. 집에서는 비지밥을 먹으면서 밖에서는 양식 먹고 게트림하는 사람과 다방이나 카페로 순회를 하며 돈이 없어 차는 못 마시고 금붕어 새끼처럼 물만 마시는 사람을 풍자하고 있다. 여기에서도 '게트림'이나 '금붕어 새끼'라는 표현 속에 감추어져 있는 조롱이 여실히 드러난다. 특히 할 일이 없어 하루 종일 다방을 순회하며 물만 마셔대는 당시의 가난한 모던보이를 풍자하고 있다고 볼 수 있다.

이처럼 당대의 서울 노래 중에는 서울의 혼란스러운 모습을 풍자적으로 그려낸 작품이 상당히 많다는 것을 알 수 있다. 이는 당대의 서울을 바라보는 사람들의 시선이 우호적이거나 절망적인 것만은 아니었음을 반증한다. 절망적이거나 패배적인 감정에 사로잡혀 있기보다는 당시 서울의 모습을 비판적으로 그려냄으로써 대상을 조롱하고 비웃었던 것이다. 근대와 전통의 이미지가 중첩되는 서울에서 그 속의 사람들도 이중적이고 혼란된 모습을 띨 수밖에 없었다. 화자는 이를 사실적으로 그려내면서 당대의 사람들과 그들의 삶을 풍자하고 있다.

서울 노래의 풍자성은 제목에서도 여실히 드러난다. 풍자적인 내용을 담고 있는 서울 노래는 그 제목에 있어서 두 가지 모습을 띠고 있다. 하나는 제목 자체에 풍자성을 담고 있는 것이고, 다른 하나는 제목과 내용의 불일치를 통해 반전을 꾀하는 경우이다. 제목 자체에 풍자성을 담고 있는 노래로는 〈범벅 서울〉(박영호 작사, 손목인 작곡, 남인수 노래, 오케 1934A, 1936), 〈광란의 서울〉(김정구 노래, 오케 12072B, 1937), 〈뚱딴지 서울〉, 〈요지경 서울〉(이남순·최남용 노래, 태평 8502A, 1938) 등을 들 수 있다. 제목과 내용의 불일치를 통한 반전을 꾀하는 작품의 제목으로는 〈모던 서울〉, 〈서울 명물〉 등을 들 수 있다. 제목은 〈모던 서울〉이지만 그 내용은 '모던 서울'에 대한 풍자로 시종일관하고 있고, 〈서울 명물〉도 '명물'이라고 치켜세우지만, 기실은 그 대상을 한껏 조롱하고 있는 것이다.

아서(Arthur Pollard)에 의하면, 풍자의 어조로는 기지(wit), 조롱(ridicule), 아이러니(irony), 비꼼(sarcasm), 조소(cynicism), 냉소(sardonic), 욕설(invective) 등이 있다고 한다.[16] 이러한 풍자의 어조들은 한 작품 속에서 서로 겹치고 중복되기도 하지만 그 중에서 지배적인 어조를 지적할 수는 있다. 앞서 살펴보았던 서울 노래에 나타나는 지배적인 어조는 '조롱'이라고 할 수 있다. 조롱은 근본적으로 '웃는 풍자'에 해당하는데, 서울 노래에서도 시종일관 현실을 폭로함과 동시에 그를 통해 웃음을 유발시키고 있는 것이다. "하하하"라는 웃음소리가 나오는가 하면, "하 우스워"라고 표현하고 '뚱딴지 서울'을 반복하면서 의미뿐만 아니라 음성의 반복을 통한 유희로 웃음을 이끌어낸다.

한편 진정한 조롱의 유일한 원천은 잘난 체 하는 태도에 있다고 한 필딩(Fielding)은 '잘난 체하기'의 두 가지 원인으로 '허영심'과 '위선'을

---

16 아서(Arthur Pollard), 송낙헌 역, 『풍자』, 서울대 출판부, 1979.

꼽고 있다. 그리고 이러한 '잘난 체하기'를 시정하는 최선의 방법은 그 것에 대해서 화를 내는 것이 아니라, 그 잘난 체하는 모습을 어리석게 보이도록 해서, 왜곡된 상태를 정상으로 되돌아오게 하는 것이라고 하였다. 서울 노래에서는 카페걸이나 주먹 장사, 혹은 모던보이나 모던 걸의 모습을 형상화해서 조롱한다. 그런데 노래 속의 화자는 그들을 은근히 치켜세우는 것 같지만 결국은 그들의 모습을 어리석게 보이도록 해서 웃음을 유발시키고 있다.

그러면 풍자의 내용을 담고 있는 서울 노래가 의도하는 것이 무엇인지를 알아볼 필요가 있다. 현실을 폭로하고 까발림으로써 얻을 수 있는 효과가 무엇인지를 살펴봐야 하는 것이다. 아서는 풍자의 목적으로 다음의 두 가지를 지적하였다. 하나는 작가의 개인적인 만족과 쾌감 이상의 것을 고려하지 않는 것이고, 다른 하나는 공공정신으로서 재능 있는 사람을 고무하여서 가능한데까지 세상을 바로잡는 것이 그것이다. 대중가요는 원칙적으로 대중을 상대로 하여 불리므로 서울 노래에서 드러나는 풍자가 단순히 개인의 만족과 쾌감을 위한 것만은 아니라고 할 수 있다. 풍자가 "치료하고 회복시키는 힘이 있다"는 아서의 지적을 염두에 둘 때, 서울 노래 속의 풍자는 소극적이나마 대중을 어떤 식으로든지 설득하고 고무시키려 했었다고 할 수 있다. "위대한 풍자는 교훈과 즐거움에 의해서 영원한 생명을 얻는"것처럼 서울 노래에서의 풍자성 또한 교훈과 즐거움을 동시에 추구하였다고 할 수 있다.

이상으로 서울 노래에서 풍자의 내용을 담고 있는 작품을 살펴보았다. 서울 노래에서 풍자가 가능했던 것은 화자가 객관적인 거리를 두고 서울을 바라보고, 서울의 부조리한 모습을 폭로했기 때문이다. 그리고 화자는 풍자를 통해서 웃음을 유발시켰는데, 그 웃음은 조롱에 가까운 웃음이라는 것을 확인할 수 있었다. 이러한 조롱을 통한 웃음의 유발은 교훈과 즐거움에 연결되며 여기에서 서울 노래의 의의를 찾을 수 있을 것이다.

2) 그 속에서 체험하기 - 눈물의 서울

앞 절에서는 웃음의 서울에 대해 살펴보았다. 그리하여 그 웃음이 풍자의 웃음이라는 것과 풍자의 웃음을 통해 이루어지는 효과가 교훈과 즐거움을 동시에 추구하는 것이라는 점도 알았다. 이 절에서는 화자가 직접 서울 생활을 체험할 때 서울은 눈물의 원천으로 작용한다는 사실을 실제 작품을 통해 살펴보기로 한다.

> 꼿다운 서울 사랑의 서울 눈물의 파라다이스여
> 가슴에 피는 사랑의 꼿도 남 몰래 흘니는 눈물에 저저 헛되히 시드러가네
> 술잔을 들고 님 그려보는 외로운 저 나그네 쌔즈로 밤새네
>
> 꼿다운 서울 광난의 서울 네온의 파라다이스여
> 쑴결에 지는 거리의 꼿도 버리기가 앗가워 흐득여 우는 가여운 녀자의 눈물
> 말업시 가는 세월이라고 노래에 춤을 마처 한숨의 밤새네
>
> 우슴의 서울 눈물의 서울 인생의 파라다이스여
> 이래도 한 철 저래도 한 철 달 비친 거리로 이슬에 저저 녯날의 노래를 불러
> 쩌도는 신세 눈물의 이 밤 지터진 밤 서울은 한숨에 잠기네
> ― 〈네온의 파라다이스〉
> (현우 작사, 탁성록 작곡, 유종섭 노래, 콜롬비아 40771A, 1937)

그림 55. 〈네온의 파라다이스〉의 음반 가사지

1930년대는 자아와 세계 사이의 불화가 깊어지고 간극이 넓어진 시대이다. 대중은 자기정체성의 혼란과 자기소외를 경험했고 근대성에 대한 불안과 더불어 식민지적 근대에 대한 불안과 소외의식을 이중으로 경험할 수밖에 없었다.[17] 이러한 상황 속에서 서울의 이중적인 모습은 당대 사람들에게 외로움과 공허함의 원천으로 작용할 수밖에 없었다.

〈네온의 파라다이스〉는 제목에서부터 서울의 이중적인 모습을 드러내고 있다. '파라다이스'는 천국이나 낙원을 의미한다. 밤거리마저 환하게 밝혀주는 네온등이 서울 밤거리를 아름답게 채색하고 있어서 서울의 밤거리를 파라다이스라고 한 것이다. 그러나 실제로 그 속을 들여다보면, 낙원의 모습은 찾을 수 없고 눈물에 젖은 외로운 사람들만이 자리하고 있을 뿐이다. 1절에서는 이러한 상황을 일러 '눈물의 파라다이스'라고 한다. "가슴에 피는 사랑의 꽃도 남 몰래 흘리는 눈물에 젖어 헛되이 시들어가"고 그저 임을 그리는 외로운 마음을 술과 음악에 의지해서 달래는 나그네의 모습만이 그려지고 있다.

2절에서 서울은 꽃다운 서울이면서 동시에 광란의 서울로 묘사된다. 그 속에서 가여운 여자는 말없이 가는 세월이라며 노래에 춤을 맞춰 한숨으로 밤을 지새운다. 3절에서도 서울은 웃음과 눈물이 공존하는 장소로 그려진다. 작중 화자는 1절과 마찬가지로 웃음이 아닌 눈물 속에서 서울의 밤을 보내고 있다. 이처럼 〈네온의 파라다이스〉에서는 제목과는 다르게 그 어디에도 마음을 두지 못한 채 표류하는 외로운 나그네의 모습만이 부각되고 있다.

그러나 이 작품에서 작중 화자는 술잔에 의지해서 외로움을 달래는 대상을 그려내고 있을 뿐, 작중 화자가 대상과 동일 인물이라고 보기

---

17 정유화, 「시적 방법과 근대적 자아의 소상 — 백석론」, 『어문연구』 103, 한국어문교육연구회, 1999, 76쪽.

는 어렵다. 그럼에도 불구하고 작중 화자는 단순히 대상을 객관적인
시선으로만 바라보고 있는 것은 아니다. 작중 화자는 대상에 감정 이
입하여 대상에 동조하고 그를 동정하는 입장에 처해 있다. 그 때문에 3
절의 마지막 언술에서는 작중 화자가 대상과 동일한 인물이라는 느낌
마저 드는 것이다. 이는 아마도 작중 화자가 서울을 직접 체험하였기
때문에 가능하였다고 할 수 있다. 다음은 작중 화자가 대상과 일치하
면서 작품이 전하는 슬픔이 강화되는 양상을 드러내는 작품이다.

> 퍼붙슷 흐린 하눌 음울한 저녁 가등마저 히미한 서울의 거리
> 목 매인 저 종소리 처량하구나
>
> 올 사람 하나 업시 구석에 안저 기다리며 마시나 취하진 안코
> 잔 속에 이 내 한숨 서릴뿐이라
>
> 레코드 돌아가며 집시의 노래 내 가슴은 오노의 춤을 추는데
> 서울의 이 한밤은 언제나 새랴
>
> — 〈서울의 밤〉
>
> (이하윤 작사, 강구야시 작곡, 유종섭 노래, 콜롬비아 40773A, 1937)

〈서울의 밤〉에서 작중 화자는 관찰자의 입장이 아니라 바로 자신의
이야기를 하고 있다. 그 때문에 표현은 직접적이고 비극성도 한층 고조
된다. 1절의 배경은 거리등마저 희미하게 느껴질 정도로 흐려서 음울하
기까지 한 저녁의 서울이다. 때마침 어디선가 종소리가 들리는데, 슬픔
에 빠진 작중 화자는 그 종소리가 목이 메어 처량하게 들린다고 한다.
전체적으로 한없이 우울하고 슬픈 분위기가 느껴진다고 할 수 있다.

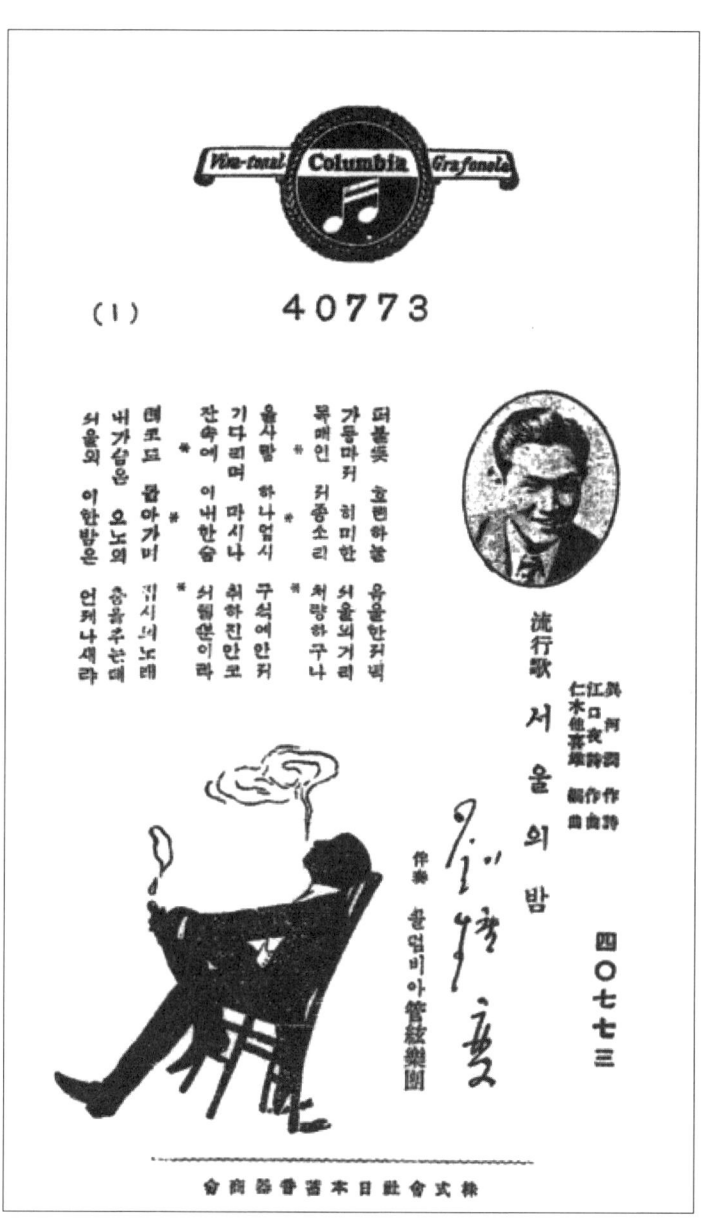

그림 56. 〈서울의 밤〉의 음반 가사지

2절에서는 오지 않는 누군가를 기다리는 화자의 모습이 그려지고 있다. 구석에 앉아서 누군가를 기다리면서 술을 마시지만 취하지는 않고 잔속에는 한숨만이 서린다. 이어서 3절에서 화자의 갈등과 슬픔은 더욱 커져만 간다. 그리하여 화자는 "내 가슴은 오뇌의 춤을 춘다"라고 말하는 것이다. 이 작품도 외로움과 슬픔 속에서 오뇌에 쌓여 있는 화자의 모습을 그려내고 있다고 할 수 있다.

> 한양성 옛터에 종소리 숨여들어
> 나그네 가슴에도 놀애가 설입니다
>
> 한강물 풀은 줄기 말업시 흘러가네
> 천만 년 두고 흘을 서울의 꿈이런가
>
> 밤거리 서울 거리 네온이 아름답네
> 가로수 풀은 님에 놀애도 아리랑
>
> 꼿 피는 한양성 님 트는 서울 거리
> 압 남산 피는 구름 서울의 넉이런가
>
> ― 〈서울 노래〉
>
> (조명암 작사, 안일파 작곡, 채규엽 노래, 콜롬비아 40508A, 1934)

〈서울 노래〉는 두 번의 개작을 거쳐 지금의 형태로 남았다.[18] 『삼천

---

18 개작되기 이전의 〈서울 노래〉를 소개하면 다음과 같다.
한양성 옛 터전 옛날이 그리워라 / 무궁화 가지마다 꽃잎이 집니다
한강물 푸른 줄기 오백 년 꿈이 자네 / 앞 남산 봉화불도 꺼진지 오램니다

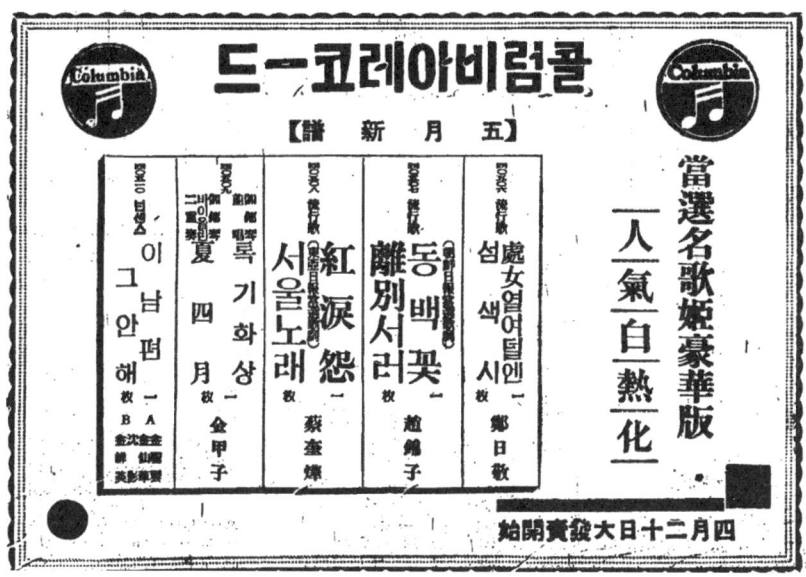

그림 57. 〈서울 노래〉의 광고(『동아일보』, 1934.4.20)

리』1936년 4월호에 의하면, 〈서울 노래〉는 1934년 4월 19일에 '치안
방해'의 이유로 금지곡 처분을 받은 것으로 나와 있다. 아마도 노래 속
의 어휘가 다분히 민족적인 감정을 불러일으키는 것이었기 때문에 금

(누락) / 종소리 스러진 밤 나그네가 웁니다
밤거리 서울거리 네온이 아름답네 / 가로수 푸른 닢에 노래도 아리랑
사롱 레스토랑 슬픔에 띄운 꽃닢 / 옛날도 꿈이어라 추억도 쓰립니다
꽃피는 삼천리 잎 트는 삼천리 / 아세아의 바람아 서울의 꿈을 깨라
　　— 한국 유성기음반 아카이브, 장유정, 앞의 책, 2006, 284~285쪽.
다음으로 두 번째 개작된 〈서울 노래〉는 다음과 같다.
한양성 옛터진 옛날이 그리워라 / 무궁화 가지마다 꽃잎이 집니다
한강물 푸른 줄기 오백년 꿈이 자네 / 앞남산 봉화불도 꺼진지 오랩니다
밤거리 서울 거리 네온이 아름답네 / 가로수 푸른 잎에 노래도 아리랑!
사롱 레스토랑 술잔에 띄운 꽃잎 / 옛날도 꿈이어라 추억도 쓰립니다
　　— 한국정신문화연구원 편, 『한국 유성기음반 총목록』, 민속원, 1998, 209쪽.
　　〈서울 노래〉의 개작과정에 대해서는 장유정, 앞의 책, 2006, 282~287쪽을 참조할 수 있다. 다
만 책에서 첫 번째 개작한 노래가 음반으로 발매되지 않았다고 한 것과 달리, 첫 번째 개작한
노래도 음반으로 발매되었음을 확인하였다.

지곡 〈서울 노래〉가 금지곡 처분을 받은 것으로 보인다. 당시, 〈서울 노래〉를 "우리의 채규엽씨가 오백년 전 옛 서울인 한양의 쓰린 추억을 눈물겹게 불렀다"[19]고 소개한 것을 통해서 짐작할 수 있듯이, 옛날을 회고하는 가사에서 드러나는 민족적인 색채 때문에 〈서울 노래〉는 두 번의 개작을 거쳐서 다시 발매되었다고 할 수 있다.

이 작품에서 화자는 서울의 그 어디에도 맘을 두지 못하는 나그네에 불과하다. 현재에 대한 불만족은 언제나 다른 것에 대한 동경을 유발시키고 그 때문에 화자는 작품 속에서 시종일관 옛 것에 대한 그리움을 표출하는 것이다. 〈서울 노래〉에서 화자는 당시 서울의 모습에서 이질감을 느끼고 그 때문에 화자는 나그네일 뿐이다. 이러한 나그네 의식은 한양성 옛터에 대한 그리움으로 이어진다. 작중 화자는 한양성 옛터의 종소리가 나그네의 가슴에 서린다고 하였는데, 종소리는 유성기를 통해 흘러나오는 기계적인 소리와는 다르다. 오히려 종소리는 유성기의 음악과는 상반되는 전통적인 소리에 가까운 것이다. 종소리는 사람의 마음을 청아하고 고요하게 해주기도 한다. 그러므로 종소리가 가슴에 서린다는 것은 화자가 전통적인 소리, 인위적이지 않은 자연적인 소리를 그리워하는 것이라고 할 수 있다.

한편 네온이 아름다운 서울 거리에서도 노래는 '아리랑'이라고 하였다. '아리랑' 또한 우리의 민족적인 정서를 담고 있는 노래라고 할 수 있다. 꽃이 피고 잎이 트는 서울 거리지만 화자에게는 슬픔을 자아내는 곳이 바로 서울이고, 그러한 외로움과 슬픔을 옛 것에 대한 그리움으로 해소하고 있다고 할 수 있다. 이어서 마지막 절에서는 앞 남산에 피는 구름을 '서울의 넋'이라고 해서 현재 서울의 암울한 상황을 그려

---

19 한국정신문화연구원 편,『한국 유성기음반 총목록』, 민속원, 1998, 209쪽에서 재인용.

내고 있다.

이 작품에서 직접적인 눈물은 표출되지 않고 있다. 그러나 전체적으로 우울하고 쓸쓸하고 외로운 서울의 모습을 옛 것과 대비시켜서 강조하고 있다. 그리고 이러한 사실은 개작 전의 〈서울 노래〉에서 확실하게 드러난다. "옛날이 그립다", "무궁화 가지마다 꽃잎이 집니다", 그리고 "앞남산 봉화불도 꺼진지 오랩니다"와 같은 표현에서 그러한 사실을 확인할 수 있다. 특히 '봉화'는 외적의 침입을 알리기 위해 피웠던 불인데, 이제는 그 불을 피울 수 없다고 하여서 일제식민 지배하의 현실을 그리고 있다. 직접적으로 눈물을 흘리고 있지는 않으나 전체적으로 어둡고 암울한 현실을 반영하고 있으며, 이는 '속울음'을 흘리는 것이라고도 할 수 있다.

> 쨔스가 춤을 추는 종로(鐘路) 한복판 스카트 짤버저서 에로 각선미(脚線美)
> 황금(黃金)의 무덤 속에 순정(純情)을 묻고 싸구려 장사치가 사랑을 파네
>
> 그리운 그 시절(時節)은 흘너간 녯 꿈 상사초(相思草) 시드러서 락엽(落葉)이 지고
> 한(恨) 많은 이 거리에 황혼(黃昏)이 오면 창(窓) 앞에 기대서서 나 홀로 우네
>
> 동(東)으로 가럇가요 남(南)으로 갈가 대도시(大都市) 십자로(十字路)에 나를 잃엇네
> 끊어진 거문고줄 니을 길 없이 그대가 써나간 곳 북(北)쪽 하늘 끗
>
> ― 〈종로〉
> (금릉인 작사, 문호월 작곡, 서상석 노래, 오케 1580A, 1933)

이 작품은 나운규와 김연실이 주연한 〈종로〉(1933)라는 영화의 동명

그림 58. 〈종로〉를 부른 서상석

의 주제가이다. 1절에서는 이미 황금만능주의가 범람하여 사랑마저
팔고 사는 사회 현상을 묘사하고 있다. 여자들의 스커트가 짧아지고
황금으로 상징되는 돈 앞에서 여자들은 순정을 버린 채, 그저 싸구려
장사치가 되어 사랑을 판다고 한 것이다. 2절에서는 외롭고 쓸쓸한 화
자의 모습이 나타난다. 작중 화자는 옛 시절을 그리워하지만 그 시절
은 이미 흘러간 옛 꿈에 불과할 뿐이다. 그 때문에 화자는 황혼이 물드
는 창가에 기대서서 눈물을 흘리는 것이다. 이처럼 슬픔에 빠진 작중
화자는 아무 것도 할 수 없는 무기력한 상태에 있다.

　무기력한 화자의 방황은 3절에서 절정에 이른다. 화자는 대도시 십
자로에서 자신을 잃은 채, 어디로 갈지 몰라 헤매는 것이다. 이 노래를
단순히 개인적인 노래가 아닌 민족적인 노래로 읽을 수 있는 것은 "끊

어진 거문고줄 이을 길 없어"라는 표현 때문이다. 왜냐하면, '거문고'는 우리나라의 전통적인 악기이고, "끊어진 거문고 줄을 이을 길 없다"는 것은 식민 지배하의 상황을 상징적으로 묘사한 것으로도 볼 수 있기 때문이다. 여하튼 이 작품에서는 자신을 잃고 표류하는 슬픈 작중 화자의 모습이 나타나고 있다.

그러면 눈물의 서울을 그리고 있는 작품에서 눈물은 어떤 눈물이며 그 의미가 무엇인지를 알아볼 필요가 있다. 눈물의 서울에서 표출되는 눈물은 소리 내어 엉엉 우는 눈물은 아니다. 그것은 애써 눈물을 참고 삼키면서 소리 없이 흘리는 눈물에 가깝다고 할 수 있다. 대성통곡하는 것이 아니라 '남 몰래 흘리는 눈물'이고 '나 홀로 우는 울음'이며, 또는 〈서울 노래〉에서처럼 눈물을 흘리거나 소리를 내지 않고 속으로 우는 '속울음'에 가깝다고 할 수 있다. 혼자서 우는 울음은 그 슬픔의 강도가 더 깊다는 것을 의미한다. 아플 때, 아프다고 말할 수 있는 것은 그나마 괜찮다고 할 수 있다. 그러나 아플 때, 아프다는 소리마저 내지 못하는 것은 그 아픔이 극에 달하였다는 것을 의미한다. 이처럼 눈물의 서울을 표현한 작품에 나오는 울음은 대체로 소리 없이 홀로 우는 울음이라고 할 수 있다.

이런 눈물이 비극적인 것은 서울의 환하고 밝은 모습과 대조되기 때문이다. 서울은 외형상으로 보면 네온의 파라다이스이다. 밤거리마저 네온등이 환하게 밝혀주는 장소였다고 할 수 있다. 그러나 서울 속의 화자들은 서울이 주는 외형상의 찬란함을 맘껏 누리지 못한다. 오히려 화자들은 그 속에서 자신을 잃고 어디로 갈지 몰라 방황하는 나그네에 불과한 것이다. 그 때문에 눈물의 서울이 보여주는 비극성은 한층 고조된다고 할 수 있다.

그렇다면 눈물의 서울에서의 '눈물'은 패배주의와 순응주의를 조장하는 이른바 '신파의 눈물'이라는 의미밖에 지니지 못하는 것인가에 대해서도 생각해 볼 필요가 있다. 이에 앞서서 살펴보아야 하는 것은 당시 대중가요에 대한 검열이다. 처음에 유성기가 등장하고 유성기 음반을 통한 음악의 향유가 이루어졌을 때는 일제 당국이 유성기 자체에 별 관심을 갖지 않았다. 그러다가 예상 외로 유성기가 대중의 관심을 받고 특정 노래들이 상당한 인기를 얻자, 일제는 유성기 음반의 단속과 검열을 시작하였다. 『삼천리』 1936년 4월호에 의하면, 1933년 5월 총독부 경무국이 '레코드 취체규칙'을 만들어 공포하자, 도서과와 각 지역 경찰서에서 단속을 시행하였다고 한다. 일제는 '치안방해(治安妨害)'와 '풍기괴란(風紀壞亂)'이라는 두 가지 항목을 들어 음반의 발매를 금지하였는데, 이때부터 원천적으로 대중가요 창작에서 표현의 자유가 가로막혔다고 볼 수 있다.

일제강점기 대표적인 작사가였던 조명암의 작품을 모은 〈조명암 시선집〉 출간 기념회(2003.5) 때, 일제강점기 가수와 작사가로 활동하였던 반야월 선생님의 증언을 들을 수 있었다. 그의 말에 따르면, 당시 모든 대중가요의 가사는 일제의 검열을 거쳐서 빨간 줄이 잔뜩 그어진 채로 돌아왔다고 한다. 그 때문에 하고 싶은 말을 제대로 할 수 없었고 검열을 피해가면서 하고 싶은 말을 조금이라도 하기 위해 작사가들이 고심했다고 한다. 이와 같은 여건 속에서 대중가요의 상징과 은유는 발달했다고 할 수 있다. 따라서 당시의 시대 상황을 무시한 채, 일제강점기의 대중가요가 무조건 시대적 의식을 담고 있지 않다고 부정적인 평가를 하는 것은 재고의 여지가 있다. 또한 일제강점기의 대중가요가 눈물과 패배주의만을 보여주고 있다는 평가도 대중가요의 일면만을 보고 판단한 것에 불과하다.[20]

앞서 살펴 본 바와 같이 '눈물의 서울'을 그리고 있는 작품들은 상징과 은유의 요소들을 많이 담고 있다. 당대의 대중가요 속에서 작품의 화자 내지는 그 노래를 향유하는 청중들은 단지 눈물만 질질 짜고 있지는 않았다. 비록 소극적일지라도 작품 속에서 비극적인 상황에 대한 묘사와 옛 것에 대한 그리움을 통해 나름대로의 지향점을 보여주기도 하였던 것이다.

예를 들어, 〈네온의 파라다이스〉에 등장하는 화자는 3절에서 옛날의 노래를 부른다. 옛날의 노래를 부른다는 것은 지난날을 그리워하고 있다는 것을 의미한다. 또한 현재 '서울의 밤은 한숨에 잠겨있다'고 하였는데, 이는 식민 지배하의 서울을 '한숨에 잠겨 있는 밤의 서울'로 묘사하였다고도 볼 수 있다. 즉 어떻게 읽는 가에 따라 대중가요 가사는 다양하게 읽힐 수 있는 것이다.

〈서울의 밤〉에서의 화자도 단지 누군가를 기다리느라 한숨에만 서려 있는 것이 아니다. 서울 저녁은 음울하고 거리 등은 희미하게 느껴진다고 하였는데, 이 또한 식민 지배하의 현실과 겹쳐진다고 할 수 있다. 게다가 화자는 그 속에서 방향성을 상실하고 슬픔과 비탄 속에서 오뇌의 춤을 추는 것이다. 그러면서 "서울의 이 한밤은 언제나 새랴"라고 말한다. 식민 지배의 우울한 서울은 언제나 한밤중이다. 그리고 그 밤이 새기를 염원하는 화자의 마음이 "서울의 이 한밤은 언제나 새랴"라는 표현으로 집약되어 있다고 할 수 있다.

〈서울 노래〉도 마찬가지이다. 작품 속에 흐르는 옛 것에 대한 그리움은 바로 광복에 대한 소리 없는 염원에 해당한다고도 볼 수 있다. 현재에 만족하면 굳이 옛 것을 그리워할 이유가 없다. 현재가 불만족스러울수록 옛 것에 대한 동경과 회고도 커지게 마련이다. 〈서울 노래〉

---

20 일제강점기 대중가요가 지닌 눈물과 패배주의, 신파성에 대해서는 이영미, 『한국 대중가요 사』, 시공사, 1998, 57~78쪽을 참고할 수 있다.

에서도 '한양성 옛 터'에 대한 그리움과 '천만년을 두고 흐를 한강'에 대한 애정이 표출된다. 그리고 이어서 '아리랑'이라는 표현을 통해 은연중에 조국에 대한 애정을 과시한다. 왜냐하면 '아리랑'은 그 누구도 부정할 수 없는 우리의 노래이기 때문이다. 그러나 이렇게 옛 것을 그려 보아도 서울의 앞날은 어둡기만 하다. 그 때문에 마지막 절에서는 앞 남산에 피는 구름이 '서울의 넋'이라고 한 것이다.

〈종로〉에서는 더욱 직접적으로 식민 지배하의 조국의 현실을 표출하고 있다. '끊어진 거문고줄'이 그에 해당한다. 거문고는 우리나라의 전통악기이다. 그런데 거문고 줄이 끊어졌다는 것은 바로 우리나라의 현실을 반영한다고 할 수 있다. 그 때문에 시적 화자는 십자로 네 거리에서 길을 잃고 어디로 가야 하냐고 묻는다. 식민 지배하에서 그 방향성을 잃고 표류하는 자아가 끊어진 거문고 줄을 이을 길이 없다며 눈물을 흘리는 것이다. 이처럼 거문고를 통해 우리나라를 상징적으로 표현한 다른 작품으로는 〈세기말의 노래〉를 들 수 있다.

거미줄로 한 허리를 얽고 거문고에 오르니
일만 설움 푸른 궁창 아래 궂은비만 나려라
시들퍼라 거문고야 내 사랑 거문고
까다로운 이 거리가 언제나 밝아지려하는가

가랑잎에 동남풍을 실어 술렁술렁 떠나면
달 떨어진 만경창파 위에 까마귀만 우짖어
외로워라 이 바다야 내 사랑 바다야
뒤숭숭한 이 바다가 언제나 밝아지려하는가

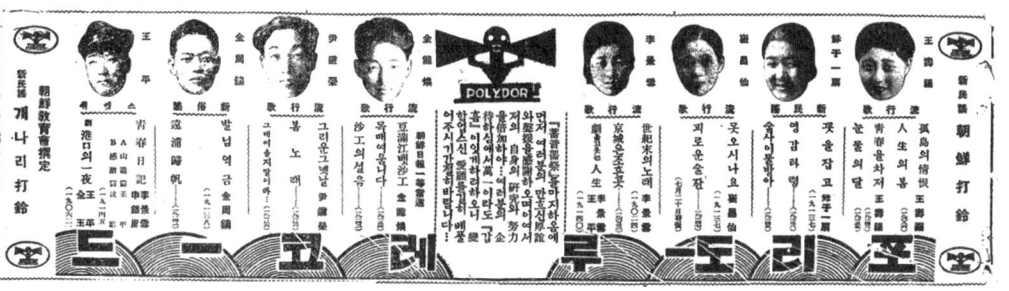

그림 59. 〈세기말의 노래〉를 포함한 포리돌 회사 음반 광고(『조선일보』, 1934.7.1)

청산벽계 저물은 날을 찾아 목탁을 울리면서
돌아가신 어버이들 앞에 무릎을 꿇고 비노니
답답해라 이 마을아 내 사랑 마을아
어두워진 이 마을이 언제나 밝아지려하는가

— 〈세기말의 노래〉

(박영호 작사, 김탄포 작곡, 이경설 노래, 포리돌 19024A, 1932)

제목부터 〈세기말의 노래〉라고 해서 당시의 상황을 반영하고 있는
이 노래는 당시에 많은 인기를 끌었던 곡이다. 이 작품에서 '거문고'는
조국을 의미한다고 할 수 있다. 그런데 그 표현 방법이 자못 상징적이
라서 주목된다. "거미줄로 한 허리를 얽고 거문고에 오른다"는 표현은
이미 소리를 내지 못한지 오래 되어서 거미줄마저 생긴 거문고의 모습
을 그리고 있다고 할 수 있다. 그리고 소리를 내지 못하는 거문고는 바
로 우리의 '조국'을 상징한다고 할 수 있다. 그리하여 거미가 된 시적 화
자가 거미줄로 한 허리를 얽고 나의 조국 거문고에 오르니 일만 설움이
밀려오는데 굿은비만 내려 시적 화자의 서러움을 더해준다는 것이다.
여기에서 '굿은비'는 식민 지배하의 조국 현실을 표현한다고 할 수 있다. 궂은비가 내리는 암울한 상황에서 거문고에 대한 애정은 더욱 각별할 수밖에 없다. 그 때문에 "서글퍼라 거문고, 내 사랑 거문고"라고 말한다. 마지막으로 "까다로운 이 거리가 언제나 밝아지려 하는가"라고 하는데, 이는 조국 광복이 언제 이루어질 것인가라는 질문인 동시에 조국 광복이 이루어지기를 바라는 염원의 표출로도 볼 수 있다.

2절도 마찬가지이다. 달이 떨어졌다는 것은 조국이 국권을 상실했다는 것을 의미하는데, 달이 떨어진 만경창파에는 일제를 상징하는 까마귀만 우짖고 있다. 그 때문에 바다는 외롭고 또 뒤숭숭하다. 화자는 "내가 사랑하는 바다가 언제나 밝아지려하는가"라고 하면서 바다로 상징되는 조국의 광복을 소극적으로 염원하고 있다고 할 수 있다. 3절에서도 청산과 벽계에 날이 저물었다는 것은 청산과 벽계로 상징되는 조국이 국권을 강탈당했다는 것을 의미한다. 그 때문에 돌아가신 어버이들 앞에 무릎을 꿇고 비는데, 이는 나라를 빼앗긴 것이 면목 없어서 조상들에게 사죄를 하는 것이라고 할 수 있다. 그러나 여전히 현실은 답답하고 어둡다. 그래서 "내가 사랑하는 마을이 언제나 밝아지려하는가"라고 해서 또 한 번 조국의 광복을 염원하고 있다.

이처럼 일제강점의 상황을 상징적으로 묘사하면서 소극적이나마 조국의 광복을 염원하는 노래도 있다. 소극적이라고는 하였으나 대중가요의 속성이나 당시의 시대적 상황을 염두에 둘 때, 〈세기말의 노래〉가 보여주는 이러한 현실 인식은 매우 높은 것이라고 할 수 있다. 〈세기말의 노래〉가 이후에 등장하는 노래에 비해서 상대적으로 높은 현실 인식을 보여줄 수 있었던 것은 그 발매 시기와도 관련이 있다. 이 노래는 본격적인 음반의 검열과 취체가 이루어진 1933년 이전인 1932년 10월에 발매된 곡이다. 그 때문에 이후에 나온 다른 대중가요에 비해 시대 인식이 상대적으로 투철하였다고 볼 수 있다.

그러면 눈물의 서울을 그린 작품에서 눈물이 가져오는 효과가 무엇인지도 알아보아야 할 것이다. 앞서 살펴본 바와 같이 작품 속의 눈물은 혼자서 우는 눈물이고 속으로 우는 속울음이다. 하지만 이것이 음반을 통해 사람들의 입과 귀에 울려 퍼지면 혼자만의 눈물에서 함께 흘리는 눈물로 바뀐다. 함께 눈물을 흘린다는 것은 공감대가 형성되고 동병상련의 아픔을 함께 한다는 것을 의미한다. 다시 말해, 눈물을 통한 보편적인 감수성[21]이 형성된다는 것을 의미한다. 함께 노래를 듣고 따라 부르고 눈물을 흘림으로써 대중은 하나가 됨을 경험하고 그러한 경험을 통해서 서로가 서로를 위로하고 위안도 받는 것이다.

그러므로 선행 연구에서 지적한 것처럼 대중가요에서의 눈물을 단지 패배주의적인 순응만을 의미하는 것으로 보기는 어렵다. 그 당시의 대중은 식민 지배와 근대화의 물결 속에서 대체로 혼란스러움을 경험하였고 이러한 혼란스러움은 감정의 과잉 유발을 이끌어냈다. 그 때문에 대중은 울고 싶었고 울 곳이 필요했다. 이러한 대중은 극장에서, 또는 노래를 들으면서 자신들의 울분을 함께 달랬던 것이다. 보편적인 감수성을 형성하여 함께 눈물을 흘리고 위로를 받았다는 점에서 '눈물의 서울'을 그리고 있는 대중가요의 의미도 찾을 수 있다.

이상에서 살펴본 바와 같이, '눈물의 서울'에서의 눈물은 소리 내어

---

[21] 안 뱅상 뷔포는 극장에서 멜로드라마를 보면서 관객들이 함께 눈물을 흘리면서 만들어지는 보편적인 감수성에 대해 이렇게 말하고 있다.
"서로 말도 하지 못한 채 부둥켜안고 눈물을 흘리는 '감미로운 순간'의 그 굉장한 경험은 새로운 사회적 연대에 대한 꿈을 환기시킨다."(안 뱅상 뷔포, 이자경 역, 『눈물의 역사』, 동문선, 2000, 322쪽)
그리고 이와 같은 현상은 우리나라에도 마찬가지로 적용될 수 있다. 사람들은 눈물의 신파극을 보러 극장에 가서 함께 눈물을 흘리면서 서로가 하나가 됨을 경험한다. 그리고 이렇게 함께 흘리는 눈물은 극장을 일종의 정치적 집회로 만들어서 감수성의 사회적 협정이 체결되는 것이다. 이 때문에 신파극과 신파의 눈물에 대해서도 재고의 여지가 있다.

꺼이꺼이 우는 울음은 아니다. 그 눈물은 남 몰래 조용히 흘리는 오뇌의 눈물이라고 할 수 있다. 그렇다고 해서 그 눈물이 좌절에 가득 찬 패배주의적인 눈물만도 아니다. 오히려 이는 전통적인 '한(恨)'과 연결된다고 할 수 있다. 그리고 상징과 은유를 통해 비록 소극적일지라도 조국 광복에 대한 염원을 담고 있는 작은 희망의 눈물이라고 할 수 있다. 그리고 이러한 노래를 함께 듣고 부르면서 사람들은 보편적인 감수성을 경험하였고 이를 통해 당대의 지난한 삶을 견딜 수 있었다고 할 수 있다.

4. 맺음말

본고는 1930년대의 서울 노래를 통해 당대인의 시각과 정서를 살펴보았다. 이를 위해 2장에서는 당시 서울의 상황을 '서울의 이중성'이라는 측면에서 살펴보았다. 서울은 전통적인 이미지와 근대적인 이미지가 만난다는 의미에서 이중적일 뿐만 아니라 청계천을 경계로 남촌과 북촌이 나뉘고 각각 다른 문화를 형성하였다는 점에서도 이중적이라는 것을 살펴보았다.

3장에서는 서울 노래를 크게 두 가지로 분류하였다. 하나는 웃음의 서울 모습을 담고 있는 노래이고, 또 다른 하나는 눈물의 서울 모습을 그리고 있는 작품이다. 웃음의 서울을 그려낼 수 있었던 것은 화자가 서울에 거리를 두고 서울을 비판적인 시각으로 바라보았기 때문에 가능했다. 웃음의 서울을 그리고 있는 작품에서의 '웃음'은 기뻐서 웃는 웃음이 아니라 조롱의 어조를 띠고 있는 웃음이라고 할 수 있다. 그리고 웃음을 통한 풍자는 교훈과 즐거움을 동시에 준다는 점에서 그 의미를 찾을 수 있다.

다음으로 눈물의 서울을 그리고 있는 작품에서 시적 화자는 주로 서울 안에서 서울을 직접 체험하고 그를 통해 느낀 감정을 표출하고 있다. 작품 속의 눈물은 소래내서 통곡하는 것이 아니라 숨 죽여 홀로 우는 오뇌의 울음이라고 할 수 있다. 그러나 이러한 눈물이 단지 서울의 체험에서 비롯한 비탄과 탄식의 눈물만을 의미하는 것은 아니다. 암담한 현실에 대한 묘사와 옛 것에 대한 회고와 동경을 통해 소극적인 희망을 노래하기도 하였다. 그리고 그것이 대중가요라는 이름으로 세상에 나오면, 혼자만의 울음이 아니라 함께 우는 울음으로 변하고 그렇게 함께 울면서 보편적인 감수성을 형성하였다. 이처럼 1930년대의 서울은 대중가요 속에서 웃음과 눈물의 이중주를 만들어냈다고 할 수 있다.

그런데 이러한 상황이 유독 우리나라에서만 이루어진 것인가에 대해서는 의문을 제기할 필요가 있다. 어쩌면 식민지적 상황에서 배태된 도시문화라는 이유로 이제까지 우리나라의 근대성과 도시문화에 대해 너무 일면적인 평가를 한 것은 아닌가 하는 의문이 생긴다. 물론 식민지적 상황이 만들어놓은 특이한 상황을 전적으로 무시할 수는 없지만 그렇다고 해서 우리나라의 서울 노래를 이른바 '신파의 문화'[22]만으로 단정하기에는 석연치 않은 구석이 있다.

어느 나라에서나 근대성은 진보와 환희, 꿈과 희망을 상징하였다. 그리고 동시에 그 이면에는 두려움과 우울함, 그리고 좌절을 전해주기도 하였는데, 그 때문에 근대성은 야누스적인 메시지를 담고 있다고 할 수 있다. 또한 도시문화는 익명성, 외로움, 고립, 찰나적 관계의 경험을

---

22 이영미, 앞의 책, 67쪽.

드러내고 이는 암묵적으로 농촌공동체의 안정성과 따스함과는 대조를 이룬다.[23] 다시 말해서 도시문화는 어느 나라에서는 그와 같은 혼란 속에서 등장했다고 할 수 있다. 다만 우리나라의 경우는 그것이 식민지적 상황과 맞물리면서 갈등 상황이 더욱 심화되었다고 볼 수 있다.

1930년대의 서울 노래에 등장하는 서울은 단지 외면과 회피 내지는 우울함의 장소만은 아니었다. 비판적인 시각을 담보한 상태에서 서울은 풍자의 대상이 되었다. 또한 서울을 직접 체험하는 경우에는 눈물의 서울을 그려내고 그를 통해 소극적이나마 광복에 대한 염원을 표출하기도 하였다. 이는 1930년대의 이른바 '도시시'가 대부분 현실적 조건이 배제된 심미적 공간을 향한 '향수'를 지향[24]한 것과는 대조적이라고 할 수 있다. 여기에서 서울 노래의 의의를 찾을 수 있다.

오늘날의 대중가요에도 서울은 여전히 심심치 않게 등장한다. 〈서울 하늘〉, 〈서울 서울 서울〉, 〈서울블루스〉, 〈서울로 간 삼룡이〉 등이 그 예에 해당한다.[25] 서울은 여전히 "이유 없는 서러움이, 까닭 없는 눈물이 흐르는"(이자연의 〈서울 나그네〉) 공간이다. 또한 서울은 "탐욕에 눈먼 개떼들은 서로 다투며 먹이를 찾고 힘없는 말라깽이들은 그저 밟히며 먹히는"(no brain의 〈서울로 간 삼룡이〉) 곳으로 풍자의 대상이 되기도 한다. 그러나 여기에서의 풍자는 1930년대의 서울 노래처럼 단지 웃음을 유발시키는 조롱의 풍자가 아니다. 그보다는 오히려 욕설(invective)에 가깝다고 할 수 있다. 대상에 대한 풍자가 더욱 직접적이고 공격적으로 변한 것이다.

---

23 마이크 새비지·알랜 와드, 김왕배·박세훈 역, 앞의 책, 5쪽, 128쪽.
24 전봉관, 「1930년대 한국 시인의 '도시 체험'과 현대시의 '향수'」, 『국어국문학, 통합과 확산』, 국어국문학회, 2002, 461쪽.
25 참고로, 1960년대 서울 노래에 대해서는 장유정, 「대중가요를 통해 본 1960년대의 서울문화」, 『민족문화논총』 제35집, 영남대 민족문화연구소, 2007을 볼 수 있다.

오늘날을 살아가는 우리에게 서울은 어떤 의미일까? 서울은 여전히 때로는 조롱의 대상으로, 때로는 눈물의 공간으로 존재한다. 우리는 이러한 서울을 동경하기도 하고 혐오하기도 한다. 이처럼 서울은 수많은 얼굴을 지닌 채 건재하고 있다. 대중가요에서 서울이 어떻게 변모하였는지를 살펴보는 일은 당대 대중의 꿈과 욕망의 흐름을 살펴볼 수 있는 한 방편이 될 것이다. 이러한 작업을 통해서 서울을, 서울에 살았던 수많은 대중의 꿈과 욕망을 조금 더 알게 되리라 기대한다.

참고문헌

고석규, 「일제강점기 서울 중심부에 나타난 都市文化의 특성」, 『한국사학사연구』, 나
　　남출판, 1997.
마이크 새비지·알랜 와드, 김왕배·박세훈 역, 『자본주의 도시와 근대성』, 한울,
　　2002.
박찬호, 안동림 역, 『한국가요사』, 현암사, 1992.
신명직, 『모던 뽀이, 경성을 거닐다』, 현실문화연구, 2003.
안 뱅상 뷔포, 이자경 역, 『눈물의 역사』, 동문선, 2000.
이영미, 『한국대중가요사』, 시공사, 1998.
장규식, 「일제하 종로의 문화공간」, 『종로―시간, 장소, 사람』, 서울시립대부설 서울
　　학연구소, 2002.
장유정, 「1930년대 신민요에 대한 당대의 인식과 수용」, 『한국민요학』 제12집, 한국
　　민요학회, 2003.
＿＿＿, 「1930년대 서울 노래의 이중성―웃음과 눈물의 이중주」, 『서울학연구』 24호,
　　서울학연구소, 2005.
＿＿＿, 「만요를 통해 본 1930년대의 근대문화」, 『웃음문화』 창간호, 한국웃음문화학
　　회, 2006.
＿＿＿, 『오빠는 풍각쟁이야―대중가요로 본 근대의 풍경』, 민음in, 2006.
＿＿＿, 「대중가요를 통해 본 1960년대의 서울문화」, 『민족문화논총』 제35집, 영남대
　　민족문화연구소, 2007.
＿＿＿, 『다방과 카페, 모던보이의 아지트』, 살림, 2008.
전봉관, 「1930년대 한국 시인의 '도시 체험'과 현대시의 '향수'」, 『국어국문학, 통합과
　　확산』, 국어국문학회, 2002.
정유화, 「시적 방법과 근대적 자아의 소상―백석론」, 『어문연구』 103, 1999.
한국정신문화연구원 편, 『한국 유성기음반 총목록』, 민속원, 1998.
Arthur Pollard, 송낙헌 역, 『풍자』, 서울대 출판부, 1979.

제1부 / 제5장

만요(漫謠)를 통해 본
1930년대의 근대문화[1]

1. 머리말

만요(漫謠)는 '만(漫)'이라는 한자가 '흩어지다' 내지는 '어지럽다' 등의 뜻을 나타내는 것에서도 알 수 있듯이 그 외연이 명확하지 않다. 그러나 만요의 대부분이 웃음을 지향한다는 점에서는 공통적이라고 할 수 있다. 그 때문에 만요는 '코믹송(Comic song)' 내지는 '풍자·해학송'으로 일컬어지기도 한다. 이러한 만요는 1930년대에 대중가요의 한 갈래로 등장하여 당대인에게 향유되었다.

이제까지 만요에 대한 연구는 활발하게 진행되지 않았다. 대중가요

---

1 「만요(漫謠)를 통해 본 1930년대의 근대문화」, 『웃음문화』 창간호, 한국웃음문화학회, 2006.

의 한 갈래로 인식되지도 못하였을 뿐만 아니라 그에 대한 부정적인 인식마저 팽배하였다. 예를 들어, 선행 연구에서 만요는 현실에 대한 인식이나 미래지향적인 가치 따위가 전혀 개입되지 않은 단순한 웃음을 위한 웃음을 지향하고 여기서 배태된 무력감이 현실에의 만족을 유도하는 부정적인 갈래로 취급되었다.[2] 그러나 선행 연구에서는 만요의 전모를 아울러서 연구를 진행시키지 않았으며 분석한 작품도 20세기 전반기에 만요라는 이름으로 향유되었던 대중가요에 걸맞은 예도 아니므로 전적으로 그 결과를 수긍하기 어렵다.

만요에 대한 새로운 인식은 필자에 의해 이루어졌다. 필자는 만요에 드러나는 웃음을 해학과 풍자의 웃음으로 대별하고 각각을 대표하는 작품을 들어 만요에 대한 본격적인 분석을 행하였다. 이러한 작업을 통해서 만요가 단지 '찰나적인 향락'[3]만을 추구하는 노래가 아니라 당시의 세태를 반영하되 그것을 웃음으로 풍자함으로써 교훈과 즐거움을 동시에 주거나, 대상에 대한 동정과 연민을 통해 공동체적인 웃음을 유발하는 갈래임을 밝혔다.[4]

그러나 아직까지 만요의 전모가 드러났다고 볼 수 없다. 만요에 대한 연구는 아직 시작 단계에 불과하다. 이에 본고는 20세기 전반기에 대중이 향유한 만요의 다양한 양상과 의미를 고찰하여 만요의 위상과 의의를 밝히고자 한다. 특히 만요에 나타나는 당대인의 근대적인 삶에 주목하여 만요에 근대문화가 어떻게 그려졌으며 그 의미가 무엇인지를 살펴보고자 한다.

---

2 김창남, 「유행가의 성립과정과 그 문화적 성격」, 『노래』 제1권, 실천문학사, 1995, 74쪽.
3 조동일은 만요를 만담풍의 억지로 만든 노래로 간주하고 이것이 일반 대중을 찰나적인 향락에 들뜨게 만든다고 하였다.(조동일, 『한국문학통사』 5, 지식산업사, 1994, 580쪽)
4 만요의 형성과 전개 과정에 대해서는 장유정, 『오빠는 풍각쟁이야― 대중가요로 본 근대의 풍경』, 민음in, 2006, 214~244쪽.

2. 만요의 개념과 범주

20세기 전반기의 대중가요는 크게 트로트, 신민요, 재즈송, 만요로 나뉜다.[5] 대중가요가 가사와 선율로 이루어졌음을 감안할 때, 이상의 분류도 음악적인 측면과 문학적인 측면을 모두 고려하여 이루어졌다고 할 수 있다. 그런데 만요는 다른 세 가지 갈래명과 조금 다른 성격을 지니고 있다. 만요라는 갈래명은 다른 갈래명에 비해 음악적인 측면보다는 문학적인 측면을 강조한 명명(命名)이기 때문이다. 그러나 중요한 사실은 만요라는 것이 오늘날 연구자에 의해 만들어진 갈래명이 아니라 당시에 존재하였던 갈래명이라는 점이다. 즉 당시에 이미 만요로 인식되는 작품군이 존재하는 바, 만요도 대중가요의 한 갈래로 충분히 자리매김할 수 있다.

만요라는 갈래명은 20세기 전반기 희극 갈래 중의 하나인 만담에서 나온 용어이다. 당시의 대표적인 희극 갈래로는 만담, 넌센스, 스케치가 있다.[6] 이러한 희극 갈래는 대체로 웃음의 전략을 활용하여 세태를 반영하는 특징을 지니고 있다. 만요는 이중에서 만담의 영향을 받아서 생성된 용어이나, 그렇다고 해서 만요가 넌센스나 스케치와 아무 연관이 없는 것은 아니다. 만요는 넌센스나 스케치의 삽입가요로 활용되기도 하고 재담과 같은 전통적인 희극 갈래의 영향을 받기도 하였다.

만요는 만요라는 명칭 외에, 유행만곡, 유행만요, 희가요, 넌센스송으로 불리기도 하였으나 만요라는 용어가 가장 일반적으로 사용되었

---

[5] 20세기 전반기 대중가요의 갈래별 형성과정은 장유정, 위의 책, 95~124쪽을 참고할 수 있다.

[6] 20세기 전반기 희극 갈래의 전반적인 모습은 최동현·김만수, 『일제강점기 유성기 음반 속의 대중희극』, 태학사, 1997을 참조할 수 있다.

다. 그런데 유성기 음반에 수록된 갈래명 중에서 만곡(漫曲)은 만요와 비슷하면서도 그 의미가 다른지라 주의가 필요하다. 만곡은 유성기 음반 목록집에서 약 22곡 정도를 찾을 수 있다. 이러한 만곡은 주로 〈개타령〉, 〈장님흉내〉와 같이 전통적인 잡가 중에서 경우에 따라 재미있는 내용으로 이루어진 노래를 지칭하는 것으로, 보편적으로 사용되지는 않았다. 즉 만곡은 작사자와 작곡자가 별도로 있어서 창작된 대중가요인 만요와 달리 전통가요 중의 일부 노래를 지칭하는 갈래명인 것이다. 그러나 만곡에 '유행'을 붙인 유행만곡은 당시에 만요와 유사한 개념으로 사용되었다.

한편 유성기 음반 가사지에 기재된 갈래명 중에서 유행가는 다른 갈래명보다 그 외연이 넓어서 주의가 요구된다. 본격적인 대중가요가 등장하기 이전인 1920년대 말의 유행가는 말 그대로 '특정한 시기에 대중의 인기를 얻어서 향유되는 노래'를 지칭하였다. 그리하여 전통가요 중에서도 당대인에게 인기가 있던 노래는 모두 유행가라 하였던 것이다. 그러던 것이 1930년대에 본격적인 대중가요가 출현하면서부터 유행가는 대중가요와 거의 흡사한 용어로 사용되었다. 그런가 하면, 유행가는 대중가요 중에서도 일본 대중음악의 영향을 받아서 생성된 일련의 노래를 지칭하는 협소한 의미로 사용되기도 하였다.

상황이 이러하다 보니, 갈래명이 '유행가'로 되어있을 지라도 그 중에는 재즈송, 만요, 신민요 등이 포함되어 있기도 하다. 그러므로 유행가 중에서 일본 대중음악의 영향을 받아서 생성된 일련의 노래를 오늘날의 명명법에 의거하여 트로트로 지칭한다면, 20세기 전반기 대중가요의 갈래는 크게 트로트, 신민요, 만요, 재즈송으로 나뉘는 것이다.[7]

---

7 트로트, 신민요, 만요, 재즈송의 형성과 전개 과정은 장유정, 앞의 책, 95~124쪽을 참고할 수 있다.

그림 60. 〈오빠는 풍각쟁이〉의 광고(한국 유성기음반 아카이브)

아직까지 유행가로 곡종이 표기된 노래 중에 트로트, 신민요, 만요, 재즈송이 어느 정도 포함되어 있는지 온전하게 드러나지는 않았다. 앞으로 이러한 갈래의 구분은 노래 한 곡 한 곡마다 그 선율과 가사를 살펴서 이루어져야 할 것이다.

만요라는 갈래명을 사용하고 있는 대중가요는 목록에서 약 100여 곡을 찾을 수 있다. 그러나 유행가 중에서 만요에 포함시킬 수 있는 노래까지 합하면 만요는 더 많은 수를 차지할 것이다. 예를 들어, 〈오빠는 풍각쟁이〉(박영호 작사, 김송규 작곡, 박향림 노래, 콜럼비아 40837A, 1938)나 〈엉터리 대학생〉(김다인 작사, 김송규 작곡, 김장미 노래, 콜럼비아 40848B, 1939) 등은 음반 가사지에 곡종이 유행가로 표기되어 있으나 만요의 범주에서 다룰 수 있다.

본격적으로 만요의 내용을 살펴보기에 앞서, 만요의 음악적 특성에 대해서도 언급할 필요가 있다. 만요는 기본적으로 웃음을 지향하는 갈래이기 때문에 선율 또한 상대적으로 빠른 템포의 장조 음계로 이루어진 경우가 대부분이다. 그러면서도 그 내용에 따라 다른 음악적 특징을 드러낸다. 즉 만요의 내용은 크게 두 가지로 대별되는데, 근대적인 삶을 반영하는 것과 서민적인 삶을 묘사하는 것이 그것이다.[8] 이러한 내용의 차이에 따라서 음악적인 선율도 달라졌다.

근대적인 삶을 반영하고 있는 노래는 대체로 서양 음악의 선율을 사용하는 반면에 서민적인 삶을 묘사하는 노래는 전통가요의 음악적인 형식을 차용하고 있는 것이다. 물론 애초부터 만요는 대중가요이므로 서양음악 반주에 맞추어서 녹음된 것이 대부분이다. 그럼에도 불구하

---

8 분량의 제한 상, 본고에서는 만요에 나타나는 근대적인 삶에만 초점을 맞추어서 논의를 전개시킬 것이다. 만요에 드러나는 서민적인 삶에 대한 구체적인 논의는 다른 논고를 통해 다룰 것이다.

그림 61. 〈엉터리 대학생〉을 부른 가수 김장미

고 〈시큰둥 야시〉(처녀림 작사, 이용준 작곡, 김해송·남일연·박향림 노래, 콜럼비아 40820A, 1938.7 발매)나 〈선술집 풍경〉(박영호 작사, 김송규 작곡, 김해송 노래, 콜럼비아 40800B, 1938.2 발매)처럼 서민적인 삶을 묘사한 노래들은 그 내용에 걸맞게 음악에도 전통가요적인 요소가 삽입되어 있다. 〈시큰둥 야시〉를 들어보면, 굿거리 장단을 사용하고 있는 것이다. 애초부터 전통가요를 대중가요로 만든 신민요가 만요와 만나는 지점이 바로 여기이다. 이러한 배경에서 〈선술집 풍경〉 같은 경우는 아예 곡종이 신민요라 기재되기도 하였다.

그에 반해, 〈명물남녀〉(범오 작사, 강홍식·안명옥 노래, 콜럼비아 40768A, 1937.7 발매)는 조직폭력배를 뜻하는 '깍두기'와 카페의 여급을 풍자하는 노래이다. 〈명물남녀〉는 근대에 새롭게 등장한 인물군상을 조롱하는 노래에 걸맞게 그 선율도 서양음악의 선율을 차용하였다. 특히 〈명물남녀〉는 프랭크 크루밋(Frank Crumit, 1889.9.26~1943.9.7)이 부른 코믹한 노래, 〈A Gay Cabellero〉의 선율에 범오가 새롭게 노랫말을 붙인 작품이다. 이처럼 근대 문명의 한 단면을 보여주는 만요는 서양 음악의 형식을 차용함으로써 서민적인 삶을 묘사한 노래와는 다른 느낌을 연출하였다.

앞으로 만요의 음악적 특성에 대한 상세한 고찰도 요구되나 여기서는 주로 그 가사의 내용에 초점을 맞추어서 만요에 나타나는 근대적인 삶의 양상을 구체적으로 살펴보기로 한다.

3. 만요에 나타나는 근대적인 삶의 양상

만요 중에는 근대적인 삶을 반영한 노래가 상당수 있다. 이러한 근대적인 삶의 반영은 크게 세 가지 차원으로 이루어져 있다. 첫째, 신식(新式) 가정의 풍경, 둘째, 새로운 인물군의 출현, 셋째, 어지러운 세태의 반영이 그것이다. 먼저, 신식 가정을 어떻게 묘사하였는지부터 살펴보기로 한다.

1) 신식 가정의 풍경

신식 가정의 풍경을 담고 있는 만요로는 〈월급날 정보〉(조명암 작사, 박시춘 작곡, 김정구 노래, 오케 12186, 1938), 〈신접살이 풍경〉(고마부 작사, 유일 작곡, 장옥조(미스리갈) 노래, 리갈 C429A, 1938), 〈가정전선〉(김용호 작사, 손목인 작곡, 김정구 · 장세정 노래, 오케 12186, 1938), 〈신혼명랑보〉(강영숙 작사, 전수린 작곡, 박단마 · 임영일 노래, 빅타 KJ1281B, 1939), 〈마누라 각하〉(처녀림 작사, 이용준 작곡, 김응선 노래, 태평 8327, 1937), 〈마누라 대문 열어〉(처녀림 작사, 김송규 작곡, 김해송 노래, 콜럼비아 40840B, 1938) 등이 있다.

우리나라에서는 1920년대부터 이상적인 아내와 이상적인 남편, 그리고 그들이 꾸민 '스위트 홈'에 대한 동경이 젊은이들 사이에 만연하였다. 이층 양옥에 부부가 단란하게 피아노를 놓고 살면서 때로는 노래 부르고 때로는 함께 시를 읽는 생활이 1920년대 젊은이들의 꿈이었던 것이다.[9] 1930년대에 이르면 이러한 꿈이 현실이 된다. 핵가족의 출현으로 부부 중심의 생활 방식을 여기저기서 엿볼 수 있게 된 것이다.

당시의 이러한 세태를 반영하면서 신식가정의 풍경을 묘사한 만요도 등장한 것이다.

오늘은 일찍 오마 약속하시고
자정이 지나 한 시 반인데 왜 인제 오세요
내일도 그렇게 늦게 오시면 싫어요
네 꼭 일찍 와요 네
얼른 오세요 네

회사에 취직할 때 월급을 타면
핸드백하고 파라솔하고 사주마 했지요
가을이 다 가도 안 사주시면 몰라요
네 꼭 사주세요 네
사다 주세요 네

가을에 황국단풍 곱게 물들면
석왕사 들러 금강산 구경 가자고 했지요
거짓말 하고서 안 가신다면 안돼요
네 꼭 가주세요 네
같이 가세요 네

— 〈신접살이 풍경〉

(고마부 작사, 유일 작곡, 미스리갈 노래, 리갈 C429A, 1938)

9 권보드래, 『연애의 시대』, 현실문화연구, 2003, 82쪽.

〈신접살이 풍경〉은 말 그대로 신혼살림의 한 단면을 보여주는 노래이다. 가사의 시적 화자는 아내인데, 아내는 지금 늦게 집에 돌아온 봉급생활자 남편을 향해 푸념 아닌 푸념을 하고 있다. 봉급생활자 남편이나 늦게 들어온 남편에게 푸념하는 아내는 전근대적인 가정에서는 찾아보기 힘든 모습이었다. 그러나 1930년대 근대의 풍경 속에서 봉급생활자 내지는 샐러리맨은 더 이상 낯선 존재가 아니었다. 1935년 당시, 서울 모여자고등보통학교 졸업 예정의 여학생들이 가장 선호한 남편감이 샐러리맨이었다는 사실에서 알 수 있듯이,[10] 봉급생활자는 당시 도시 남성의 직업으로 인기가 높았던 것이다.

〈신접살이 풍경〉은 당시 봉급생활자 남편과 그의 아내의 생활을 여실히 보여준다. 아내는 늦게 들어 온 남편에게 내일은 일찍 오라고 말하기도 하고 핸드백과 양산을 사달라고 투정하며 석왕사 들러 금강산에도 구경 가자고 조른다. 그러나 이 작품에서 아내의 목소리는 결코 강한 어조로 약속을 지키지 않은 남편을 나무라는 것이 아니다. 그보다는 오히려 시종일관 애교 섞인 목소리로 남편에게 귀여운 투정을 부리고 있는 것에 가깝다. 후렴구에 여러 번 등장하는 '네'라는 감탄사를 통해서도 이러한 사실을 확인할 수 있다.

이는 직접 노래를 들어보면 더욱 명백해진다. 미스리갈은 간드러진 목소리에 비음을 섞어서 이 노래를 부르고 있는데, 이 노래를 듣고 있노라면 남편을 향한 철없는 아내의 애교에 절로 웃음이 나는 것이다. 이러한 광경은 전근대적인 대가족 생활에서는 엿보기 힘든 것이라고 할 수 있는데, 다음의 노래는 이러한 부부 중심 생활의 단면을 더욱 노골적으로 묘사하고 있다.

---

10 여학생들이 자신들의 남편감으로 샐러리맨을 선호한 것에 대한 구체적인 수치는 「내가 이상(理想)하는 신랑후조건(新郎後條件)」, 『삼천리』, 1935.1 참조.

카바레 출입에 톡톡 털리고
엄청난 마이너스
속빈 월급봉투 노랑돈 두 푼
여보 마누라 여보 마누라
볼 낯이 없구려 볼 낯이 없구려

한 잔이 알을 까 열 잔이 되고
열 잔이 열두 타스
여보 마누라 여보 마누라
볼 낯이 없구려 볼 낯이 없구려

마누라 앞에서 무릎을 꿇고
처분만 기다렸네
웬 걸 홍두깨에 머리가 깨져
아이구 마누라 아이구 마누라
너무나 심해요 너무나 심해요

― 〈마누라 각하〉

(처녀림 작사, 이용준 작곡, 김응선 노래, 태평 8327, 1937)

　〈마누라 각하〉에 등장하는 남편의 직업은 앞서 살펴 본 〈신접살이 풍경〉과 마찬가지로 봉급생활자이다. 그러나 〈신접살이 풍경〉의 시적 화자가 아내인 것과 달리 〈마누라 각하〉의 시적 화자는 남편이다. 남편은 월급봉투를 가지고 카바레에 갔다가 돈을 톡톡 털려서 노랑돈 두 푼만 남겨 가지고 집에 돌아온다. 남편은 아내에게 볼 낯이 없다며 "여보 마누라"만 연신 불러댄다. 이러한 남편에게 돌아온 것은 용서 대

그림 62. 〈마누라 각하〉를 작곡한 이용준(한국 유성기음반 아카이브)

신에 아내의 홍두깨질이다. 하지만 아내의 폭력에 대한 남편의 항변은
그저 "너무나 심해요, 너무나 심해요"라고 말하는 것에 그칠 뿐이다.

　이 작품은 당시 봉급생활자의 일상을 웃음으로 풀어서 보여준다. 당
시의 봉급생활자는 주머니를 두둑하게 만들어준 월급봉투를 가지고
카바레나 카페로 전전하면서 기분을 내다가 빈 봉투를 가지고 집에 들
어가기도 하였던 것이다. 이 작품은 그러한 봉급생활자의 일상을 웃음
으로 그려내었다. 특히 이 작품에서는 가정에서 남편과 아내의 위상이
고정된 것이 아님을 알려준다. 즉 경우에 따라서는 얼마든지 아내 또
한 남편보다 우위를 보일 수 있는 것이다. 게다가 남편의 머리를 홍두
깨로 때리는 아내의 모습을 통해서 1930년대 달라진 가정 내의 풍경을
엿볼 수 있다. 그리고 이는 〈마누라 각하〉라는 제목을 통해서도 확인

할 수 있다. '각하(閣下)'란 특정한 고급 관료에 대한 경칭인데, 마누라를 각하로 경칭함으로써 마누라를 경외하는 남편의 실상을 파악할 수 있는 것이다.

그런가 하면, 다음의 작품은 소시민들의 소망을 보여주는 작품으로 주목된다.

> 만약에 백만 원이 생긴다면은
> 금비녀 보석반지 하나 살테야 흥—
> 그리고 비행기도 한 대 사놓지
> (아이 당신 멋있어)
> (눈이 빙빙 돌아서)
> 아서라 백만원의 꿈을 꾸다가
> 청춘의 이남박을 뒤집어 쓰겠소
>
> 만약에 백만원이 생긴다면은
> 그랜드 피아노도 한 대 살테야 흥—
> 여보소 욕심이란 금전 따위냐
> (아서 그만 난 싫어)
> (울긴 또 왜 울어)
> 이것 참 야단 났군 백만원 꿈에
> 우리네 가정사정 허탕이 다 됐소
>
> 만약에 백만원이 생긴다면은
> 찢어진 치마 적삼 안 입을테야 흥—
> 남은 건 막걸리나 대접합시다

그림 63. 〈백만 원이 생긴다면〉의 광고(『동아일보』, 1937.12.9)

(그건 사서 뭘 해요)

(그건 먹지 무얼 해)

아서라 헛소리에 헛꿈 꾸다가

보리밥 된장찌개 다 식어 버렸네

— 〈백만 원이 생긴다면〉

(남초영 작사, 양상포 작곡, 김정구 · 장세정 노래, 오케 12079A, 1937)

오늘날에도 평범한 소시민들은 '나에게 몇 억이 생긴다면', 또는 '로또에 당첨된다면'과 같은 헛된 꿈을 꾸곤 한다. 그러나 헛된 꿈일지라도 그 꿈을 꾸는 순간만은 행복한 것도 사실이다. 이는 1930년대 대중이라고 해서 다르지 않았다. 당시의 대중도 '노다지를 파낸다면'(〈명랑한 부부〉 김용호 작사, 손목인 작곡, 김정구 · 장세정 노래, 오케 K5018, 1940)이나 위의 작품처럼 '백만 원이 생긴다면'과 같은 행복한 공상에 빠지곤 하였다. 그리고 이는 1930년에 발매된 〈붕까라〉(이애리수 · 전경희 노래, 빅타 49097A, 1930)에서도 이미 엿볼 수 있는 풍경이었다.[11]

1930년대의 서울과 같은 도시에서는 이미 돈을 삶의 가장 중요한 가치로 여기는 물질만능주의가 나타났다. 그러나 돈이 있으면 편하고 좋다는 것을 알면서도 대부분의 소시민들이 풍부하게 돈을 소유할 수는 없었다. 그러한 그들이 할 수 있는 일은 그저 '내게 큰 돈이 생긴다면 이러 이러하겠다'라는 꿈을 꾸어보는 것이다. 〈백만 원이 생긴다면〉에서도 소박한 밥상을 놓고 남편과 아내가 '백만 원이 생긴다면'이란 공상으로 얘기를 주고받는다.

오늘날의 관점에서 백만 원은 큰 돈이 아니다. 그러나 1935년 당시

---

11 〈붕까라〉의 가사와 노랫말 분석은 장유정, 앞의 책, 2006, 103~105쪽을 참조할 수 있다.

봉급생활자의 평균 월급은 50~60원 정도였다.[12] 따라서 백만 원은 당시의 관점으로 상당히 많은 액수의 돈이 아닐 수 없다. 아내와 남편은 백만 원이 생긴다는 가정 하게 대화를 시작하는데, 그 대화의 내용이 사뭇 재미있다. 아내는 백만 원이 생기면 금비녀와 보석반지를 사겠다고 말한다. 그러자 남편은 비행기를 사겠다고 말한다. 이어서 아내가 다시 그랜드 피아노를 사겠다고 하자 남편은 금전 따위에 욕심을 가지냐며 아내에게 핀잔을 놓는다. 아내는 남편의 핀잔에 토라져 싫다고 말하고 눈물까지 흘린다.

실제로 돈이 생기지 않았음에도 불구하고 이미 백만 원이 있는 것처럼 부부가 대화를 하다가 핀잔을 주고 그에 토라지는 모습들이 웃음을 자아낸다. 특히 아내가 말끝에 내뱉는 '흥'이라는 감탄사는 금비녀와 보석반지, 그랜드 피아노를 꿈꾸는 아내의 허영을 단적으로 보여준다. 그러나 이 작품의 묘미는 부부의 공상놀이를 지속시키는 것이 아니라 이것을 일순간에 깨어버리는 데에 있다. 즉 각 절의 후렴구에 등장하는 '허탕', '헛소리', '헛꿈' 등의 표현은 공상놀이를 멈추고 현실로 돌아오게 하는 기능을 한다. 특히 마지막 3절에서 "아서라 헛소리에 헛꿈 꾸다가 보리밥 된장찌개 다 식어 버렸네"는 깨어진 공상놀이 뒤의 현실을 여실히 보여준다.

이처럼 신식 가정의 풍경을 묘사한 작품들은 다양한 내용을 담고 있다. 늦게 들어온 남편에게 애교 섞인 투정을 부리는 아내, 받은 월급을 카바레에서 거의 다 쓰고 집에 돌아왔다가 아내에게 주리경을 치는 남편, 공상놀이 하면서 토닥토닥 말을 주고받는 부부까지, 만요를 통해서 우리는 소시민들의 일상을 엿볼 수 있는 것이다. 이러한 신식 가정

---

[12] 「내가 이상(理想)하는 신랑후조건(新郎後條件)」, 『삼천리』, 1935.1.

의 풍경은 그 이전 시기의 가족제도에서는 결코 찾아볼 수 없는 것으로 근대적인 풍경이라 할 수 있다. 만요는 이처럼 세태를 반영하는 특징을 지니는데, 다음 절에서도 이를 확인할 수 있다.

2) 새로운 인물군(人物群)의 출현

1930년대에 이르면 그 이전 시기에는 찾아보기 어려운 사람들이 등장한다. 예를 들어서 여급이나 조직 폭력배가 그러한 예에 해당한다. 그와 유사한 형태의 직업군은 예전에도 존재하였을 것이다. 그러나 카페에서 술 시중을 드는 직업여성으로서의 여급이나 세력을 형성하여 극장이나 카페를 비호해주고 그것을 통해 돈을 버는 조직 폭력배는 근대에 새롭게 출현한 인물군이다. 〈명물남녀〉는 이들의 모습을 담은 대표적인 만요에 해당한다.

이 몸은 서울 명물 깍두기
모던보이 대표하는 장난꾼
새빨간 넥타이 날 좀 보세요
서울서 나 모르면 실수지

나는 또 누구신데 이러우
직업부인 대표하는 웨이트레스
하나꼬상 고싱끼에 잠은 못 자나
얼간들 녹이는 데 제일이야

그러나 나만 못해 틀렸어
깍두기는 이래봬도 버젓이
신문에도 소개가 된 오입쟁인데
서울서 나 모르면 실수지

웨이트리스 무서운 힘 모르나
광산대왕 아무개도 그렇고
누구누구 이름 있는 세력가들도
우리들 여자에겐 녹았지

세상은 불경기에 빠져도
한가한 인간들은 꽤 많아
장난꾼인 깍두기가 서울 흔들고
웨이트레스 세력에는 놀라워

— 〈명물남녀〉

(범오 작사, 강홍식·안명옥 노래, 콜럼비아 40768A, 1937)

〈명물남녀〉는 여급과 폭력배의 대화로 이루어진 노래이다. 그 내용은 서로 자기가 잘났다며 자신의 대단한 점을 들어 말하는 것으로 이루어져 있다. 그런데 잘난 척하는 내용이 어이없기만 하다. 폭력배는 자신이 신문에도 소개가 되었다며 여급보다 더 잘났다고 말한다. 그러자 이러한 폭력배의 말에 여급은 광산으로 돈을 번 광산대왕이나 이름 있는 세력가들도 모두 자신들에게 녹았다며 자신이 더 대단하다고 말하는 것이다. 폭력 행사로 신문지상에 오르내리는 것이나 남성들을 홀리는 일이 자랑도 아닐 텐데, 폭력배와 여급은 서로 자기가 더 유명하

그림 64. 1920년대 카페의 풍경(「서울행진」, 『조선일보』, 1925.11.5)

다며 옥신거리는 것이다.

　1930년대에 폭력배와 카페의 여급은 서울의 골칫거리가 아닐 수 없었다. 이미 1927년에 여급이 문간에 나와서 고객을 끄는 호객 행위가 문제가 되어서 이를 단속하는 신문 기사가 실리기도 하였던 것이다.[13] 폭력배 또한 '문화도시를 좀 먹는 대경성의 두통거리'로 소개되곤 하였다.[14] 이러한 배경에서 〈명물남녀〉와 같은 만요도 등장할 수 있었다.

　이 노래의 제목은 〈명물남녀〉이나 사실상 여급과 폭력배를 좋은 의미의 명물로 여긴 것이 아님은 그 내용을 보면 쉽게 알 수 있다. 오히려 여급과 폭력배의 목소리를 통해 여급과 폭력배를 풍자하는 것이다. 단

13　『동아일보』, 1927.6.15.
14　「좀먹는 문화도시! 대경성의 두통거리, 거리의 '깽그' 3대 폭력단 해부기」, 『별건곤』 제71호, 1934.3.

순히 여급과 폭력배뿐만 아니라 여급을 찾는 광산대왕이나 세력가들을 '얼간이'라고 함으로써 그들 또한 조롱한다. 그러므로 이 작품은 여급과 폭력배가 판을 치는 서울을 웃음으로 풍자함으로써 부조리한 세태를 드러낸 작품이라고 할 수 있다.

〈명물남녀〉를 위시하여 〈서울명물〉(범오 작사, 강홍식 노래, 콜럼비아 40622B, 1935), 〈제가 잰 척〉(범오 작사, 김준영 작곡, 강홍식 노래, 콜럼비아 40622A, 1935), 〈모던기생점고〉(처녀림 작사, 김송규 작곡, 김해송 노래, 콜럼비아 40820B, 1938)도 당시의 모던보이, 모던걸, 모던기생처럼 새롭게 등장한 인물들을 풍자하는 작품으로 주목된다.

그런가 하면, 만요에는 다음의 작품처럼 '내 멋에 산다'주의의 인물도 등장한다.

아 떨어진 중절모자 빵꾸난 당고바지

꽁초를 먹더래도 내 멋이야

(후렴) 댁더러 밥 달랬소 아 댁더러 옷 달랬소

쓰디쓴 막걸리나마 권하여 보았건디

이래봬도 종로에서는 개고기주사 나 몰라 개고기 주사를(뭐야 이거)

아 여름에 동복 입고 겨울에 하복 입고

옆으로 걸어가도 내 멋이야

(후렴) 댁더러 밥 달랬소 아 댁더러 옷 달랬소

쓰디쓴 막걸리나마 권하여 보았건디

이래봬도 종로에서는 개고기 주사 나 몰라 개고기 주사를(뭐야 이거)

아 안경을 팔에 쓰고 냉수에 초쳐먹고

해뜨면 우산 써도 내 멋이야

(후렴) 댁더러 밥 달랬소 아 댁더러 옷 달랬소

쓰디쓴 막걸리나마 권하여 보았건디

이래봬도 종로에서는 개고기 주사 나 몰라 개고기 주사를(뭐야 이거)

— 〈개고기 주사〉

(김다인 작사, 김송규 작곡, 김해송 노래, 콜럼비아 40824A, 1938)

　　우리나라는 예로부터 체면을 중시하는 경향이 매우 높다. 그러나 〈개고기 주사〉의 시적 화자는 체면을 차리는 일에는 관심이 없다. 그보다는 오히려 "내 멋에 산다"며 도리어 큰소리를 친다. 시적 화자의 직업은 주사이다. 작품에서 주사라는 직업의 실체는 정확하게 알 수 없다. 그러나 아무리 높아봐야 6급 이상의 공무원은 아니라는 것은 알

그림 66. 〈개고기 주사〉의 음반 가사지와 김해송

수 있다. 그럼에도 불구하고 시적 화자의 자신감과 뻔뻔함만은 1급 이상 공무원의 그것에 버금간다.

내 멋에 사는 시적 화자의 모습은 웃음을 유발시킨다. 시적 화자인 주사는 떨어진 중절모자에 구멍 난 당고바지를 입고 꽁초를 먹는다든가, 여름에 동복 입고 겨울에 하복 입고 옆으로 걸어간다든지, 안경을 팔에 쓰고 냉수에 초를 쳐 먹고 해 뜨면 우산을 쓰는 엉뚱한 인간이다. 그러면서도 주사는 자신을 이상하게 바라보는 사람들을 향해 오히려 "댁더러 밥이나 옷을 달라고 하였냐"라며 따진다. 그러면서 자신이 종로에서는 누구나 알아주는 개고기 주사라고 거들먹거린다.

이처럼 제 멋에 겨워 거들먹거리는 인간상은 어그러진 근대가 배태한 인간상이라고 할 수 있다. 양반 의식이나 체면치레를 중시하던 이전 시기와 달리 근대 사회는 인간의 개성을 중시하는 사회라고 할 수 있다. 그러나 개성이라는 것이 단지 '제 멋'을 의미하는 것이 아님은 물론이다. 그럼에도 불구하고 〈개고기 주사〉에서의 시적 화자는 남들이야 뭐라 하든지 간에 자신만 좋으면 그만이다는 생각을 지니고 있는 것이다. 〈개고기 주사〉에서 시적 화자는 주사 자신이다. 따라서 자신의 목소리로 '내 멋에 살겠다'고 말하는 것이다.

이러한 주사의 말은 결국 청자에게 비웃음을 살 뿐이다. 청자들은 주사의 말을 들으면서 개성에 넘치는 근대적인 인간보다는 허장성세를 부리는 어설픈 인간을 떠올리기 때문이다. 이는 각 절 후렴 마지막 부분의 "뭐야, 이건"에서 여실해진다. 노래를 들어보면, 마지막의 "뭐야, 이건"만 가수의 창법이나 음색이 다르다는 것을 알 수 있다. 물론 음색이 다르다는 것만으로 이것이 주사가 청자를 향해 발화하는 것인지, 아니면 청자가 주사를 향해 발화하는 것인지 단정할 수는 없다. 그러나 정말 짜증난다는 듯한 목소리로 "뭐야, 이건"이라고 내뱉는 소리는 개고기 주사의 허세를 단번에 깨뜨리는 효과가 있다. 반대로 "뭐야, 이건"이 주사의 목소리라도 이를 통해 끝까지 허세를 부리는 주사의 태도를 확인할 수 있다. 그러므로 〈개고기 주사〉는 주사의 허장성세를 풍자한 작품이라고 할 수 있다.

이상에서 살펴 본 바와 같이, 만요 중에는 당시에 새롭게 등장한 인물군이 등장하는 작품이 있다. 이러한 인물군은 주로 여급, 조직폭력배, 모던보이, 모던걸과 같이 변화된 근대 사회에서 새롭게 나타난 인물들이라고 할 수 있다. 그러나 만요에서 이들을 바라보는 시선은 곱지 않다. 겉으로는 추켜세우는 것 같지만 만요에서 그들의 행태는 여지없이 조롱당하는 것이다. 이미 1927년에 박영희가 '근대녀'와 '근대남'의 특징으로 모던걸과 모던보이에 대한 논평을 기술하면서 모던걸과 모던보이를 '유산자사회(有産者社會)의 근대적 퇴폐군'이라고 지칭한 바 있다.[15] 만요에서도 근대에 새롭게 출현한 인물들에 대해 동경과 선망보다는 풍자를 통해 그들의 실체를 폭로하고 있다.

3) 어지러운 세태의 반영

만요 중에는 어지러운 세태를 웃음으로 풀어내는 작품들도 있다. 예를 들어 김정구가 부른 〈세상은 요지경〉이 대표적이다. 김정구의 〈세상은 요지경〉은 1993년에 신신애의 〈세상은 요지경〉으로 리메이크되기도 하였다. 신신애는 시종일관 무표정한 얼굴로 엽기적인 춤을 추면

---

15 박영희, 「유산자사회의 소위 '근대녀', '근대남'의 특징, 모던걸·모던보이 대논평」, 『별건곤』 제10호, 1927.12.

서 이 노래를 불러 인기를 얻었었다. 그러면 원곡 〈세상은 요지경〉은
어떤 식으로 당시의 세태를 반영하고 있는지 살펴보기로 한다.

요지경 속이다 요지경 속이다
세상은 요지경 속이다
생글 생글 생글 생글 아가씨 세상
벙글 벙글 벙글 벙글 도련님 세상
애 애 애들아 내 말 좀 듣거라
얼굴이 잘나면 잘나서 살고
못난 사람은 제 멋에 산다
얼싸 음마 둥개 둥개 아무렴 그렇지 둥개 둥개

싸구려 판이다 싸구려 판이다
세상은 싸구려 판이다
찰랑 찰랑 찰랑 찰랑 막걸리 술잔
지글 지글 지글 지글 매운탕 안주
애 애 애들아 내 말 좀 듣거라
곱배기 한 잔에 웃음이 가득
삼팔 수건에 추파가 온다
얼싸 음마 둥개 둥개 아무렴 그렇지 둥개 둥개

물방아 속이다 물방아 속이다
사랑은 물방아 속이다
둥글 둥글 둥글 둥글 뜨내기 사랑
뱅글 뱅글 뱅글 뱅글 뚝배기 사랑

애 애 애들아 내 말 좀 듣거라

홀애비 사정은 과부가 알고

처녀 사정은 총각이 안다

얼싸 음마 둥개 둥개 아무럼 그렇지 둥개 둥개

— 〈세상은 요지경〉

(조명암 작사, 박시춘 작곡, 김정구 노래, 오케 12203B, 1939)

요지경은 상자 앞면에 확대경을 달고 그 안에 여러 그림을 넣어서
들여다보게 한 장치를 말한다. 그런데 〈세상은 요지경〉에서는 '세상이
요지경'이라고 말한다. 이는 그만큼 세상이 알쏭달쏭하고 묘해서 어지
럽게 돌아가는 것을 비유적으로 표현한 말일 것이다. 〈세상은 요지경〉
은 이러한 어지러운 세상을 반복의 기법을 통해 강조한다. 특히 3절의
'둥글 둥글 둥글 둥글'이나 '뱅글 뱅글 뱅글 뱅글'은 모두 어지럽게 돌아
가는 세상을 강조해서 표현한 것으로도 볼 수 있다. 그리고 이러한 반
복은 이 작품을 웃음의 노래로 만드는데 중요한 요인이기도 하다.

그러나 〈세상은 요지경〉은 단지 세상이 요지경이라며 웃는 것에서
만 그치는 노래가 아니다. 반복을 통해 요지경 속 세상을 웃음으로 풀
어낼 뿐만 아니라 '얼굴이 잘 나면 잘나서 살고 못 나면 제 멋에 산다'며
각자 나름대로의 삶이 있음을 말한다. 이는 2절과 3절에서도 마찬가지
로 드러난다. 결국 사람들은 살게 마련이라며 어지러운 세상 속에서도
나름대로 돌아가는 삶을 긍정한다. 그리고 이러한 삶에 대한 긍정은
'얼싸 음마 둥개 둥개 아무럼 그렇지 둥개 둥개'라는 후렴에서도 확인
된다.

근대적인 삶의 어지러운 모습은 사랑에서도 나타난다. 다음의 〈꼴
불견 네거리〉가 그러한 예의 대표적인 작품이 될 것이다.

여보 수일씨 말씀 좀 해요

만나자 무슨말을 한단 말이요

춘향일 죽도록 사랑 한다고

이도령이 알면은 볼기를 맞지

당신만 맘에 들면 오라잇

땅덩이는 빙글빙글 시대는 흘러간다

그렇구 말구 하 하 하

여보 도련님 대답 좀 해요

눈으로 가는 정을 왜 모르나요

심순애를 영원히 사랑 한다고

수일씨가 알면은 종아리 맞지

당신만 오케라면 베리굿

땅덩이는 빙글빙글 시대는 굴러간다

그렇구 말구 하 하 하

이왕지사에 만난 사이니

즐거운 관심 속에 두 맘을 얽어

사내다운 그 모양에 내가 반했소

여자다운 그 태깔에 내가 녹았소

이 밤이 다 새도록 놀아요

땅덩이는 빙글빙글 시대는 굴러간다

그렇구 말구 하 하 하

— 〈꼴불견 네거리〉

(박루월 작사, 남지춘 작곡, 최인호 · 윤금숙 노래, 리갈 C472B, 1939)

〈꼴불견 네거리〉는 당대인들에게 익히 알려져 있는 작품 속의 주인공들을 들어 대화체 형식으로 내용이 전개되는 노래이다. 물론 그 주인공들은 오늘날에도 여전히 유명한 〈춘향전〉의 이도령과 춘향이, 〈장한몽〉의 이수일과 심순애이다. 그런데 작품을 보면, 어디인가 이상하다는 것을 금방 알 수 있다. 작품 속에서 언제나 함께 등장하는 이도령과 춘향이, 이수일과 심순애의 짝이 각각 바뀌어 있는 것이다. 그리하여 이수일과 춘향이가 대화를 하고 이도령과 심순애가 서로 대화를 나눈다. 이렇게 짝을 바꾸어서 대화를 나눈다는 상황 설정 자체가 재미있을 뿐만 아니라 그들이 나누는 대화 또한 우습다.

1절에서는 춘향이가 수일에게 말씀 좀 하라고 한다. 그러자 수일이가 만나자마자 무슨 말이냐고 되묻는다. 이에 춘향이는 춘향이 자신을 죽도록 사랑한다고 말하라 한다. 수일은 춘향의 말에 이도령이 알면 볼기를 맞는다며 슬쩍 발을 뺀다. 그러나 춘향이는 더욱 적극적으로 당신만 맘에 들면 "올 라잇(All right)"이라고 하는 것이다. 주인공이 바뀌기는 하였으나 이는 2절에서도 마찬가지이다. 게다가 작품의 마지막 절에서는 이왕지사에 만난 사이니 밤이 새도록 놀자고 한다.

〈뚱딴지 서울〉(고마부 작사, 정진규 작곡, 유종섭 노래, 콜럼비아 40828A, 1938)이라는 만요에서도 도시 남녀의 하룻밤 로맨스를 꼴불견이라고 풍자한 바 있다.[16] 〈꼴불견 네거리〉도 마찬가지이다. 도시에서 벌어지는 갖가지 연애 사건은 상식에서 벗어나는 것이 많았다. 하룻밤 로맨스를 벌이기도 하고 서로의 짝을 바꾸기도 하고 쉽게 만나서 쉽게 헤어지기도 하는 등, 오늘날 사랑의 행태와 닮은 측면도 있었던 것이다.

〈꼴불견 네거리〉는 연애와 관련된 이러한 당대의 어지러운 세태를

---

16 〈뚱딴지 서울〉의 가사와 작품분석은 장유정, 앞의 책, 221~228쪽을 참고할 수 있다.

웃음으로 묘사하였다. "땅덩이는 빙글빙글 시대는 굴러간다"라는 후렴구는 어지러운 세태를 단적으로 표현한 말이라 할 수 있다. 그러나 만요는 그러한 볼썽사나운 갖가지 연애 사건에 단지 동조하거나 호응만 하고 있지는 않다. 〈꼴불견 네거리〉라는 제목에서 알 수 있듯이, 춘향이와 이수일, 심순애와 이도령이 짝을 맺어서 노는 일은 '꼴불견'일 뿐이다. 결국 〈꼴불견 네거리〉는 우리에게 친숙한 인물을 들어서 당시의 어지러운 세태를 풍자한 작품이라고 할 수 있다.

요컨대, 〈세상은 요지경〉이나 〈꼴불견 네거리〉는 당대의 어지러운 세태를 반영한 만요라고 할 수 있다. 〈세상은 요지경〉이 세상 자체의 어지러운 세태를 드러냈다면 〈꼴불견 네거리〉는 사랑과 관련된 어지러운 당시의 상황을 묘사하였다고 볼 수 있다. 이러한 작품들은 당시의 세태를 웃음으로 풍자하였다는 점에서 그 의미를 지적할 수 있다.

4. 맺음말

이상으로 20세기 전반기 대중가요의 한 갈래인 만요를 중심으로 만요에 나타나는 당대인의 근대적인 삶을 살펴보았다. 만요에 나타나는 근대적인 삶의 양상은 크게 세 가지로 나눌 수 있다. 첫째, 신식 가정의 풍경, 둘째, 새로운 인물군의 출현, 셋째, 어지러운 세태의 반영이 그것이다.

먼저 신식 가정의 풍경은 달라진 가정 내의 풍경을 드러냈다. 부부를 중심으로 이루어진 핵가족의 등장은 이전 시기에는 보기 어려웠던 갖가지 풍경을 연출하였던 것이다. 또한 만요에는 새로운 인물군이 출현한다. 대체로 모던걸, 모던보이, 여급, 조직폭력배들이 그들이다. 만요는 이들을 웃음으로 풍자함으로써 근대의 어두운 면모를 폭로한다. 아울러 만요는 어지러운 세태를 반영하기도 한다. 특히 근대의 달라진 사랑 방식은 만요에서 '꼴불견'으로 간주되기도 한다. 만요는 근대적인 삶의 모습들을 웃음으로 드러내되, 근대문화를 동경하거나 추종하기보다는 근대문화에서 나타나는 부작용과 부조리를 폭로하였다는 점에서 그 의미를 찾을 수 있다.

　본고에서는 이제까지 거의 소개된 적이 없었던 만요의 작품 분석을 시도하였다. 그러나 지면의 제한으로 근대적인 삶에 상응하는 서민적인 삶을 묘사한 만요까지는 다루지 못하였다. 앞으로 다른 논고를 통해 만요에서 서민적인 삶이 어떻게 그려졌으며 그 의미가 무엇인지를 고찰할 것이다. 아울러 웃음의 기법에 주목하여 만요가 어떤 웃음의 전략을 사용하여 웃음을 이끌어내는지에 대해서도 살펴볼 것이다. 이에 대한 논의는 다음으로 미룬다.

참고문헌

『동아일보』

「내가 이상(理想)하는 신랑후조건(新郞後條件)」, 『삼천리』, 1935.1.

「좀먹는 문화도시! 대경성의 두통거리, 거리의 '깽그' 3대 폭력단 해부기」, 『별건곤』
　　　제71호, 1934.3.

권보드래, 『연애의 시대』, 현실문화연구, 2003.

김점도 편, 『유성기음반 총람자료집』, 신나라레코드, 2000.

김창남, 「유행가의 성립과정과 그 문화적 성격」, 『노래』 제1권, 실천문학사, 1995.

박영희, 「유산자사회의 소위 '근대녀', '근대남'의 특징, 모던걸·모던보이 대논평」,
　　　『별건곤』 제10호, 1927.12.

장유정, 『오빠는 풍각쟁이야—대중가요로 본 근대의 풍경』, 민음in, 2006.

조동일, 『한국문학통사』 5, 지식산업사, 1994.

최동현·김만수, 『일제강점기 유성기 음반 속의 대중희극』, 태학사, 1997.

최동현·임명진 편, 『유성기음반 가사집』 5·6, 민속원, 2003.

한국고음반연구회 편, 『유성기음반 가사집』 (3), 민속원, 1992.

＿＿＿＿＿＿＿＿＿, 『유성기음반 가사집』 Ⅰ·Ⅱ, 민속원, 1998.

＿＿＿＿＿＿＿＿＿, 『유성기음반 가사집』 (4), 민속원, 1999.

한국정신문화연구원 편, 『한국 유성기음반 총목록』, 민속원, 1998.

제2부
근대 대중가요와 연예인

이 땅에서 '별'로 산다는 것은[1]

대중가수의 탄생에서 귀환까지

1. 머리말

음(音)으로 표현된 민중의 감정이 가장 솔직하고 직감적(直感的)으로 나타나는 곳에 유행가의 특성이 있는 것입니다. '아스피린'이 감기에 필요한 진정제인 것과 마찬가지로 유행가 역시 민중의 정신적인 위무제(慰撫劑)라고 할 수 있습니다. 다시 말하면 오늘날 유행가는 경향(京鄉)을 물론하고 수많은 민중의 애호의 대상이 되고 따라서 음악적으로는 저급하다 치더라도 민중의 정신생활에 한 커다란 위안물로서의 큰 힘을 차지하고 있는 것은 사실이니만큼 단순히 유행가 표현하는 감정이 예술적으로는 얕다 할지언정 오직 그 표현되는 감정만은 거짓이 없는 것임을 인식할 필요가 있습니다.[2]

---

1 「이 땅에서 '별'로 산다는 것은 – 대중가수의 탄생에서 귀환까지」, 『역사비평』 90호, 역사비평사, 2010.

그림 67. 가수 채규엽
(한국 유성기음반 아카이브)

2   채규엽, 「유행가는 탄식한다」, 『삼천리』, 1933.3.

위의 인용문은 우리나라 최초의 싱어송라이터(singer-songwriter)이자 학사 가수였던 채규엽이 『삼천리』 1933년 3월호에 실은 「유행가는 탄식한다」라는 글의 일부이다. 그는 이 글에서 대중가요의 주된 기능을 명확하게 파악해서 밝히고 있다. 그것은 바로 대중가요가 민중을 위로해주는 '위무제'로서의 역할을 한다는 것이다. 이는 오늘날도 마찬가지이다. 대중가요의 주된 기능은 다른 그 무엇이 아니라 대중의 마음을 기쁨, 혹은 슬픔으로 어루만져주고 위로해주는 것이다. 초창기 대중가요도 별반 다르지 않았다. 오늘날과 마찬가지로 한쪽에서는 대중가요의 상업성과 저속성을 비판하지만 대중은 대중가요 한 곡에 울고 웃으며 위로를 받았다. 그리고 대중은 대중가수를 선망하고 그들의 노래에 열광하였다. 그러면 우리나라에 처음으로 대중가수가 등장한 것은 언제일까?

대중가수의 출현은 대중가요의 형성과 때를 같이한다. 우리나라 대중가요의 역사는 1930년대부터 본격적으로 시작되었다고 볼 수 있다. 물론 그 이전에도 대중가요라고 칭할 수 있는 노래와, 노래 부르는 일을 업으로 삼은 전문적인 소리꾼이 존재하였다. 게다가 1907년 우리나라에 처음으로 상업 음반이 발매된 이래로 본격적인 대중가요가 등장하기 전까지 음반의 대부분을 차지했던 민요, 잡가, 판소리와 같은 전통가요에서도 대중음악적인 요소를 찾을 수 있다. 그러나 오늘날 우리가 익히 알고 있는 대중가요는 외래문화와의 교섭 속에서 새롭게 출현한 것으로, 전통가요와는 다른 것이다. 대중가요는 처음부터 전문적인 작사자와 작곡자가 가수에게 부르게 할 요량으로 만든 작품이자 상품에 해당한다고 할 수 있다.[3]

---

3   대중가요의 정의에 대해서는 장유정, 『오빠는 풍각쟁이야 ─ 대중가요로 본 근대의 풍경』, 민음in, 2006, 21~22쪽을 참고할 수 있다.

그림 68. 1930년대 음반 가게 풍경

대중가요가 작품이자 상품으로 존재한다는 것은, 그것이 애초부터 경제적인 원리의 지배를 받았다는 것을 의미한다. 1930년대는 이른바 콜럼비아, 빅타, 오케, 시에론, 태평, 포리돌의 6대 음반회사와 그 외의 군소 음반회사들이 난립하여 각축을 벌였던 시기이다. 음반회사들은 일차적으로 이윤을 내는 것이 목적이었기 때문에 당대인들의 기호에 맞는 노래를 만들어 상품화 하기 위해 고심하였다. 각 음반회사 문예 부장들의 좌담회 내용을 옮겨 적은 「신춘에는 어떤 노래 유행할까?」 (『삼천리』, 1936.2)와 같은 글은 당시의 음반회사들이 대중의 기호를 파악하기 위해 얼마나 부심했는지를 단적으로 보여주는 사례이다. 특히 인기 가수는 음반 판매율에 상당한 영향을 끼치기 때문에 좋은 가수를 영입하기 위한 음반회사들 간의 쟁탈전마저 벌어지기도 하였다.

"별들(stars)을 지상으로 데려오고 싶어 하는 욕망이 이 시대의 본질적인 경향 중의 하나"[4]라는 말처럼, 대중은 밤하늘에 반짝이는 별들을 동경하듯이 '스타'를 동경한다. 그리하여 스타는 숭배의 대상이 되고 종교가 차지하던 자리를 대신하고 있는 듯한 모습마저 보여준다. 인기 연예인을 지칭하는 '스타'라는 말은 일본을 통해 소개된 서구 영화의 영향으로 1930년대에 이미 사용되었고,[5] '인기 배우'나 '인기 가수'와 같은 표현도 1930년대는 보편화되었다. 오늘날 우리가 알고 있는 연예계의 많은 모습이 이 시기에 이미 자리잡아가고 있었다.

더욱이 신문과 잡지는 당대 인기 연예인과의 면담 내용을 실어서 대중의 호기심을 충족시켰고, 그들에 대한 대중의 열광을 부추겼다. 『삼

4　Thorp, *America at the movies*, Londres, Faber and Faber, 1945, p.54.(에드가 모랭, 이상률 역, 『스타』, 문예출판사, 1992, 53쪽에서 재인용)

5　1930년대 잡지에서 '스타'라는 용어가 제목에 사용된 예로는 「영화 스타의 모험 대역」(『별건곤』, 1931.3), 「당대인기 스타, 나운규씨의 대답은 이러합니다」(『삼천리』, 1936.4), 「스타의 고백」(『삼천리』, 1938.8) 등을 들 수 있다.

천리』에 실렸던 「인기 가수의 예술·사생활·연애」와 같은 글은 오늘날 여성 잡지나 인터넷 기사의 수많은 부분을 차지하고 있는 '스타의 사생활 엿보기'의 고전판이라고 할 수 있다. 그러나 그들의 삶이 언제나 화려하게 반짝이기만 했던 것은 아니다. 이 글에서는 일제강점기 연예인 중에서 대중가수를 중심으로 그들의 애환을 살펴보고자 한다.

2. 별들의 탄생

대중가수가 출현할 수 있었던 것은 그들을 선발해서 관리할 수 있는 체제가 마련되어 있었기 때문이다. 1930년대는 '레코드의 홍수' 내지는 '레코드 황금시대'라 불릴 정도로 음반 산업이 활기를 띤 시기였다.[6] 대중매체가 등장하기 전까지 음악 공연은 한정된 공간에서 일회적으로 이루어졌다. 그러나 유성기와 라디오 같은 대중매체가 등장하면서 상황이 달라진 것이다. 마셜 매클루언(Marshall Mcluhan)이 유성기를 '장벽이 제거된 음악당'이라고 했듯이,[7] 유성기는 동시간대에 광범위한 지역에서의 음악 청취를 가능하게 했다. 이른바 '음악의 대중화'가 가능해진 것이다. 이러한 상황에서 본격적인 의미의 대중가요도 등장할 수 있었다.

지금도 음반 기획사가 있어서 가수의 선발부터 음반 제작, 홍보 등

---

6 1930년대 유성기와 음반의 인기에 대해서는 장유정, 앞의 책, 49~56쪽을 참고할 수 있다.

7 마셜 매클루언, 육은정 역, 「축음기─국민의 가슴을 위축시킨 장난감」, 『외국문학』제28호, 열음사, 1991, 115쪽.

모든 일을 담당하고 있듯이, 1930년대에도 음반회사의 문예부에서 그러한 일을 담당했다. 문예부는 음반 제작에 대한 기획에서부터 매달 신보를 배정하고 음반을 제작하여 판매부에 넘기기까지의 모든 일을 담당하는 부서였다.[8] 그리고 이 부서를 총괄하는 문예부장은 전년도에 유행한 가요의 동향을 살펴서 대중의 취향을 파악하고 이를 토대로 앞으로 유행할 가요를 예상하기도 했다.

특히 좋은 가수의 선발은 음반의 성패를 좌우하는 중요한 일이 아닐 수 없었다. 오늘날과 마찬가지로 1930년대에도 각 음반회사는 전속으로 작곡가, 작사가, 가수를 두었기 때문에 인기 있는 대중가요인을 영입하는 것은 회사의 이윤과 직결되는 중요한 일이었다. 그 때문에 각 음반회사는 좋은 가수를 영입하기 위해 분투했고 자신의 회사로 가수를 데려오기 위헤 서로 쟁탈전을 벌였다. 요즈음에도 종종 가수들의 전속 계약 문제가 불거지는 것처럼 당시에도 전속 계약과 관련한 문제가 발생하곤 하였다.

단적인 예를 들면, 당시 포리돌의 문예부장으로 있었던 왕평은, 왕수복이 콜럼비아와 전속 계약을 맺기 전에 자신이 먼저 계약하려고 그녀를 잠시 숨게 하였다.[9] 그리고 오케의 지점장으로 있었던 이철은 우연히 이난영의 목소리를 들은 후, 이미 태평과 전속 계약을 맺기로 약속이 되어 있던 그녀를 데려오기 위해 갖은 수단을 동원했다. 오케의 모든 직원들이 변장을 하고 밤중에 태평 회사를 포위하기도 했으며, 자동차 추격을 벌이까지 했다.[10] 그런가 하면, 전속계약을 잘 몰랐던 황금심이 오케와 빅타에 이중계약을 하면서 오케와 빅타의 싸움이 법

---

8 김준영, 「문예부장의 제작 고심기」, 『조광』 1938. 2.
9 「명가수를 엇더케 발견하엿든나」, 『삼천리』, 1936. 11.
10 「레코드의 열광 시대」, 『별건곤』, 1933. 11.

그림 69. 이서구와 1930년대 최고 인기를 구가한 가수 왕수복(『중앙』, 1934.11)

정으로까지 간 적도 있었다.[11]

음반회사들의 이러한 경쟁 속에서 인기 가수가 출현했다. 당시의 인기 가수 중에서 남성 가수로는 최남용, 김용환, 채규엽, 남인수, 김정구, 고복수, 이규남, 강홍식, 김해송, 백년설, 윤건영, 이인권 등을 들 수 있고, 여성 가수로는 이난영, 강석연, 이화자, 박향림, 이은파, 선우일선, 김복희, 장세정, 왕수복, 이애리수, 박단마, 황금심 등을 들 수 있다.[12] 강홍식과 최남용은 배우 겸 가수였으나, 남성 가수는 대개 직업 가수였다. 특히 고복수와 윤건영처럼 가수 선발 대회를 거쳐 가수에 입문한 경우도 있었다.

---

11 박찬호, 『한국가요사』 1, 미즈북스, 2009, 373~374쪽.
12 일제강점기 인기 가수에 대해서는 장유정, 앞의 책, 68~72쪽을 참고할 수 있다.

黄琴心孃

그림 70. 가수 황금심(한국 유성기음반 아카이브)

그림 71. 1936년경의 윤건영(한국 유성기음반 아카이브)

이에 반해서 여성 가수는 1930년대 전반에는 배우 가수의 활동이 두드러졌고, 1930년대 중반에는 기생 가수, 1930년대 후반에는 직업 가수의 활동이 두드러졌다. 강석연과 이애리수가 배우 가수라면, 이화자, 이은파, 선우일선, 김복희, 왕수복 등은 기생 가수였다. 초창기 여성 대중가수의 대부분이 배우나 기생 출신이었던 것은 당시의 사회적 인식과 무관하지 않다. 오늘날 수많은 청소년들이 가수의 꿈을 꾸고, 여성 대중가수가 '여신(女神)'의 대접을 받기도 하지만, 예전에는 가수라는 직업에 대한 인식이 좋았다고 보기 어렵다. 특히 여성이 가수라는 직업을 갖기는 더욱 어려웠다. 그러므로 여성의 사회 진출이 전혀 이루어지지 않았던 1900년대 초에 기생이 마이크 앞에 서서 노래를 부르고 음반

그림 72. 1936년경의 고복수(한국 유성기음반 아카이브)

을 녹음했던 것은 당연하고도 자연스러운 일이었다고 할 수 있다.[13]

무대 경험이 있는 배우와 기생학교나 권번에서 몇 년 동안 가무 등을 익힌 기생들은 이른바 '준비된 연예인'이었다. 오늘날에도 가수로 데뷔하려면 최소 2년에서 최고 5년 이상의 연습생 시절을 거친다고 한다. 구성원들마다 조금씩 다르기는 하지만 '소녀시대'도 데뷔 전에 5년 정도의 연습생 시절을 거쳤고, '원더걸스'의 선예는 6년, '2AM'의 조권은 무려 8년 동안의 연습생 시절을 보냈다. 1930년대에 활동한 배우 가수와 기생 가수가 대중가요 가수를 목표로 준비한 것은 아니나, 배우 가수의 무대 경험과 기생 가수의 기생 학교 수업은 그들이 대중가수로 활동하는 데 상당한 도움이 되었을 것이다.

3년제로 이루어진 평양기생학교를 예로 들어 보자. 1934년 당시 평양기생학교에 재학 중인 총 학생 수는 250명 정도였는데, 3년 과정을 마치고 기생학교를 졸업하면 이들은 각지에 흩어져 기생 활동을 했다. 10대 초·중반의 여학생들은 이곳에서 가곡, 서화, 창가, 무용, 일본패, 산술, 국어, 시조, 가사, 잡가 등을 배웠다.[14] 학생들은 기생학교에서 전통 노래와 춤은 물론 일본 노래와 신식 노래까지 섭렵하였던 것이다. 그러므로 평양기생학교를 졸업한 왕수복과 선우일선이 1930년대 중반에 최고의 인기 가수가 된 것은 결코 우연의 일이 아니다.

한편 당시의 가수들은 월급을 받았는데, 그 액수는 음반회사나 가수의 지명도에 따라 달랐다. 월급 외에 음반을 취입할 때마다 수당을 받은 가수들의 취입료는 갑·을·병·정의 등급에 따라 다르게 책정되

---

13 우리나라의 첫 상업 음반은 1907년에 미국 콜럼비아에서 제작한 것으로 알려져 있다. 〈유산가〉, 〈산염불〉, 〈양산도〉와 같은 전통음악이 실려 있는 이 음반에서 노래를 불렀던 사람은 악공 한인오와 관기 최홍매 등이었다. 결국 전통음악을 익히 알고 있는 기생들이 초창기 음반 작업에 관여한 것은 필연적이었다고 볼 수 있다.(위의 책, 89~95쪽)
14 「평양기생학교구경, 서도 평양의 화류청조」, 『삼천리』, 1934.6.

그림 73. 평양기생학교의 신식 춤 공연(박민일 소장본)

그림 74. 평양기생학교에서 기생들이 수업 받는 모습

이 땅에서 '별'로 산다는 것은 237

었다. 1933년 당시 노래 2곡을 부르고 받는 취입료는 갑이 100원, 을이 60원, 병이 30원, 정이 20원으로,[15] 갑과 정의 차이가 무려 5배나 된다. 예나 지금이나 가수들 사이에 부의 양극화가 이루어졌음을 알 수 있다. 돈과 명성을 모두 거머쥔 채 대중의 시선과 사랑을 한 몸에 받는다는 것은 분명히 매력적인 일이 아닐 수 없다. 그러면 1930년대 대중가수의 인기가 어느 정도였으며 대중은 이들에게 어떻게 반응하였는지를 살펴보기로 한다.

3. 별들의 향연

1930년대의 각 음반회사들은 가수들을 홍보하고 음반을 많이 팔기 위해 다양한 판매 전략을 사용하였다. '미스코리아'나 '미스리갈'처럼 '얼굴 없는 가수(복면 가수)'를 활용한 신비주의 전략도 그러한 판매 전략 중의 하나이다.[16] 또한 음반 가게 앞에는 커다란 광고물(arch)이 서 있었고, 수천 장의 노래 가사지가 가게 앞에 쌓여 있어서 행인들은 그 가사지를 보고 확성기에서 흘러나오는 노래를 따라 불렀다. 때로는 수백 명이 모여서 '가두 합창'을 하는 바람에 순사가 출동하기도 했다고 한다. 음반회사는 매달 신보를 발간하고 신문이나 잡지에 선전 광고를 싣고, 가수들의 브로마이드를 돌리기도 하였다. 하늘에는 광고 풍선

---

15 「육대 회사 레코드전」, 『삼천리』, 1933.5.

16 20세기 전반기 음반회사의 마케팅 전략에 대해서는 장유정, 「20세기 전반기 음반회사의 마케팅 전략에 대한 일고찰」, 『한국음반학』 제14호, 한국고음반연구회, 2004를 참고할 수 있다.

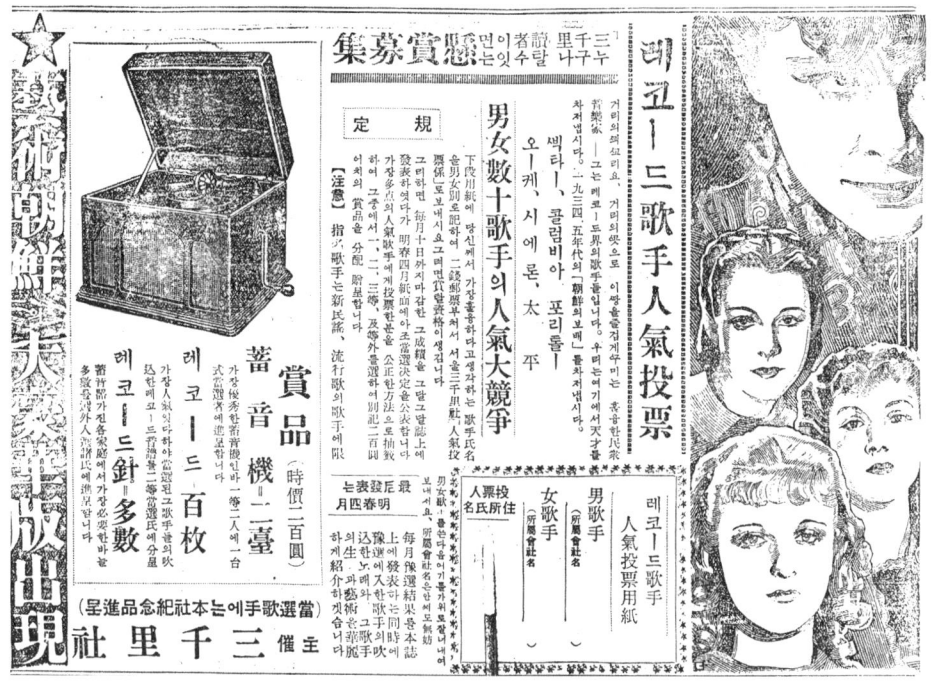

그림 75. 『삼천리』에서 실시한 인기 가수 투표 광고(1935)

(adballoon)이 떠 있고, 백화점 진열장은 신보 광고로 천연색을 이루었으며, 비행기로 광고지를 뿌린 일도 있었다.[17] 이를 통해서 1930년대 음반회사들의 홍보가 얼마나 적극적이고 다채롭게 이루어졌는지를 짐작할 수 있다.

이러한 홍보 속에서 인기 가수는 등장하였다. 1935년에 삼천리사 (社)가 주최한 '레코드 가수 인기투표'는 인기 가수에 대한 당시 대중의 호응을 가늠할 수 있는 대표적인 사례이다. 1935년 1월에 제1회 투표를 시작으로, 1935년 9월에 마감한 이 투표에 참여한 투표자의 최종 표

---

17 한국문화방송주식회사 편, 『가요반세기』, 성음사, 1980, 34쪽.

수는 1만 130표에 달하였다. 게다가 신징[新京]과 하얼빈[哈爾賓]에서부터 상하이[上海], 하와이, 북아메리카에 이르기까지 우리나라 사람이 사는 곳이라면 어디든지 투표용지가 왔다고 하니, 당시 가수에 대한 대중의 관심이 상당했음을 알 수 있다.

1위에서 5위까지의 최종 순위를 보면, 남성 가수는 채규엽, 김용환, 고복수, 강홍식, 최남용의 순서였고, 여성 가수는 왕수복, 선우일선, 이난영, 전옥, 김복희의 순서였다.[18] 여성 가수 중에서 왕수복, 선우일선, 김복희는 모두 기생 가수이므로, 이러한 인기투표는 1930년대 중반에 기생 가수가 최고의 인기를 구가했음을 증명해 준다. 이 시기 기생 가수의 인기는 1930년대 중반 신민요의 인기와 궤를 같이한다. 기존의 민요를 대중화·세속화하는 과정에서 형성된 신민요는 당시 우리 것을 갈망하던 대중의 호응에 힘입어 1930년대 중반에 상당한 인기를 얻었고,[19] 주로 신민요에 특장을 지녔던 기생 가수들의 인기도 더불어 높아졌던 것이다.[20]

당시의 인기 가수는 오늘날과 마찬가지로 부와 명성을 동시에 거머쥐었다. 그 당시, 왕수복은 못 벌 때 한 달에 300~400원을 벌었고, 많이 벌 때는 700~800원을 벌었다. 당시 여차장의 월 평균 급여가 20~30원이고, 간호사나 교사 또는 기자의 월 평균 급여가 50원 내외였다는 것을 감안할 때, 왕수복이 한 달 수입이 상당했음을 알 수 있다.[21] 더 나

---

18 일제강점기 레코드 가수 인기투표에 대해서는 장유정, 앞의 책, 149~153쪽을 참고할 수 있다.

19 신민요의 대중가요적 성격에 대해서는 장유정, 「신민요와 대중가요」, 『근대의 노래와 아리랑』, 소명출판, 2009를 참고할 수 있다.

20 당시에도 기생 가수의 약진을 기현상으로 보면서도 기생 가수의 존재를 필연적인 것으로 인식하고 있었다. 대중가요 작사가이자 콜럼비아 음반회사의 문예부장을 역임한 이하윤의 말을 빌리면, "민요의 전통을 계승한 기생 가수는 민요적인 노래나 거기에서 한걸음 나아간 노래의 말과 곡의 기분을 모두 잘 이해하고 능란히 부르는 창자"(「조선문화의 재건을 위하여」, 『사해공론』, 1936.12)였던 것이다.

그림 76. 1934년경의 왕수복(한국 유성기음반 아카이브)

21 장유정, 앞의 책, 2006, 70쪽.

아가 일본 대중가요도 유창하게 불렀던 왕수복은 도쿄[東京]과 오사카 [大阪] 등지에서 '미스 오상'이라는 이름으로 명성을 떨쳤다.[22] 그런가 하면 다른 기생 가수인 김복희는 음반 녹음하러 평양에서 서울에 올 때, 애호가(fan)가 마련해 준 비행기를 타고 와서 '비행기 원정'이라는 신조어까지 만들어 냈다고 한다.[23] 이처럼 당시 대중가수들의 인기도 지금처럼 대단했음을 알 수 있다.

당시의 애호가들은 오늘날의 애호가들과 마찬가지로 자신이 좋아 하는 인기 가수에게 '애호가 편지(fan letter)'를 보내거나 그들을 직접 찾 아가기도 했다. 예를 들어, 왕수복, 선우일선, 김복희 등은 1936년 당시 하루에 대여섯 장 정도의 편지를 받았다.[24] 그 때문에 각 가수가 속한 음반회사로 오는 편지가 한 달에 수백 장에 달했다고 한다. 더러 극성 애호가들은 자신이 좋아하는 가수들을 직접 찾아가기도 했다. 공연이 끝난 뒤에 고복수와 김용환의 애호가가 그들을 찾아가 눈물을 흘렸던 이야기는 인기 가수와 그들의 노래에 대한 대중의 호응을 잘 보여주는 사례가 될 것이다.[25]

그러나 때로는 이러한 인기 가수에 대한 애정은 어긋난 방식으로 표 출되어 사회적 물의를 빚기도 한다. 최근 아이돌 그룹의 일부 극성 애 호가(fan)들이 벌인 '혈서 사건'이 문제가 되었는데,[26] 일그러진 애정에 서 비롯한 혈서 사건은 1930년대에도 있었다. 당시의 작곡자 손목인의

22 『매일신보』, 1935.1.3.
23 『조선일보』, 1937.1.6.
24 「인기 가수 좌담회」, 『삼천리』, 1936.1.
25 장유정, 앞의 책, 2006, 159~161쪽.
26 2009년 11월에는 '2PM'의 멤버 택연의 팬이 "너는 나 없이 살수 없어"라고 쓴 혈서가, 2009년 12월에는 '엠블랙' 멤버 이준의 팬이 "나를 잊지마. 난 너 밖에 없어. 사랑해"라고 쓴 혈서가 공개되었다. 2010년 1월에는 '원더걸스'의 극성팬이 해외 활동 중인 '원더걸스'를 향해, "원더 걸스, 돌아와"라는 혈서를 써서 인터넷에 올렸다.

회상에 따르면, 인기 가수 고복수의 극성팬이 손수건에 혈서로, '사랑 애(愛)' 자를 적어 보내 고복수가 질겁했다는 것이다.[27] 이처럼 일부 극성 애호가들의 행동이 빈축을 사기도 하지만 예나 지금이나 인기 가수와 그들이 부른 노래는 우리의 마음을 위로해준다.

　사실상 녹록치 않은 삶을 살아가면서 위로가 되는 것은 결코 대단하거나 거창한 것이 아니다. 때로는 대중가요 한 곡이 커다란 힘이 되기도 하는 것이다. 1938년에 인기 가수 황금심은 자신이 연주 여행을 다녀오면 회사에 상당수의 편지가 쌓여 있었다면서, 그 중의 한 편지 내용을 다음과 같이 소개했다.

　　그 어느 때는 "인생고해(人生苦海)를 저어가기가 너무도 괴로워 몇 번이나 자살을 시도했는데, 당신의 노래를 듣고는 다시 살 생각이 났다" 나요. 한편 우습기도 하지만 제가 제 노래로써 한 사람의 생명을 건졌거니 하고 생각하면 웃음만으로 돌리고 싶지도 않습니다.[28]

　이처럼 인기 가수에게 열광하는 대중은 예나 지금이나 그들의 노래를 들으며 위안을 받곤 한다. 실연을 당한 사람, 타지에 살면서 고향이 그리운 사람, 외롭고 고독한 사람들에게 인기 가수와 그들이 부르는 노래는 삶을 살아가게 하는 원동력이 될 수 있는 것이다. 아무리 삶이 팍팍하고 힘들어도 자신이 좋아하는 가수의 노래 한 곡에 힘을 얻고 희망을 챙기기도 한다. 그리고 이는 일제강점기의 대중이나 현대의 대중이나 별반 다르지 않다.

　당시의 인기 가수들은 전국 각지로 공연을 다녔다. 1937년 중일전쟁

27　손목인, 『못다 부른 인생 찬가― 손목인의 타향살이』, 도서출판 HOTWIND, 1992, 56~57쪽.
28　「인기 유행 가수의 심경을 들음」, 『조광』, 1938.7.

그림 77. 오케 회사의 이철

이후에 일제의 음반 검열이 강화되면서, 가수들의 활동이 음반에서 공연 중심으로 옮아갔다. 오케 회사의 이철이 주도하여 구성한 '조선악극단'의 지방 공연 풍경을 보자. 가수, 무용가, 배우, 코미디언, 연주가 등 수십 명으로 구성된 '조선악극단'은 지방 공연을 가면 공연에 앞서 '가두 행진(parade)'을 했다. 북을 치고 나팔을 불면서 최신 유행가를 불렀던 이 행진에서는, 악대에 이어 인기 가수를 태운 인력거의 행렬이 이어졌다. 인력거에는 가수의 이름이 적힌, 길이 2m, 폭 40cm의 깃발이 걸려 있어서 공연에 어떤 가수가 나오는지를 알려주었다. 그리고 행렬의 마지막에는 가장 인기 있는 가수를 배치하였는데, 이는 늦게 나온 사람들에게 마지막 인기 가수의 얼굴이라도 보여주려는 배려이자 홍보 전략이었다.[29]

1936년의 '인기 가수 좌담회'에 참가한 가수들의 말을 빌리면, 지방 공연에서 환호를 가장 많이 보내주는 관객은 함경도 지방의 관객이고, 평양 지역의 관객도 열렬히 환영해주었다고 한다. 흥행 성적이 가장 좋은 지역은 서울, 평양, 대구이고, 그 다음으로는 전주, 광주, 목포, 원산 등지였다. 서울에서는 하루에 700~800원의 수입을 벌어들였고, 그 외 지역에서도 하루 저녁에 300~400원 정도를 벌었다.[30] 왕수복의 한 달 수입에 해당하는 액수를 공연으로 하루 저녁에 벌어들였으니 엄청난 액수가 아닐 수 없다. 이처럼 대중가수들은 그 전까지 사람들의 인기를 끌었던 기생이나 광대를 점차 대신하면서 명실공히 최고의 인기를 구가한 것이다.

그러나 인기 가수로서의 삶이 언제나 화려하고 즐거운 것만은 아니었다. 모든 것에는 이면이 존재하게 마련이고, 우리가 이면을 보지 못

---

29 고복수, 『가요계 이면사』, 조인스닷컴, 2004, 60쪽.
30 「인기 가수좌담회」, 『삼천리』, 1936.1.

그림 78. '조선악극단'의 기념 사진

하는 한 우리는 어떤 대상의 한 쪽 면만을 보게 된다. 인기 연예인은 마치 '반신반물(半神半物)'처럼 신이면서 동시에 상품으로 존재했다. 대중이 인기 연예인을 우상과 상품으로 대하는 태도는 양가(兩價)적이었고, 이 때문에 인기 연예인은 때로 고통을 당하거나 비애를 느끼기도 했다. 어느 날 갑자기 '스타'가 되는가 하면, 치솟은 인기는 한순간 물거품처럼 사라지기도 한다. 게다가 일제강점기라는 시대적인 특수성으로 인해서 겪어야 하는 어려움도 있었다. 풍족하고 화려한 삶 뒤에 자리한 인기 가수들의 짙은 그늘을 좀 더 들여다보기로 하자.

4. 별들의 비애

1930년대를 풍미했던 가수 중에서 쓸쓸한 말로를 보여준 대표적인 가수로는 이화자를 들 수 있다. '민요의 여왕'이라 불렸던 기생 가수 이화자는 요염한 이미지를 통해 1930년대에 상당한 인기를 얻었다. 이화자는 자신의 고향인 인천에서 기생 생활을 하다가 작곡가이자 가수로 활동하던 김용환에게 발탁되어 가수 생활을 시작했다. 가는 곳마다 이화자의 노래가 흘러나와 하루아침에 '이천만의 연인'이 된 그는 요염한 자태와 고운 목소리로 가는 곳마다 염문을 뿌렸다. 쇼 무대에 '가짜 이화자'가 등장할 정도였다고 하니, 그의 인기가 얼마나 대단했는지를 알 수 있다.[31]

이른바 '스타'가 된 이화자에게는 남아 돌 정도의 돈이 들어왔고, 그에 따라 그녀의 콧대도 높아져 갔다. 가는 곳마다 남자와의 추문에 휘말리곤 했던 이화자는 아편에까지 손을 대기 시작했다. 무대 위에서는 여왕 대접을 받았으나 순회공연 중에 아편이 떨어지면 한바탕 소동이 벌어질 정도였다고 하니, 무대 위와 무대 뒤에서의 상반된 모습을 짐작할 수 있다. 아편에 찌든 그녀의 삶은 무척이나 비참했으며, 쓸쓸하게 35세 되던 무렵에 일찍 세상을 떠났다. 생전에 그녀가 불러서 상당한 인기를 얻었던 〈화류춘몽〉은 그녀의 삶을 대변하는 노래였다고 할 수 있다.

꽃다운 이팔청춘 울려도 보았스며

---

31 고복수, 앞의 책, 47쪽.

그림 79. '민요의 여왕'으로 불렸던 가수 이화자

철없는 첫사랑에 울기도 했더란다
연지와 분을 발라 다듬은 얼굴 위에
청춘이 바스러진 낙화(洛花) 신세
마음마저 기생이란 이름이 원수다

점잖은 사람한테 귀염도 받았으며
나 젊은 사람한테 사랑도 했더란다
밤늦은 인력거에 취하는 몸을 실어
손수건 적신 적이 몇 번인고
이름조차 기생이면 마음도 그러냐

그림 80. 〈화류춘몽〉 광고(『동아일보』, 1940.4.8)

빛나는 금강석을 탐내도 보았으며

겁나는 세력 앞에 아양도 떨었단다

호강도 시들하고 사랑도 시들해진

한 떨기 짓밟히운 낙화 신세

마음마저 썩는 것이 기생의 도리냐

— 〈화류춘몽〉

(조명암 작사, 김해송 작곡, 이화자 노래, 오케, 1940)

이 노래를 부른 이화자와 자연스럽게 겹쳐지는 노래 속의 화자는 기
생이다. 수많은 남성들과 사랑을 나누고 '빛나는 금강석'으로 상징되
는 돈도 탐내 보고 권력 앞에서 아양도 떨었던 기생은 그 모든 것이 부
질없다고 말한다. 그 때문에 호강과 사랑이 모두 시들해지고 청춘도
바스러지자 그저 자신은 '떨어진 꽃'의 신세에 불과하다고 넋두리하듯
이 읊조리고 있는 것이다. 노래 가사에서 주목할 부분은 각 절의 마지
막 줄이다. 노래 속 화자는 "이름이 기생이면 마음마저 기생이고, 마음
마저 썩는 것이 기생의 도리냐"라고 항변하고 있는 것이다. 노래 속 화
자는 기생 이전에 한 인간으로 존중받고 싶었던 것이다.[32]

---

[32] 장유정, 「20세기 전반기 기생 소재 대중가요의 노랫말 분석」, 『한국문화』 35, 서울대 한국
문화연구소, 2005, 109~110쪽.

사실상 대중의 사랑을 한 몸에 받는 스타는 겉으로는 화려했지만 개인적으로는 불행하기도 했으며, 다른 한편으로는 평범한 삶을 동경하기도 했다. 2007년에 3집 컴백을 앞두고 26세의 나이에 자살로 생을 마감했던 가수 유니는 어렸을 때부터 가족의 부양을 책임져야 했고, 일이 없을 때는 차비 몇 만원이 없을 정도로 궁핍한 생활을 했다고 한다.[33] 대중 앞에서는 쾌활하고 명랑하게 웃어야 했지만 어디에도 털어놓을 수 없었던 마음의 상처는 계속 곪아가고 있었던 것이다. 1930년대 중반에 최고의 인기를 구가하였던 선우일선 또한 기자와의 면담에서 자신의 설움을 이렇게 토로했다.

> 글쎄요, 기생이 아니 되고 레코드 가수만 되었더라면 좋았을 터인데, 기생생활이란 지긋지긋합니다. 그렇다고 가수 생활도 그렇게 좋아하는 것도 아니지요. 이런 직업을 다 버리고 그저 어머니 모시고 조용히 살 수 있다면…… 막상 기생의 몸으로 손님을 대하고 보니, 손님을 원망하는 것은 아니나 한편은 손님이고 이쪽은 상품(商品) 모양으로 노래와 춤을 파는 팔린 몸이 되다 보니까, 저편 분들은 저의 자유까지 합하여 가진 듯싶고 이편은 그 반대로 아주 무능자(無能者)가 된 듯한 느낌이 있습니다. 어떤 때는 욕하고 주정부리며 옷을 더럽혀 놓을 때는 참말 삼복철에 호미 쥐고 조밧골에 앉아 흘리는 비지땀보다 더한 진땀이 바짝바짝 나옵니다.[34] (현대어역은 인용자)

선우일선은 인터뷰에서 손님을 대할 때마다 자신이 상품이 된 듯한

---

33 2010년 1월 현재 문화예술인 3명 중에서 1명의 소득이 '0원'이며, 월 소득 100만원이 안 되는 무명 연예인의 수가 11만 5109명이라고 한다.(『경향신문』, 2010.1.15) 연예인을 꿈꾸는 사람은 많으나 인기 연예인과 무명 연예인의 격차는 더욱 벌어져만 가고 있다.

34 「가회의 예술·연애·생활」, 『삼천리』, 1935.6.

鮮 于 一 仙

그림 81. 기생 가수로 큰 인기를 얻었던 선우일선(박민일 소장본)

느낌을 받았다고 했다. 그러면서 기생 생활과 가수 생활을 모두 그만두고 어머니 모시고 그저 조용히 살았으면 좋겠다고 했다. 물론 선우일선의 언설은 자신이 기생 생활을 하면서 느끼는 어려움을 토로하는 것에 집중되어 있지만, 그의 말을 통해 '스타'라는 화려함 뒤에 숨어 있는 한 여성의 비애를 충분히 짐작할 수 있다.

때로 여성 가수는 신적인 존재로 찬미의 대상이 되었지만, 다른 한편으로는 상품 취급을 받기도 했다. 예나 지금이나 여성 가수에게는 종종 상반된 두 가지의 이미지가 강요되곤 한다. 성녀(聖女)로서의 이미지와 요부(妖婦)로서의 이미지가 그것이다. 여성 가수를 위시한 여성 연예인이 '스타'가 되기 위해서는 '외모'와 '이미지'가 가장 중요하며, 여전히 남성 중심주의의 사회에서 대중은 여성 스타에게 순결과 요염, 청순과 섹시라는 상반된 이미지만 요구하는 것이다. 게다가 잊을 만하면 불거지는 연예계 비리 사건 중 '성상납'을 비롯한 성과 관련된 문제들은 여성 연예인을 괴롭히는 요소 중의 하나라고 할 수 있다. 겉으로는 화려하나, 스타들이 한 인간으로서 느끼는 애환은 우리 보통 사람들과 별반 다르지 않다. 그들 또한 스타 이전에 희로애락에 울고 우는 평범한 인간들인 것이다.

일제강점기 인기 가수의 비애는 그들이 식민지에 살고 있다는 현실적 상황에서 비롯된 바가 크다. 일제는 처음에 음반 산업 자체에 별로 관심이 없었다. 그러나 예상 외로 음반이 대중의 호응을 얻게 되자, 1933년부터 검열을 시작했다. 조선총독부 경무국 도서과는 일반 출판물과 음반의 검열을 담당했는데, 검열의 기준은 '치안방해'와 '풍속괴란'이었다.[35] 일제 당국의 검열 속에서 자유로운 창작 활동은 어려워졌

---

35 「엇더한 레코드가 금지를 당하나」, 『삼천리』, 1936.4.

다. 〈서울 노래〉(조명암 작사, 안일파 작곡, 채규엽 노래)의 경우, 두 번의 개
작을 거친 후에야 발매할 수 있을 정도로 검열은 대중가요 창작에 걸
림돌이 되었다.[36] 검열을 피하려고 하다 보니, 자연스럽게 가사에는
상징적인 표현이 등장하였다. 가사 속 표현이 문제가 되어 관련자가
경찰서에 불려가기도 했던 〈목포의 눈물〉(문일석 작사, 손목인 작곡, 이난
영 노래)은 오히려 그 일로 인해 당대인의 많은 사랑을 받았고 지금도
여전히 민족의 노래로 애창되고 있다.[37]

　음반에 대한 일제의 간섭이 심해진 것은 1937년 중일전쟁 이후이다.
그 전까지 노골적인 친일가요는 거의 없었다. 그러나 중일전쟁이 일어
나고 1937년 6월 조선 총독부 학무국에서 '필름 레코드 인정 규정'을 제
정하면서 일제의 군국주의 침략 전쟁에 부응하려는 목적으로 만들어
진 군국가요가 발매되기 시작했던 것이다.[38] 하지만 1937년과 1938년
경에 나왔던 군국가요는 수적으로도 적을 뿐만 아니라 선동적이고 강
한 어조로 인하여 대중의 호응을 얻지 못했다.[39]

　그러다가 1941년에 발발한 태평양전쟁과 때를 같이하여 1942년 1월
부터 군국 가요가 대거 등장하였다. 이 시기의 군국가요는 〈지원병의
어머니〉(조명암 작사, 고하정남 작곡, 장세정 노래), 〈아들의 혈서〉(조명암 작
사, 박시춘 작곡, 백년설 노래), 〈결사대의 아내〉(조명암 작사, 박시춘 작곡, 이화
자 노래)처럼 가족의 구성원을 내세워 감정에 호소하는 내용으로 이루
어진 것이 많았다. 그리고 이 시기 인기 가수를 위시한 대중가요인들
은 의무적으로 군국가요 음반을 제작하고 발매해야 했다.

36　〈서울 노래〉의 개작 경위에 대해서는 장유정, 앞의 책, 282~287쪽을 참고할 수 있다.
37　〈목포의 눈물〉에 대해서는 장유정, 앞의 책, 287~291쪽을 참고할 수 있다.
38　군국가요에 대해서는 위의 책, 333~343쪽과 이준희, 「일제 침략전쟁에 동원된 유행가, '군국
　　가요' 다시 보기」 1-45, 『오마이 뉴스』, 2003~2004를 참조할 수 있다.
39　「레코드계의 내막을 듣는 좌담회」, 『조광』, 1939.3.

그림 82. 〈아들의 혈서〉 광고(『매일신보』, 1942.3.6)

1940년에는 영화, 연극, 대중가요, 국악이나 서커스를 포함한 모든 연예인에게 전시 요원이라는 구실로 '기예증(技藝證)'이 발급되었다. 모든 연예인은 매년 봄과 가을, 연 2회에 걸쳐 시행되는 자격시험을 통과해야 기예증을 받을 수 있었다. 시험 과목은 '전시 체제 하의 국민의 각오'라는 주제로 작문을 하는 '학과'와, 일본 군가 등을 연주하는 '실기'로 이루어졌다.[40] 당시의 연예인들은 징용에 끌려가지 않고 무대에 서기 위해서 어쩔 수 없이 일제에 협조해야 했다.

또한 총독부는 '조선연극협회'와 '조선연예협회'를 통합하여 '조선연극문화협회'로 개칭하고 진주만을 공격한 날을 기념하여 매월 8일에 서울의 모든 연예인을 협회 사무실에 집합시킨 후, 동방을 향해 90도로 허리를 굽혀 절을 하는 '궁성요배'를 시켰다. 그리고 천황의 칙어(선전포고문)를 낭독하도록 한 후, 조선신궁에 데려가 참배하도록 강요했다. 일본 경관은 공연 도중에 공연을 중지시키고 미국 노래를 부른다는 이유로 가수의 뺨을 때리는 등 그들의 횡포는 갈수록 심해졌다. 이 무렵 인기 절정에 있던 백년설은 〈아들의 혈서〉를 녹음하고 2개월 동안 방송국에서 매일 저녁 이 노래를 부르도록 강요받기도 하였다.[41]

이 밖에도 1940년부터 광복 이전까지 일제의 폭압은 극에 달하였는

---

40 박찬호, 앞의 책, 592~593쪽.
41 위의 책, 593~594쪽.

데, 공교롭게도 이 시기에 인기 가수였다면 일제의 강요된 협력으로부터 결코 자유로울 수 없었다. 그리고 이제 그 시절 그들의 행위는 그들의 과오로 고스란히 남아 있다. 과연 우리는 이들의 과오를 어떻게 바라보아야 할 것인가? 그들의 과오는 오로지 그들만의 것인가? 아니면 시대의 것인가? 물론 시대를 잘못 만났다는 것으로 그들의 과오가 정당화되지는 않을 것이다.

중요한 것은 그들의 과오를 명확하게 밝히되, 그 때문에 그들의 공적마저 외면하는 누를 범하지 말아야 한다는 것이다. '적' 아니면 '동지' 밖에 없는 사회, 관용과 포용이 없는 사회는 경직될 수밖에 없다. 과실 또는 공적만으로 이루어진 사람도 없다. 우리는 누구나 결점이 있는 불완전한 인간이기 때문이다. 과실과 공적을 구별해서 객관적으로 바라보고 평가할 수 있는 안목이 필요하다.

5. 맺음말–별들의 귀환

2010년은 일제 강점 100주기를 맞이하는 해이다. 일제 강점은 과연 우리에게 무엇을 앗아가고 무엇을 남겼는가? 이 글에서는 연예인 중에서 대중가수에 초점을 맞추어서 그들의 애환을 살펴보았다. 1930년대 음반 산업이 활기를 띠면서 대중가수가 등장했고, 그들은 이른바 '스타'로 대중의 선망을 받았다. 일제 말기에는 강력한 통제 정책에 따라 일제에 협조하는 행위를 했으나, 1930년대는 당대인들의 마음을 노래로 어루만져 주기도 하였다. 그리고 그들이 불렀던 노래는 여전히 민족의 노래로 애창되는 한편, 장년층의 마음을 달래주기도 한다.

오늘날에도 어디선가 이따금 1930년대 인기 가수들이 불렀던 노래가 들려오지만, 식민지 시대의 노래라는 이유로 그들과 그들의 노래는 여전히 무관심과 외면의 대상으로 덩그러니 놓여 있을 뿐이다. 그러나 우리의 과거를 부정하고 외면한 채 미래로 나아갈 수는 없다. 과거와 대면하는 일이 단지 환멸을 불러일으키는 지난한 일일지라도, 혹은 알고 싶지 않거나 부정하고 싶은 일일지라도 현재 우리의 존재 근원이 되는 과거를 있는 그대로 바라보는 작업은 계속되어야 할 것이다. 과장하거나 왜곡하지 않고 과거를 있는 그대로 바라보고 평가할 때, 우리는 진정으로 과거를 청산하고 과거와 화해하고 미래로 나아갈 수 있을 것이다.

1930년대를 풍미했던 대중가수들은 이제 이 세상에 없다. 그러나 이 장의 제목을 '별들의 소멸'이 아닌 '별들의 귀환'이라고 한 것은 그들을 대신하는 다른 '스타'가 있기 때문이다. 수많은 별들이 나타났다 사라지기를 반복한다. 예전의 별은 소멸하고 새로운 별이 탄생한다. 그리고 어디선가 새로운 별이 태어날 날을 기다리며 요동을 치고 있다. 그리고 우리는 여전히 별들을 동경한다. 열렬하게, 때로는 미친 듯이.

참고문헌

『별건곤』, 『사해공론』, 『삼천리』, 『조광』, 『조선일보』

고복수, 『가요계 이면사』, 조인스닷컴, 2004.
마셜 매클루언, 육은정 역, 「축음기-국민의 가슴을 위축시킨 장난감」, 『외국문학』
　　　제28호, 열음사, 1991.
박찬호, 『한국가요사』 1, 미즈북스, 2009.
손목인, 『못다 부른 인생 찬가-손목인의 타향살이』, 도서출판 HOTWIND, 1992.
에드가 모랭, 이상률 역, 『스타』, 문예출판사, 1992.
이준희, 「일제 침략전쟁에 동원된 유행가, '군국가요' 다시 보기」 1~45, 『오마이 뉴스』,
　　　2003~2004.
장유정, 「20세기 전반기 음반회사의 마케팅 전략에 대한 일고찰」, 『한국음반학』 제14
　　　호, 한국고음반연구회, 2004.
＿＿＿, 「20세기 전반기 기생 소재 대중가요의 노랫말 분석」, 『한국문화』 35, 서울대
　　　한국문화연구소, 2005.
＿＿＿, 『오빠는 풍각쟁이야-대중가요로 본 근대의 풍경』, 민음in, 2006.
＿＿＿, 「대중매체의 출현과 음악 문화의 변모양상-라디오와 유성기를 중심으로」,
　　　『대중서사연구』 제18호, 대중서사학회, 2007.
＿＿＿, 「신민요와 대중가요」, 『근대의 노래와 아리랑』, 소명출판, 2009.
한국문화방송주식회사 편, 『가요반세기』, 성음사, 1980.

Thorp, *America at the movies*, Londres, Faber and Faber, 1945.

무용가 최승희와 대중가요[1]

1. 머리말

최승희(崔承喜)는 20세기 전반기 한국에서 가장 유명하였던 무용가이다. 아니, 한국뿐만 아니라 일본과 유럽, 미국에까지 이름을 드높인 세계적인 스타였다고 해도 과언이 아니다. 그야말로 오늘날 한류의 원조라고 할 수 있는 것이다. 그러나 그 명성에 비하여 최승희의 이름 석자가 인구에 회자된 것은 그리 오래되지 않았다. 이렇게 된 데에는 아마도 그녀가 월북 무용가였다는 점이 크게 작용했을 것이다.

한국에서 최승희에 대한 조명은 1989년, 『객석』에 실린 「월북 무용가 최승희를 재조명한다」라는 글에서 시작되었다고 볼 수 있다.[2] 이 글

---

1 「최승희와 대중가요」, 『우리춤 연구』 제2집, 우리춤 연구소, 2006.
2 「월북 무용가 최승희를 재조명한다」, 『객석』, 1989.9.

그림 83. 뉴욕행 선상에서의 최승희(1936)(『객석』, 1989.9)

은 아직까지 한국에서 최승희의 삶과 예술에 대한 평가 작업이 개진되지 않은 것을 언급한 후, 그녀에 대한 기초적인 사료들을 모아서 정리하고 그를 통해 한국무용사에서 최승희의 위치가 재정립되어야 한다는 견해를 피력한 것이다. 특히 최승희의 제자였던 김민자, 이경자, 한순옥 등의 증언을 실어서 최승희에 대한 입체적인 접근을 시도하였다.

이후, 1990년대 중반부터 최승희에 대한 본격적인 연구가 시작되었다. 정병호의『춤추는 최승희』[3]는 최승희에 대한 최초의 평전으로 기록될 것이다. 이어서 1999년에 연변대학에서 「최승희 무용예술연구」라는 박사학위가 나오고 그 논문이 같은 제목의 책으로 2002년에 한국에서 발행되면서 그와 때를 같이 하여 최승희에 대한 연구도 활발하게 전개되었다.[4] 그리하여 최근에는 최승희의 삶과 예술을 다룬 단행본이나 논문 등이 상당수 간행되어서 최승희에 대한 연구사를 풍성하게 하고 있다.[5] 또한 최승희의 무용 대본집이나 무용 이론을 다룬 책도 발간되면서 최승희의 무용을 구체적으로 알고자 하는 이들에게 도움을 주고 있다.[6]

필자가 최승희에게 관심을 지니게 된 것은 그녀가 취입한 노래의 음반 가사지를 보게 되면서부터이다. 20세기 전반기 대중가요를 연구하는 과정 중에서 무용가 최승희가 음반을 취입했었던 사실을 알게 되었

---

3 정병호,『춤추는 최승희』, 뿌리깊은나무, 1995. 이어서 2004년에 출판사를 바꾸어서 같은 책이 현대미학사에서 재출간되었다.
4 이애순,『최승희 무용예술연구』, 국학자료원, 2002.
5 최승희를 다룬 단행본으로는 앞서 언급한 정병호의 책 외에, 김찬정,『춤꾼 최승희』, 한국방송출판, 2003과 정수웅 편,『최승희—격동의 시대를 살다간 어느 무용가의 생애와 예술』, 눈빛, 2004가 있다. 아울러 최승희의 삶과 예술, 복식 등을 다룬 소논문도 현재 약 30편 정도가 나와있는 실정이다.
6 최승희의 무용 이론과 무용 대본을 소개한 책으로는 최승희,『조선민족무용기본』, 동문선, 1991; 최승희,『최승희 무용극 대본집』, 한국문화사, 1999가 있다.

고 그때부터 최승희에게 관심을 기울이기 시작한 것이다. 당대의 유명한 무용가가 음반을 취입하였다는 것이 무척 흥미로웠으나 그보다도 최승희가 부른 〈이태리의 정원〉을 좋아하게 되면서 최승희의 삶에도 관심을 지니게 된 것이다. 따라서 본고에서는 최승희가 취입한 두 곡의 노래를 소개하고 분석하여 최승희가 부른 노래에 대한 이해를 돕고자 한다.

2. 최승희의 생애와 행적[7]

최승희는 해주 최씨 명문가 출신인 아버지 최준현[8]과 밀양 박씨로, 이름이 성녀 또는 용경이라고 전해지는 어머니 사이에서 1911년 11월 24일에 태어났다. 그녀는 위로 큰오빠 승일과 작은오빠 승오, 언니 영희가 있었다. 최승희는 숙명여고를 졸업하고 1926년 3월 20일부터 3일간 장곡천정(지금의 소공동) 공회당에서 열렸던 일본인 이시이 바쿠(石井漠)(1886~1962)[9]의 공연을 통해 처음으로 무용을 접하였다. 마침 이시이

---

[7] 최승희의 생애와 행적은 정병호, 앞의 책을 위시하여 최승희의 생애를 다룬 책, 그리고 일제강점기 당시의 신문이나 잡지 기사들을 참조하여 정리하였다.

[8] 「월북 무용가 최승희를 재조명한다」(『객석』, 1989.9, 165쪽)에서는 최승희 아버지의 성함을 최정건이라고 표기하였다. 김찬정은 최승희 아버지의 성함을 최용현, 어머니의 성함을 박용자로 기재하였다.(김찬정, 앞의 책, 22쪽) 일단 본고에서는 서울시 종로구청의 호적 등본을 확인하였다는 정병호의 견해를 따랐다.

[9] 이시이 바쿠(石井漠)는 일본 동북부 지역인 아키다(秋田) 현에서 태어났다. 일본 제국극장가극부 제1기생으로 일본 근대무용의 선구자이다. 1922년부터 1925년까지 구라파에서 공부를 하고 1926년에 그의 누이동생인 이시이 코나미와 우리나라에 왔다.

그림 84. 이시이 바쿠의 여동생과 최승희(『객석』, 1989.9)

바쿠가 조선소녀 연구생을 모집한다는 기사를 『경성일보』에 실었고, 이 것을 본 최승일이 최승희에게 이시이 바쿠를 따라갈 것을 권유하였다.

부모님과 학교 선생님들의 만류에도 불구하고 최승희는 1926년 4월 에 이시이 바쿠 무용연구소에 입소하였다. 이시이 바쿠 밑에서 열심히 무용을 배운 최승희는 1927년 10월에 이시이 바쿠와 함께 서울 우미관 에서 공연을 하여 절찬을 받았다. 이어서 최승희는 1928년 11월 16일 에 서울에서 두 번째 공연을 가졌는데, 이 또한 커다란 성공을 거두었 다. 그러나 최승희는 새로운 창작 무용을 만들어보겠다는 생각을 하였 고 마침 이시이 바쿠의 누이동생인 이시이 코나미[石井小浪](1905~1978) 와 이시이 바쿠 부부의 사이가 나빠지자 최승희도 자신의 거취를 결정 해야할 상황에 이르렀다. 결국 최승희는 1929년 8월 25일에 서울로 돌 아왔다.

서울에 돌아온 최승희는 1929년 11월에 최승희 무용연구소를 고시 정(古市町 : 지금의 동자동) 19번지에 설립하고 연구원을 모집하였다.[10] 다음 해인 1930년 2월 1일과 2일에 최승희 무용연구소원의 공연이 공 회당에서 있었다.[11] 이 공연에서 최승희 무용연구소원들은 〈영산무〉, 〈괴로운 소녀〉 등의 신작 무용을 비롯하여 12종목의 작품을 선보였다. 최승희의 제1회 신작 무용발표회는 흥행 면에서는 성공을 거두었으나, 독창적이지 않고 이시이의 춤을 모방하였다는 평을 듣기도 하였다.

이후로 최승희는 서울에서의 공연뿐만 아니라 지방 순회공연까지 하면서 활발한 활동을 전개하였다. 그러나 공연 수입만으로는 무용연 구소를 경영하거나 무용 창작에 투자할 비용을 대기기 어려웠다. 게다 가 돈으로 최승희에게 유혹의 손을 뻗쳐오는 사람들이 생기고 혼인을

---

10 『동아일보』, 1929.11.2.
11 『동아일보』, 1930.1.30.

그림 85. 전통무용을 선보이는 최승희(최승희, 『나의 자서전』, 以文堂, 1937)

하라는 부모님의 성화도 높아지자, 최승희 또한 결혼을 생각하게 되었다. 이에 최승일은 같은 카프 회원이었던 박영희의 도움을 받아 와세다 대학 노문과를 다니고 있던 안필승[12]을 최승희에게 소개하였다. 그리하여 1931년 5월 10일, 최승희는 청량원에서 안필승과 결혼하였다.

1932년 6월, 최승희는 경성에 공연을 왔던 스승 이시이 바쿠를 만나 그에게 동경에서 다시 지도받기를 간청하였다. 그 해 7월에 최승희는 딸 승자(勝子)를 낳고 1933년 3월에는 먼저 일본으로 가 있던 남편 안필승을 따라서 딸과 제자 김민자와 함께 일본으로 향했다.[13] 이시이 바쿠 선생님 밑에서 무용 수업을 받는 한편 한성준으로부터 조선 무용의 기본을 배운 최승희는 〈에헤라 노아라〉와 같은 조선무용을 선보여 일본에서 호평을 얻었다.[14] 그녀는 비록 경제적으로는 어려웠으나 1934년 가을에는 단독으로 제1회 신작무용발표회를 열어 대중의 엄청난 호응을 얻고 무용계에서도 격찬을 받았다.[15]

---

[12] 안필승은 안막으로 더 잘 알려져 있는데, 안막이란 이름은 1934년경, 최승희의 스승 이시이 바쿠石井漠의 이름을 따서 만든 것이라고 한다.

[13] 정수웅이 정리한 최승희 연보에는 최승희가 1933년 2월 말에 딸과 김민자와 더불어 일본에 갔다고 하였다.(정수웅 편, 앞의 책, 372쪽)

[14] 최승희는 조선의 무용을 서양 무용화 시키는 작업에 많은 관심을 갖고 있었다. 『동아일보』 1936년 1월 1일자에 실린 「최승희의 포부」를 보면 이와 같은 사실을 확인할 수 있다.
"우리 조선이 가진 무용예술을 中外에 표현함으로써 조선의 존재를 세계적으로 널리 알리는 일방 우리가 가진 특유한 무용예술을 세계에 진출시키는 것. 그러나 조선에 현재 있는 무용 혹은 과거에 있던 무용을 그대로 전래하는 양식대로 소개하지는 않을 것임. 조선에 얼마 남지 않은 춤을 소재로 삼고 그것을 자기의 예술적 기능으로 가능한 범위의 무용으로 양식화하기를 힘쓸 것임. 자기 무용 표현성의 확대와 깊이와 넓이 쌍방으로 합성된 서양 무용을 만들 것임"(『동아일보』, 1936.1.1)

[15] 예를 들어, 1935년 10월에 있었던 최승희의 공연에 대한 기사를 보면, 당시 최승희의 인기가 어느 정도였는지를 짐작할 수 있다.
"인기의 최승희 여사 신작 무용 발표 작일 주야로 동경 일비곡에서 초만원! 입장 5천명 — 최승희 여사의 신작무용 발표회는 22일 동경 일비곡(日比谷) 공회당에서 오후 3시와 7시 2번 공연. 2천 5백명을 수용하는 공회당에 두 번 모두 초만원. 오히려 입장하지 못한 것을 한탄하며 문밖에 있는 관객도 수백 명에 이르러서 주위가 일대 혼란. 16종의 신작무용을 발표, 조

여러 차례의 무용 공연을 통해 상당한 입지를 구축한 최승희는 1935년에는 〈반도의 무희〉라는 영화에 출연하였고 여러 상품의 광고 모델로 활동하기도 하였다. 1936년 5월에는 콜럼비아에서 〈이태리의 정원〉과 〈향수의 무희〉라는 노래를 녹음하였다. 1937년 12월에 미국으로 건너간 최승희는 1938년 1월에 샌프란시스코에서 첫 공연을 가졌다. 이 공연을 시작으로 그는 미국의 뉴욕과 로스앤젤레스는 물론 파리, 제네바, 이태리, 네덜란드와 같은 유럽에서도 공연을 하였다. 1940년 11월에 멕시코 공연까지 마친 최승희는 1940년 12월 5일에 일본으로 돌아왔다. 최승희의 해외공연은 성공적이었으나, 그새 나빠진 정세로 인해 일본에 돌아온 최승희의 언행은 조심스러울 수밖에 없었다.

1941년 12월 8일, 일본이 미국에 선전포고를 하면서 상황은 더욱 나빠졌다. 결국 1942년 2월부터 약 6개월 동안 전개된 '전선 위문 공연' 기간 동안 최승희는 조선, 만주, 화북 등 여러 지역에서 130여 회가 넘는 공연을 해야 했다. 1944년, 일본에서 마지막 공연을 마친 최승희는 다른 가족들과 더불어 한국으로 돌아왔다가 북경으로 갔다. 1945년 8월 15일에 해방이 되고, 최승희는 1946년 5월 29일에 중국에서 귀국하는 동포 1,500여 명과 더불어 한국으로 돌아왔다. 환영을 받으리라 생각하였던 최승희는 전쟁 중에 군 위문 공연을 하였던 것이 '친일 행위' 내지는 '반민족 행위'로 비난받는 것에 상심하였다. 결국 최승희는 1946년 7월 20일에 월북하였다.

최승희는 북한에서 다양한 공연 활동을 전개하는 한편 전통악기를 개조하여 개량악기를 사용하기도 하고, 1958년에는 『조선민족무용기본』과 『무용극 대본집』을 조선예술출판사에서 펴내기도 했다. 그러나

선인의 예술적 천품을 선양'(『동아일보』, 1935. 10. 23)

남편인 안필승이 숙청당하고 최승희도 점차 세력을 잃게 되었다. 최승희는 1967년 6월 이후에 숙청되었다고 하는데, 이후 사망 경위에 대해서는 의견이 분분하다. 평양의 지하철도 공사장에서 강제노동을 하다가 다른 노동자들에 의해 죽임을 당했다는 것에서부터,[16] 정치범 수용소에서 자살했다거나, 도망가려다 사살되었다는 식으로 소문만 무성할 뿐이다. 정확한 사망 경위는 알 수 없으나, 2005년 개정·증보판『북한인명사전』에는 최승희가 1969년 8월 8일에 사망하였다고 기록되어 있다.[17]

3. 최승희가 부른 대중가요

최승희가 부른 노래는 우리나라와 일본에서 발매된 곡을 모두 합쳐서 약 다섯 곡이 전해지고 있다. 〈이태리의 정원〉(이하윤 작사, 에르윈 작곡, 니키 타키오仁木他喜雄(1901~1958) 편곡, 최승희 노래, 콜럼비아 40704A, 1936)과 〈향수의 무희〉(이하윤 작사, 최승희 작곡, 니키 다키오 편곡, 최승희 노래, 콜럼비아 40704B, 1936)가 그것이다. 그리고 일본에서는 세 곡을 취입한 것으로 보인다. 1936년 6월에 일본에서 발매된 음반의 앞뒷면에 〈향수의 무희〉와 〈축제의 밤(まちりの夜)〉이 실려 있고,[18] 이어서 1937년에 〈방랑의 저녁(さすらいの夕)〉을 취입한 것이다.

---

16 「평양의 지하철도 공사장에서 죽었어요」,『객석』, 1989.9.
17 서울신문사 편,『북한인명사전』, 서울신문사, 2004.
18 2011년 8월 3일 춘천에 계신 박민일 선생님을 찾아뵈었을 때, 선생님께서 소장하고 계신 최승희의 일어어 음반을 직접 확인하였다.

정병호는 최승희가 취입한 노래가 〈제4의 밤〉과 〈향수의 무희〉라고 하였고, 정수웅도 노래 제목을 〈향수의 무희〉와 〈제사의 밤〉(이태리)이라고 표기하였다. 여기서 정병호가 언급한 〈제4의 밤〉은 '마쯔리(まちり)'를 잘못 해석한 것에서 발생한 실수로 보인다. 그러므로 '제 4'나 '제사'가 아닌 '축제'라고 해석하는 것이 맞다.[19] 최승희가 취입한 곡 중에서 〈향수의 무희〉는 신흥키네마에서 만든 영화 〈반도의 무희〉의 주제가이기도 하다.

여기서는 음반 가사지와 음원이 남아 있는 노래 한국어 노래인 〈이태리의 정원〉과 〈향수의 무희〉를 중심으로 두 노래가 어떤 내용으로 이루어져 있는지 구체적으로 살펴보기로 한다.

1) 〈이태리의 정원〉[20]

〈이태리의 정원〉은 이하윤이 작사를 하고 에르윈이 작곡한 것으로 적시되어 있다. 이하윤은 대중가요 작사자로 활동하는 한편 최승희가 음반을 취입하였던 1936년 당시에 콜럼비아 음반회사의 문예부장을 맡고 있었다. 문예부장은 당시에 음반과 관련된 총괄적인 업무를 맡아보던 문예부를 책임지는 사람으로, 그 직위가 매우 높다고 할 수 있다.[21] 이러한 이하윤이 최승희 노래 두 곡 모두를 작사하였다는 것은 그만큼 최승희 노래의 취입에 신경을 많이 썼다는 것을 의미하기도 한다.

---

19 박민일 선생님이 소장하고 있는 일본 음반에서 최승희가 부른 〈향수의 무희〉와 〈축제의 밤〉을 확인하였다. 일본 콜럼비아에서 발매되었고 음반 번호는 28846이다.

20 〈이태리의 정원〉의 가사 소개와 분석은 장유정, 『오빠는 풍각쟁이야— 대중가요로 본 근대의 풍경』, 민음in, 2006, 204~208쪽에서 행한 바 있다.

21 김준영, 「문예부장의 제작 고심기」, 『조광』, 1938. 2.

그림 86. 〈이태리의 정원〉 음반 가사지

맑은 하늘에 새가 울면 사랑의 노랠 부르면서

산 넘고 물을 건너 임 오길 기다리는

이태리 정원 어서 와 주세요

저녁 종소리 들려오면 세레나델 부르면서

사랑을 속삭이려 임 오길 기다리는

이태리 정원 어서 와 주세요

전체 2절로 이루어진 〈이태리의 정원〉은 그 제목에서부터 이국적인 정서가 물씬 풍기는 작품이다. 특히 이 작품은 슬픔과 이별로 점철된 비참한 세계가 아니라 기쁨과 사랑으로 충만한 세계를 보여주고 있어 눈길을 끈다. 비록 현재 임은 부재하고 있으나 시적 화자는 임이 올 것이라는 점을 의심하지 않는다. 그러므로 시적 화자가 임을 기다리는 '이태리 정원'은 임을 기다리면서 고독만을 되새김질 하는 비참하고 어두운 공간이 아니라, '맑은 하늘에 새가 우는' 평화로운 공간이다. 게다가 그곳에서 임을 기다리는 시적 화자는 임에게 '세레나데를 부르면서 어서 오라'고 적극적으로 청하는데, 이는 당대의 다른 대중가요에서 나타나는 소극적인 시적 화자와는 매우 대조되는 모습이라고 할 수 있다.

음반 가사지에도 적시되어 있듯이, 〈이태리 정원〉의 갈래는 재즈송이다. 20세기 전반기 대중가요의 갈래는 크게 트로트, 신민요, 만요, 재즈송으로 나눌 수 있는데,[22] 이 중에서 재즈송은 본격적인 의미의 재즈만을 가리키는 것이 아니라 팝송이나 샹송, 그리고 라틴 음악까지도 그 범주에 포함하는 포괄적인 개념으로 사용되었다.[23] 즉 재즈송은 서

---

22 20세기 전반기 대중가요의 갈래별 형성과 전개 과정에 대해서는 장유정, 앞의 책, 2006을 참고할 수 있다.

양음악의 영향을 받아서 생성된 일련
의 노래를 지칭하는 것이라고 할 수 있
다. 〈이태리의 정원〉 또한 당대의 다른
대중가요 갈래의 음악적인 선율과는
다른 서양음악의 선율 구조를 취하고
있다. 즉 트로트가 보여주는 일본 음악
의 선율 구조나 신민요가 보여주는 전
통가요의 선율 구조와는 다른 질감과
분위기의 선율을 느낄 수 있는 것이다.

작곡자가 에르윈으로 표기된 것을 통
해 알 수 있듯이, 서양 음악의 선율을 가
지고 와서 거기에 한국말로 가사를 붙인
노래라고 할 수 있다. 이곡의 작곡자는

그림 87. 랄프 에르윈
(Ralph Erwin, 1896~1943)

랄프 에르윈(Ralph Erwin, 1896~1943)으로 보인다. 일본에서 2005년에 발매
된 말란도 오케스트라(THE MALANDO ORCHESTRA)의 탱고 음반 『COLEZO!
TWIN』에 〈이태리의 정원(A GARDEN IN ITALY)〉이란 곡이 실려 있는데,
작곡자가 R. Erwin으로 표기되어 있는 것이다. 자료를 더 찾아본 결과,
R. Erwin이 랄프 에르윈이라는 것을 알 수 있었다. 이를 통해 볼 때, 〈이
태리의 정원〉의 작곡자도 랄프 에르윈이라고 할 수 있다.[24]

앞서 살펴본 바와 같이, 〈이태리의 정원〉은 당시 재즈송이 보여주었
던 독특한 질감의 언어로 새로운 문학적 지향을 드러낸다. 그리고 그
새로운 문학적 지향은 기쁨과 향락의 세계와 맞닿아 있다. 이처럼 다

---

23 박찬호, 『한국가요사』, 현암사, 1992, 221쪽.
24 http://www.jvcmusic.co.jp/-/Discography/A002313/-.html
    http://world.std.com/~kcl/ralph_erwin_vogl_top.html

소 향락적인 재즈송이 당대에 향유될 수 있었던 것은 1920년대 말부터 도시를 중심으로 만연하였던 근대문명의 징후와 새롭게 출현한 도시적 정서 때문이었다. 재즈송은 '재즈 취미' 내지는 '재즈 분위기'와 조응하면서 서울을 중심으로 인기를 얻었다. 이러한 배경에서 〈이태리의 정원〉과 같은 재즈송도 출현할 수 있었던 것이다.

재즈송은 모던걸과 모던보이로 불리던 도시의 젊은 남녀들을 중심으로 인기를 얻었다. 도시의 젊은 남녀들이 재즈송을 향유할 수 있었던 것은 이미 재즈 밴드의 공연을 통해 '재즈 취미' 내지는 '재즈 분위기'를 익힐 수 있었기 때문이다. 그러나 이에 대한 비판적인 시각도 만만치 않았는데, 이서구는 이른바 '재즈 취미'를 '고속도 문명의 부산물, 현대인의 병적 향락생활'이라며 부정적으로 바라보고 있다.

> 흥에 겨운 곡조를 체모(體貌)도, 염치도 잊어가면서 몸짓, 손짓, 다릿짓, 콧짓, 그야말로 제 멋이 내키는 대로 지랄을 하다시피 아뢰는 것을 '재즈밴드'라고 부른다. 그리하여 재즈 취미의 근원은 이 재즈밴드에서 발하고 있는 것이니, 우리 대경성(大京城)에도 이미 이 세기말적 어깨 바람이 나는 기분이 침윤(沈潤)된 것은 눈에 보이는 사실이다. 악단의 멋 객(客)들로 조직된 '코리안 재즈밴드'의 공연이 있을 때마다 젊은 피에 끓는 남녀들에게는 어지간히 큰 환호를 받았었다. (…중략…) 예절이니 규율이니 하는, 듣기만 하여도 가슴이 막히는 케케묵은 수작은 그들의 귀에는 들어갈 틈이 없다. 오직 '바나나' 그늘 밑에서 엉덩이만 가리고 여름의 태양을 축복하는 토인들의 그 마음으로 돌아가 단순히 한 가지 즐김에 빠져서 정신을 못 차리도록 뛰고 놀아버릴 뿐이다.[25]

---

25 이서구, 「서울 맛·서울 정조─경성의 쨔쓰」, 『별건곤』, 1929.9.

인용문을 통해서 알 수 있듯이 재즈 취미는 재즈 밴드에서 발흥하였으며, 재즈 밴드의 공연은 당대 젊은이들에게 대단한 환호를 받았다. 특히 '모던걸'과 '모던보이'로 불리던 젊은 남녀를 중심으로 재즈 취미가 유행한 것으로 보인다. 그러나 이서구는 이를 매우 부정적으로 비판하고 있다. 그는 재즈 취미를 '세기말적인 어깨 바람'이라고 규정하고 재즈 분위기에 심취한 젊은이들을 '엉덩이만 가리고 단순히 한 가지 즐거움에 빠져서 정신을 못 차리고 뛰어다니는 토인'에 빗대어서 비난하고 있다. 그러나 재즈 취미에 대한 이와 같은 비난은 역으로 당대에 재즈 열풍이 얼마나 대단하였는지를 반증하는 것으로 볼 수 있다.

이처럼 도시를 중심으로 만연한 이른바 '재즈 분위기'는 재즈송이 출현하는 데도 한몫을 하였다. 그리하여 재즈송은 당시의 재즈 취미를 반영하면서 주로 향락적인 세계를 드러내는 데 경도되었다고 할 수 있다. 〈이태리의 정원〉에서도 이러한 사실을 확인할 수 있다. '이태리의 정원'은 "맑은 하늘에 새가 울고 사랑의 노래가 울려 퍼지는" 근심과 걱정이 배제된 기쁨의 공간이기 때문이다. 그리고 이러한 노래를 당대 최고의 모던걸이라고 할 수 있는 최승희가 부른 것은 어찌 보면 당연한 일이라고도 할 수 있다.

2) 〈향수의 무희〉

〈향수의 무희〉는 음반 가사지에 이하윤이 작사를 하고 최승희가 작곡한 것으로 적시되어 있다. 당시에 작곡이 어떤 식으로 이루어졌으며, 최승희가 실제로 어느 정도 작곡에 관여하였는지는 지금으로서는 알 수 없다. 그러나 어렸을 때부터 최승희가 음악적인 재능이 뛰어났고 선생님들 또한 최승희에게 음악 학교에 가라고 권유했었다는 것을 보면,[26] 그녀가 노래를 직접 작곡했다고도 볼 수 있다.

눈물 흘러나려 옷깃을 적시니 서러운 내 가슴
깨고 나면 한 꿈 노래 부르며 길을 가네

고향 그리워라 춤추는 이 밤엔 달빛도 처량해
가이 없는 하늘 노래 부르며 길을 가네

전체 2절로 이루어진 〈향수의 무희〉는 앞서 살펴본 〈이태리의 정원〉과도 그 내용이 다르고 당시의 전반적인 재즈송이 보여주었던 정서적인 지향과도 차이점을 드러내는 노래이다. 즉 여타의 재즈송이 향락 의식을 보여주는 것과는 달리, 〈향수의 무희〉는 슬픔과 외로움의 정서가 드러나는 노래이다. 특히 제목이 '고향을 그리워하는 무용가'라는 뜻의 〈향수의 무희〉라는 것에서도 알 수 있듯이, 이하윤이 애초부터 최승희를 염두에 두고 이 노래를 작사하였음을 짐작할 수 있다.

사실상 무대 위에서의 무용가는 '화려함' 그 자체라고 할 수 있다. 자신만만한 태도와 고혹적인 자태에서부터 화려한 무대 의상에 이르기까지 그 어느 것 하나 부족한 것이 없어 보인다. 그러나 언제나 그렇듯이 보이는 것이 전부는 아니다. 그 화려함의 이면에는 슬픔과 외로움과 괴로움이 존재하는 것이다. 최승희도 마찬가지였다. 무대 위에서는 화려하고 멋진 그녀였지만, 경제적인 어려움도 여러 번 겪었으며 몸도 고되고 힘들었다. 〈향수의 무희〉는 이러한 최승희의 마음을 대변하는

---

26 정병호, 앞의 책, 31~32쪽.

그림 88. 춤 추는 최승희(최승희, 『나의 자서전』, 以文堂, 1937)

노래라고도 할 수 있다.

〈향수의 무희〉의 시적 화자는 무희, 즉 무용가 최승희 자신이다. 시적 화자는 지금 눈물을 흘리고 있다. 그 눈물의 원인은 정확하게 알 수 없으나 2절을 보면, 아마도 고향에 대한 그리움이 그 원인이 되었을 것이라 짐작할 수 있다. 최승희는 당시에 고향을 떠나 일본과 미국 등지로 공연을 다녀야 했다. 게다가 부모님의 만류에도 불구하고 15살이라는 어린 나이에 고향을 떠나 일본에 가서 무용을 배웠던 것이다. 이러한 과정에서 그녀는 힘들고 외로울 때마다 자연스럽게 고향을 떠올렸을 것이다.

〈향수의 무희〉에서도 이러한 최승희의 마음이 그대로 반영되어 있다. 고향이 그리워 눈물이 흐르고 달빛마저 처량하게 느껴지는데, 고향으로 맞닿아 있는 하늘은 가없기만 한 것이다. 이때 시적 화자가 할

그림 89. 〈이태리의 정원〉과 〈향수의 무희〉 광고
(『조선일보』, 1936.9.4)

수 있는 일은 그저 노래를 부르며 자신의 길을 가는 것뿐이다. 슬프고 외로운 가운데서도 "노래 부르며 길을 가는" 것을 통해 모든 것을 체념하고 묵묵히 자기 길을 가는 달관의 정서를 느낄 수 있다.

이처럼 〈향수의 무희〉는 비록 음악적으로는 장조로 이루어져 있으나 시적 화자의 슬프고 외로운 마음을 표현한 노래이다. 〈이태리의 정원〉은 이미 『불멸의 명가수─유성기로 듣던 1925~1945』에서 복각된 적이 있으나,[27] 〈향수의 무희〉는 실제로 들어보기가 어려웠다. 그런데 2005년 8월, '광복 60주년 기념 음반자료 특별전'의 유성기 음반 복각 CD에 〈향수의 무희〉를 실리면서 이 노래의 실체가 드러나게 된 것이다.[28]

요컨대 〈향수의 무희〉는 무용가 최승희 자신의 심정을 읊고 있는 노래이면서 최승희 본인이 작곡한 노래라는 점에서 그 의의가 있을 것이다.

4. 음반을 취입한 경위와 그 의미

이상에서 살펴 본 바와 같이, 최승희 1936년도에 〈이태리의 정원〉과 〈향수의 무희〉라는 두 곡의 노래를 취입하였다. 그러면 최승희가 어떻게 음반을 취입하게 되었을까? 최승희가 음반을 취입하게 된 배경은 일단 음반회사의 상술에서 찾을 수 있다. 오늘날과 마찬가지로 당시의

---

27 신나라 레코드 편, 『불멸의 명가수─ 유성기로 듣던 1925~1945』, 신나라, 1996. 그 외에 장유정, 앞의 책, 2006의 부록 CD에서도 〈이태리의 정원〉을 복각하여 수록했었다.

28 한국고음반연구회·국립국악원 편, 《한민족의 발자취를 소리에 담다─ 광복 60주년 기념 음반 자료 특별전 유성기 음반 복각 CD음반》, 2005.

음반회사가 가장 중요하게 생각한 것은 '이윤'이었다. 한마디로 음반 회사는 기본적으로 경제적인 원리에 지배를 받았다고 할 수 있다.

1936년의 최승희는 당대에 가장 지명도가 높은 인기 무용가였다. 그 녀는 일본과 한국에서 동시에 이름을 알리면서 그 인기가 상당하였던 것이다. 그 바람에 갖가지 상품 광고의 모델로 활약하기도 하였다. 예를 들어, 1935년 10월 22일 『아사히』 신문에는 이화학 연구소의 비타민제 전면 광고에서 '공간에 그리는 미와 힘의 리듬'이라는 광고 문구와 함께 약동감 넘치는 춤을 보여주는 최승희의 사진이 실려 있다. 또 그녀는 학용품 '돈보 연필', 가전 제품 '콜럼비아 축음기', '메이지 제과'의 초콜릿, 그 밖에 화장품 등 분야가 다른 다양한 제품의 광고 모델로 등장하기도 하였다.[29]

이토록 인기가 높은 최승희였기 때문에 음반회사에서도 그냥 보아 넘어갈 수 없었던 것이다. 아마도 최승희가 음반 취입을 하는데 결정적인 영향을 미친 것은 같은 해, 6월에 포리돌에서 다른 무용가인 배구자(裵龜子, 1907~?)가 음반을 취입한 것도 한 몫을 하였을 것이다. 배구자는 종종 최승희와 함께 거론되는 무용가이자 연극인이다. 그는 8살 되던 해에 일가친척을 따라 동경으로 건너갔다. 소학교에 다니던 배구자는 삼촌의 소개로 연극 오페라 극단의 쇼코쿠치이 덴카쓰(松旭齋 天勝)(1886~1944)[30]를 알게 되었고 그녀의 지도를 받아 13살의 나이로 첫 무대에 오르게 된다.

배구자는 극에서 시작한 관심을 음악으로 넓히고, 1924년에는 덴까

---

29 김찬정, 앞의 책, 186쪽.
30 배구자는 덴카쓰 극단을 연극 오페라 극단이라고 하였으나, 당시의 신문을 참조하면, 덴카 쓰 극단을 일본 마술계와 신극계에 권위가 있는 극단으로 소개하고 있다.(『동아일보』, 1926.6.6) 덴카쓰 극단은 순수 무용단이라기보다는 보드빌 형태의 오락·연예 극단이었던 것으로 보인다.

그림 90. 배구자(『삼천리』 1934.9)

쓰와 함께 미국 로스앤젤레스와 뉴욕에 가서 무용을 공부하였다. 처음에는 서양 무용이나 극이 훌륭할 것이라 생각하였으나 신통한 것을 찾지 못한 배구자는 점차로 조선의 특유한 전통적 예술을 찾아보겠다는 포부를 갖게 되었다. 하와이에서의 공연을 마지막으로 3년 동안의 미국 체류 기간을 마치고 평양 공연을 갔던 배구자는 극단에서 몰래 빠져나와 한국으로 돌아왔다. 한국에 돌아 온 그녀는 제자 양성에 힘을 쏟았다. 특히 그녀는 조선무용을 연구하는 데에 많은 관심을 기울였으며, 〈아리랑〉과 〈방아타령〉을 가장 좋아하였다.[31]

배구자는 1936년 6월에 포리돌에서 두 곡의 노래를 취입하였다. 〈도라지 타령〉(포리돌, 19310A, 1936)과 〈천안삼거리〉(포리돌, 19310B, 1936)가 그것이다. 현재 음원을 찾을 수 없어서 단정할 수는 없으나, 『한국 유성기음반 총목록』을 참고하면 〈도라지 타령〉은 배구자악단 소녀합창단이 합창으로 부른 노래이고, 〈천안삼거리〉는 배구자가 혼자서 부른 것으로 추정된다.[32] 당시의 자료들을 살펴보면, 종종 배구자가 최승희와 함께 거론되기는 하지만 그 예술성이라는 측면에서는 최승희를 더 높게 평가하였음을 알 수 있다.

『동아일보』1937년 9월 11일자 「예원인 언파레드」배구자 편을 보면, 기사 첫 머리에서부터 배구자는 순수한 창작 무용가가 아니라 '보드빌 댄서'에 속한다며 순수한 창작 무용가와 구별해야 한다고 하고 있다. 그러면서 배구자의 조선무용은 최승희의 조선무용과 그 근본부터 다른데, 최승희의 무용이 창작적·예술적 무용임에 반하여 배구자의 무용은 예술적 내용이 없다고 하고 있는 것이다. 이를 통해 볼 때, 배구

---

31 배구자의 삶은 배구자, 「많이 웃고 많이 울던 지난날의 회상, 무대생활 20년」, 『삼천리』 1935.12 참조.
32 한국정신문화연구원 편, 『한국 유성기음반 총목록』, 민속원, 1998, 631쪽.

자가 최승희와 종종 함께 거론되면서도 예술성이라는 측면에서는 최승희가 더 높게 평가되었다고 할 수 있다.

여하튼 배구자가 포리돌에서 음반을 취입하자, 콜럼비아에서도 최승희에게 음반을 취입시키기에 이른다. 이처럼 같은 해, 몇 개월의 차이를 두고 연이어서 당대의 유명한 무용가들이 음반을 취입한 것은 음반회사 간의 경쟁과 상업적인 전략에서 비롯하였다고 할 수 있다. 특히 콜럼비아사는 배구자가 민요를 취입한 것과 달리 최승희에게는 재즈송을 취입하게 하여서 음악적으로도 차별화 전략을 취하였다. 여기에 더해서 최승희가 음반을 취입한 것은 최승희의 못 다 이룬 꿈의 실현이라는 측면에서도 이해할 수 있다.

최승희는 어려서 노래를 잘 하였기 때문에 모임이 있으면 언제나 대표로 노래를 하였으며 본인 또한 가수가 되겠다는 꿈을 갖기도 하였다고 한다. 최승희는 숙명학교 재학 시절에 우에노(上野) 음악 학교에 가지 않겠느냐는 제안을 받기도 하였고 창가(음악)에서 우수한 재능을 보여서 음악 선생님도 최승희의 그러한 재능을 인정하였다고 한다. 그리하여 학비를 지원해주는 학생인 급비생으로 최승희를 음악 학교에 입학시키자고 학교 직원회의에서 제안하여 승낙까지 받았다. 그러나 최승희는 집안 형편 때문에 집에서의 지원을 전혀 받을 수 없는 처지였고, 마침 음악학교에서도 그녀의 나이가 어리다는 이유로 입학을 허락하지 않아서 그 꿈을 접을 수밖에 없었다.[33]

그러므로 최승희가 음반을 취입한 것은 어렸을 때의 꿈을 이루기 위한 행위로 이해할 수 있다. 누구에게나 이루지 못한 꿈은 미련으로 남기 마련이다. 그 꿈이 간절하면 할수록 그 미련 또한 클 수밖에 없다. 어쩌

---

[33] 『객석』 1989.9, 164쪽; 김찬정, 앞의 책, 28쪽; 정병호, 앞의 책, 31~32쪽; 정수웅 편, 앞의 책, 16쪽.

면 최승희에게 있어 노래가 그런 것이었을지도 모르겠다. 이루지 못해 미련으로 남은 꿈. 그 때문에 최승희는 콜럼비아에서 음반 취입을 제의 받았을 때, 그 제의를 승낙했을지도 모른다. 게다가 〈향수의 무희〉는 자신이 직접 작곡까지 해서 자신의 음악적 기량까지 펼쳐 보였다.

그러나 음반에 대한 반응은 그다지 좋지 않았던 것으로 보인다. 이후의 다른 음반이 더 이상 발매되지 않은 것만을 보아서도 그러한 사실을 짐작할 수 있다. 그러나 그보다 더 큰 문제는 최승희가 노래에 전력을 기울일 시간적 여유가 없었다는 것이다. 1936년은 그녀의 무용 활동이 매우 활발하게 전개되었을 때라서 그녀가 공연 외에 다른 일에 시간을 할애할 여유가 없었다. 게다가 1937년부터는 미국 공연까지 시작했던 것이다. 상황이 이러하다 보니, 더 이상의 음반 발매는 이루어질 수 없었다.

최승희의 〈이태리의 정원〉은 1950년대까지도 불렸다. 일제강점기에 최승희가 불렀던 〈이태리의 정원〉이 '탱고'라는 갈래명을 달고 명국환의 노래로 1950년대에 다시 발매된 것을 확인하였다. 명국환이 부른 〈이태리 정원〉(문대환 편곡, 명국환 노래, 신신 S375)은 문대환의 편곡으로 신신 음반회사에 발매되었다.[34] 비록 정확한 발매연도는 알 수 없으나, 이를 통해서 〈이태리 정원〉이 1950년대까지 널리 불렸음을 알 수 있다.

한편 김찬정은 최승희의 목소리가 초보자의 영역을 벗어나지 못했다고 평가하였으나,[35] 꼭 그렇게 볼 수만은 없다. 오늘날의 관점에서 보면, 최승희의 목소리가 매우 초보적인 수준에서 벗어나지 못한 것으

---

34 참고로, 명국환이 부른 〈이태리 정원〉의 가사를 소개하면 다음과 같다.
　　"우리 집 뜰에 와서 / 함께서 노래 부를까 / 두 손 잡고 춤추고 돌아다니면서 / 사랑의 노래 맞추어 부를까"
35 김찬정, 앞의 책, 186쪽.

로 들릴 지도 모르겠다. 그러나 당시의 관점으로 보면, 최승희의 목소리는 새롭고 세련된 것으로 들릴 수도 있다. 실제로 노래를 들어보면, 최승희의 목소리가 매우 맑고 청아하다는 것을 알 수 있다. 또한 〈향수의 무희〉에서는 허밍과 가성을 사용하여 슬픈 노래의 정조를 충분히 살려주고 있다. 물론 다소 음이 불안정하다는 느낌이 들기도 하고 최승희의 노래에서 동시대의 이난영이나 박향림이 보여주었던 간드러짐은 찾아볼 수도 없다. 그러나 재즈송이라는 갈래에 걸맞게 최승희의 목소리는 세련된 도시의 정조를 드러낸다고 할 수 있다.

요컨대, 최승희의 음반 취입은 음반회사의 상업적인 목적에 의하여 이루어졌다. 특히 당대의 다른 무용가였던 배구자가 음반을 취입하자, 다른 음반회사에서도 최승희에게 음반 취입을 제의하였던 것으로 보인다. 그러나 최승희의 음반 취입은 단순히 음반회사의 상업적인 전략 외에 최승희 자신의 못 다 이룬 꿈의 실현이라는 측면에서도 이해할 수 있다. 아울러 그녀의 음반은 그녀가 단순히 무용가가 아니라 다재다능한 예능인이었음을 증명한다고 볼 수 있다.

5. 맺음말

최승희는 단지 무용가가 아니라 20세기 전반기에 광고 모델, 가수, 영화배우로도 활동하였던 다재다능한 예능인(entertainer)이었다. 물론 그가 주종으로 삼은 것이 무용이었다는 것은 의심의 여지가 없다. 그러나 여기서는 그녀가 취입하였던 음반의 실체를 소개하는 데에 초점을 맞추고자 하였다. 그리하여 그녀가 녹음한 음반에 대한 정보를 정확하게 제시하고 실제 작품을 소개하여 최승희가 부른 노래에 대한 이해를 높였다.

최승희가 음반을 취입한 것은 일차적으로 당시 음반회사의 상업적인 목적에 기인한다. 특히 비슷한 시기에 배구자가 포리돌에서 음반을 발매하자, 콜럼비아에서 배구자와 종종 함께 거론되는 최승희에게 눈을 돌렸던 것으로도 보인다. 여기에다가 음반 취입은 어렸을 때부터 음악가가 되겠다는 꿈을 꾸기도 하였던 최승희가 자신의 못 다 이룬 꿈을 실현할 수 있는 기회가 되기도 하였다.

최승희의 말년은 비록 불우하였으나 그는 20세기 전반기의 위대한 무용가이자 예능인이었음에 틀림없다. 이에 더해 오늘날 한류의 원조로도 이해할 수 있다. 개인적으로, 최승희의 〈이태리의 정원〉은 이 시기 대중가요 중에서 가장 좋아하는 노래이다. 이 노래를 좋아하는 것이 발단이 되어서 이 글을 쓰게 되었으며, 이 글을 쓰는 내내 최승희의 노래를 듣기도 하였다. 노래를 듣고 있노라면, 20세기 전반기라는 격동의 시대를 온몸으로 살아낸 한 무용가의 일생을 만나게 된다. 노래를 통해 무용가 최승희와 조우하는 일은 슬프지만 아름다운 일이다. 최승희는 죽고 없으나 그녀가 부른 노래는 살아남아 여전히 울려 퍼진다. 시대를 초월하여 지금 시대의 누군가에게 영향을 주는 것. 바로 그것이 노래의 힘이다. 최승희 노래의 의미도 여기서 찾을 수 있다.

참고문헌

「월북 무용가 최승희를 재조명한다」, 『객석』, 1989.9.

김준영, 「문예부장의 제작 고심기」, 『조광』, 1938.2.
김찬정, 『춤꾼 최승희』, 한국방송출판, 2003.
박찬호, 『한국가요사』, 현암사, 1992.
배구자, 「많이 웃고 많이 울던 지난날의 회상, 무대생활 20년」, 『삼천리』, 1935.12.
서울신문사 편, 『북한인명사전』, 서울신문사, 2004.
신나라 레코드 편, 『불멸의 명가수－유성기로 듣던 1925~1945』, 신나라, 1996.
이서구, 「서울 맛·서울 정조－경성의 쨔쓰」, 『별건곤』, 1929.9.
이애순, 『최승희 무용예술연구』, 국학자료원, 2002.
장유정, 『오빠는 풍각쟁이야－대중가요로 본 근대의 풍경』, 민음in, 2006.
정병호, 『춤추는 최승희』, 뿌리깊은나무, 1995.
정수웅 편, 『최승희－격동의 시대를 살다간 어느 무용가의 생애와 예술』, 눈빛, 2004.
최승희, 『조선민족무용기본』, 동문선, 1991.
_____, 『최승희 무용극 대본집』, 한국문화사, 1999.
한국정신문화연구원 편, 『한국 유성기음반 총목록』, 민속원, 1998.

http://www.jvcmusic.co.jp/-/Discography/A002313/-.html
http://world.std.com/~kcl/ralph_erwin_vogl_top.html

1930년대 기생의 음악활동 일고찰[1]

대중가요 가수를 중심으로

1. 머리말

1930년대의 기생[2]은 매우 다양한 모습으로 존재하였다. 사회 일각에서는 기생철폐론[3]이 공론화되어 기생을 봉건적인 유물로서 배척해

---

1 「1930년대 기생의 음악활동 일고찰－대중가요 가수를 중심으로」, 『민족문화논총』 제30집, 영남대 민족문화연구소, 2004.

2 20세기 전반기의 기생은 그 전시대의 기생과는 판이하다. 그 전 시대의 기생은 제도 속의 기생으로 관기만을 지칭하였다면, 20세기 전반기의 기생은 관기제도가 폐지되고 많은 변화를 겪었다. 조합을 거쳐 권번에서 조직화되어 기예를 선보이는 것을 업으로 하는 기생이 있는가 하면, 매매춘을 업으로 하는 사람들마저도 넓은 의미의 기생 속에 포함되어 기생으로 지칭하기도 하였다. 본고에서 지칭하는 기생은 주로 권번에 소속되어 기예를 선보이는 것을 업으로 하는 여자를 지칭하나, 매매춘을 업으로 하는 여자까지도 기생에 포함시켜 기생을 넓은 의미로 사용하기로 한다.

3 한청산(韓靑山)은 『동광』 28(1931.12)에서 다음의 세 가지 이유를 들어서 기생 철폐를 주장하였다. 첫째, 기생이 奴隷賣買制의 遺物이라는 것, 둘째, 기생이 家庭의 破壞者라는 것, 셋째, 기생이 國民元力의 消耗者라는 것이 그것이다. 아울러 『동광』 28에는 각계 인사 14명에게

야 할 대상으로 인식하는 와중에도 1930년대의 기생은 새로운 문화적 주체로 떠올랐다. 그리하여 그들은 소비와 유행을 주도하기도 하고 배우 또는 가수로 활동하기도 하였다. 본고에서는 특히 1930년대에 대중가요 가수로 활동한 기생들을 주목하고자 한다. 대중가요 가수로 활동한 기생을 주목하는 이유는 주로 전통가요[4]에서 특장을 보였던 기생들이 어떤 배경에서 대중가요계로 진출하였으며, 이에 대한 대중들의 반응과 당시 대중가요계에서 기생들의 위상이 궁금하기 때문이다.

1930년대 대중가요 가수로 활동한 기생에 대한 연구로는 다음의 논문이 있다. 이재옥은 각 음반회사별로 음반을 취입한 기생의 명단과 취입 갈래명을 제시하면서 기생들이 1930년대 음악인으로서 중요한 역할을 하였음을 주장하고 있다.[5] 또한 송방송은 대표적인 기생출신의 가수 6명을 신민요 가수로 명명하고 그들이 부른 노래와 곡명 등을

"기생제도 철폐의 가부(可否)와 그 이유"를 묻고 그에 대한 대답을 실었는데, 14명 중에서 8명이 기생철폐를 주장하였고, 6명은 현 사회에서 기생제도는 어쩔 수 없는 현상이라며 자못 인정하는 태도를 드러냈다. 한편, 『동광』 29(1932.1)에서 오기영(吳基永)은 『동광』 전 월호에 실린 기생제도 철폐를 비판하면서 기생제도를 매음제도의 한 파생으로 보고 매음제도는 자본주의경제조직에서 필연적으로 발생한 것이라며 자본주의제도가 붕괴되기 전까지 기생제도의 철폐는 보류할 수밖에 없다고 주장하고 있다. 이처럼 1930년대 당시에 기생철폐에 대한 공론이 분분하였다.

4 여기서 전통가요는 주로 잡가, 판소리, 민요 등을 지칭한다. 이들 전통가요는 기존에 이미 향유되다가 유성기가 등장한 이후에 음반에 실리게 되었다. 전통가요가 대중매체를 통해서 대중들에게 향유된 점을 염두에 두면 전통가요도 넓은 의미의 대중가요에 포함된다. 그러나 유성기라는 대중매체가 등장한 이후에 발생한 대중가요와 이전부터 대중들에게 인기를 얻다가 음반에 수록된 전통가요는 다르게 인식할 필요가 있다. 그러므로 좁은 의미의 대중가요는 '작사자와 작곡자가 가수에게 부르게 할 요량으로 새롭게 창작한 노래'를 지칭한다고 할 수 있다. 요컨대 넓은 의미의 대중가요에는 전통가요도 포함되지만 본격적인 의미의 대중가요와 전통가요를 구별하여 논의의 편의를 도모하고자 한다. 따라서 본고에서 대중가요를 지칭할 때는 본격적인 의미의 대중가요만을 지칭하는 것이다. 대중가요의 갈래에 대해서는 장유정, 「갈래를 통해 본 20세기 초 한국 가요의 전개 양상―유성기 음반 가사지를 중심으로」, 『국문학연구』 제10호, 국문학회, 2003; 장유정, 「일제강점기 한국 대중가요 연구―유성기 음반 자료를 중심으로」, 서울대 박사논문, 2004를 참고할 수 있다.

5 이재옥, 「1930년대 기생의 음악활동 고찰」, 『한국음악사학보』 제30집, 한국음악사학회, 2003.

제시하여 그들이 당시 신민요 가수로서 중요한 위치를 담당하였음을 밝혔다.[6] 그러나 이재옥의 논의는 음반을 취입한 기생의 명단만을 제시하고 있을 뿐, 대중가요 가수로 활동한 기생에 대한 본격적인 논의는 이루지 못했다는 아쉬움이 있다. 이에 반해 송방송은 대표적인 기생 가수의 음반 목록을 소개하고 그들의 생애를 밝히려 하였다는 점에서 일단 본격적인 논의를 이루었다고 할 수 있다. 그러나 목록에서 누락된 것이 많고 기생 가수들의 생애를 언급한 부분에서 오류가 발견된다. 또한 기생 가수들의 활동에 긍정적인 의미를 부여하였다는 점에서는 동의하면서도 기생 가수들의 위상을 언급한 부분에서는 의견을 달리하는 점이 있어서 이를 재고하고자 한다.

따라서 본고는 기존의 연구 성과를 존중하면서 나름대로 당시의 사료를 십분 활용하여 1930년대 기생이 대중가요계로 진출하게 된 배경과 이에 대한 대중들의 인식을 살펴보고자 한다. 아울러 기왕의 논의에서 언급한 기생 가수들의 음반 취입목록을 제시하고 당시의 사료를 토대로 하여 그들의 생애를 밝혀보고자 한다. 이와 같은 작업을 통해서 1930년대 대중가요사적인 측면에서 기생 가수들의 위상과 그 의미도 드러나리라 기대한다.

---

6   송방송, 「신민요 가수의 음악사회사적 조명 — 권번 출신의 여가수를 중심으로」, 『낭만음악』 제14권 제3호(통권55호), 2002 여름.

2. 기생들의 대중가요계 진출

우리나라의 음반사(音盤史)는 기생과 밀접한 관련을 맺으면서 시작
하였다. 1899년에 유성기 시청회(試聽會)가 있었을 당시에도 기생이 음
반 녹음에 참여하였을 뿐만 아니라[7] 1907년에 미국 콜럼비아에서 첫
상업음반을 제작할 당시에도 기생이 음반 녹음에 참여하였다.[8] 특히
잡가와 판소리와 같은 전통가요가 대중들의 인기를 얻으면서 전통가
요에 특장을 드러낸 기생들이 자연스럽게 음반 녹음에 적극적으로 참
여하게 되었다.[9]

이처럼 기생들이 음반 녹음에 참여할 수 있었던 것은 그들이 이미
전문적인 기량을 갖춘 예능인이었기 때문에 가능한 일이었다고 생각
한다. 학습을 통해 기예를 전문적으로 배운 기생들은 이미 상당한 수

---

[7] 외부에서 일전에 류성긔(留聲機)를 사셔 각항 노러 곡죠를 불너 류성긔 속에다 넛코 희부대
신 이하 제관인이 츈경을 구경 ᄒ랴고 삼쳥동 감은뎡에다 죤치를 비셜 ᄒ고 셔양 사롬의 모
든 긔계를 운젼 ᄒ야쓰는딕 몬져 명챵 광딕의 츈향가를 넛코 그 다음에 기싱 화용과 밋 금랑
가사를 넛코 말경에 진고기픠 계집 산홍과 밋 사나히 학봉등의 잡가를 너엇는딕 긔관되는 작
은 긔계를 밧고아 쑴이면 몬져 너엇던 각항 곡죠와 ᄭ치 그 속에서 완연히 나오는지라 보고
듯는 이들이 구름 ᄀᆺ치 모혀 모도 긔이 ᄒ다고 칭찬ᄒ며 종일토록 노라다더라.(『독립신문』,
1899.4.20. 강조는 인용자)

[8] 大抵 蓄音機(留聲機)는 家庭娛樂ᄒ는딕 用ᄒ고 ᄯᅩ 一家團欒 ᄒ는 樂에도 仲媒가 되미 第一必
要ᄒ거슨 임의 大韓國上下의 一般認許ᄒ신 빙오며 弊店이 向時에 大韓樂工 韓寅五와 官妓崔
紅梅와 其外 數名을 特別이 日本에 聘用ᄒ야 平圓盤의 諸般音譜가 今回에 成就ᄒ엿습고 店員
三名을 大韓國 左記ᄒ 곳에 派遣ᄒ야 널니 貴國上下가 一齊히 注文ᄒ심을 밧씻스오니 以後에
도 더욱 愛顧ᄒ심을 바라와 갑슬 廉ᄒ게 ᄒ고 物品도 精良ᄒ게 홀터이오니 僉位紳士게셔는
陸續注文ᄒ심을 千萬懇願ᄒ옵ᄂᆞ이다 特約大發賣 麒麟標麥酒 京城本町三丁目 韓國總代理店
辻屋 電話六三六番(『만세보』, 1907.3.19~3.31, 4쪽 광고)

[9] 전통가요의 음반 녹음에 참여한 기생에 대해서는 권도희, 「전기 녹음 이전 기생과 음반 산
업」, 『한국음반학』 제10호, 한국고음반연구회, 2000과 손태룡, 「영남 여류명창의 유성기 음
반」, 『한국음악사학보』 제20집, 한국음악사학회, 1998을 참조할 수 있다.

준의 춤과 노래 실력을 갖춘 사람들이었다. 다시 말해서 그들은 근대적인 의미의 가수라는 개념조차 없었던 시기에 이미 초창기 가수로서의 면모를 지니고 있었다고 할 수 있다. 그 때문에 음반사(音盤史)의 시작과 더불어 기생들의 활약도 두드러졌다.

그런데 1930년대에 이르면 전통가요의 음반 녹음에만 주력하였던 기생들 중에 대중가요계로 투신한 기생들이 나타난다. 이러한 경향은 1920년대 중반부터 생겨났는데, 김산월과 도월색이 녹음한 〈이 풍진 세상을〉[10]은 기생들이 대중가요로 그 영역을 확장한 초창기의 예에 해당할 것이다.[11] 그러나 본격적으로 기생이 대중가요계에 투신한 것은 1930년대에 들어서의 일이다.

1930년대에 들어서 기생들이 대중가요계로 투신하게 된 것은 일단 화류계의 불경기에서 그 한 원인을 찾을 수 있다. 당시 기생들은 권번으로 조직되었는데, 불경기로 인하여 기생들이 권번에 소속된 것만으로 생활을 영위하기는 어려웠던 것으로 보인다. 1930년 당시 기생들은 기생 한 명당 매달 약 4원의 예기세(藝妓稅)를 세금으로 냈는데,[12] 『매일신보』 1930년 1월 23일자에는 한성, 한남, 대동, 대정 권번의 기생 약 300여 명이 예기세를 감면해 달라는 진정서를 냈다는 기사가 실려 있다. 즉 불경기로 인하여 기생들의 수입이 적어져서 생활을 지탱할 수 없는 형편이므로 예기세를 내려달라고 한 것이다. 이러한 사정은 서울뿐만 아니라 지방도 마찬가지였던 것으로 추정된다. 『매일신보』 1930

---

10 〈이 풍진 세상을〉가튼 작사, 김산월·도월색 노래, 일축 K547B, 1925.9 발매.

11 『매일신보』, 1925.8.23에는 김산월과 도월색 등의 사진과 더불어 '유성기에 소리 너흔 기생'이라는 제목으로 간단한 내용의 기사가 실려 있다.

12 기생들에게 세금을 받은 것은 1914년경부터 시작되었던 것으로 보인다. 당시의 신문을 보면 '당국에서 기생과 창기로부터 매삭 얼마씩의 세금을 받기로 하였는데, 이에 대한 반발도 많아서 폐업하는 기생도 있었다'고 한다.(『매일신보』, 1914.4.26)

그림 91. 기성 기생학교

년 2월 21일자에는 인천(仁川) 용동권번(龍洞券番) 기생 삼십 여명이 불경기로 생활이 극난하니 영업세 4원을 반감해 달라고 진정서를 제출했다는 기사가 실려 있다.

겉으로는 화려하게 보이는 기생이지만 잘 나가는 기생을 제외하고는 기생들의 생활도 곤궁하기는 마찬가지였다.

현재 기성권번(箕城券番) 총인원(總人員)은 이백오십이명이다. 그 중에서 휴업이 19명, 림시휴업이 이십륙명. 그러닛간 불니우는 기생은 결국 이백 일곱명이다. 그러면 이 이백일곱명의 기생이 매일밤 불니는가? 대답을 기다리지 안어도 무론 다 못불니는 것이다. 그럼 얼마나 하로ㅅ밤에 불니고 얼마나 못불니는가? 그리고 하로ㅅ밤에 두 번 또는 세 번 또는 그 이상 불니는 이가 얼마나 되는가? 하로ㅅ밤에 한 번 불니는 이가 륙십륙명, 그리고 두 번 불니는 이가 사십칠명, 세 번 이상 불니는 이가 이십일명, 도모지 못 불니는 이가 앗갑게도 칠십일 명이나 된다.(이것은 소화 팔년 십이월 조사다)[13]

여기서 휴업과 임시휴업은 아이를 낳았거나 임신 중인 기생들을 의미한다. 결국 1933년 12월 당시 기성권번의 기생 250명 중에서 소위 잘 나가는 기생은 66명에 불과하였다. 상황이 이러하다보니, 기생들의 생활은 몇몇 잘 나가는 기생들을 제외하고는 그다지 좋지 않았다고 할 수 있다. 이처럼 화류계의 불경기로 인해서 기생은 권번 생활만으로는 그 생활을 지탱하기가 어려웠다. 기생은 일종의 자구책을 강구할 수밖에 없었고 대중가요계로의 진출도 그 한 방법이었다고 할 수 있다.

그러나 기생들이 대중가요계로 진출한 데에는 무엇보다도 기생에게 눈을 돌린 음반 제작자들의 역할이 가장 컸다고 할 수 있다.

평양기생권번기생(平壤箕城券番妓生) 왕수복(王壽福)과 최명주(崔明珠) 량 명이 금번 동경 콜럼비아 축음기회사의 초청으로 조선(朝鮮) 가사(歌詞)를 취입하러 오는 三十일 오전 三시에 평양역발 열차로 동경에 향하러 가는데 취입 가사는 대체 다음과 가티 내정되엿다는바 수만은 기생 가운데서 선정됨과 동시에 평양기생으로 취입케됨은 첫번인만치 레코드팬들은 다대한 흥미와 기대를 갓고잇다 한다.[14]

콜럼비아 회사는 수많은 기생 가운데서 왕수복과 최명주를 선정하

---

13 김산월(金山月),「古都의 絶代名妓─主로 平壤妓生을 中心삼고」,『삼천리』, 1934.7.
14 『매일신보』, 1933.5.27. 또한『조광』1939년 3월호에서도 '純全한 妓生'으로서 레코-드界에 出現하기는 아마 王壽福이 第一 처음'이라며 왕수복이 기생으로서는 처음으로 대중가요계에 투신한 사람이라고 하고 있다.

여 기생으로는 처음으로 음반을 취입시켰다. 이때부터 기생들의 대중
가요계 진출이 본격적으로 이루어졌는데, 왕수복을 필두로 하여 선우
일선, 김복희, 이화자, 이은파, 김인숙, 최연연, 김연월, 최창선, 한정옥
등이 기생 출신의 대중가요 가수로 활동하였다.[15] 특히 평양 기생들이
대중가요계로 투신한 경우가 많았다.

　이처럼 기생들이 대중가요계로 진출한 것은 기생들에게 눈을 돌린
음반 제작자의 노력으로 가능하였다. 1930년대 후반에 가면 철철이 가
수가 되겠다며 음반회사를 찾는 사람들이 많았으나 그들 중에서 실력
있는 가수를 찾기란 쉽지 않은 일이었다.[16] 또한 1930년대 중반까지는
여전히 쓸만한 가수가 없어서 '레코드 가수 고갈시대'라는 표현까지 지
면에 등장하고 있다.

　　조선의 레코-드에는 레코-드 예술가가 얻기 어려운 모양이다. 레코-드 제
　작자 편에서는 새 것, 새 것 하고 갈창질팡하지만 새 것을 가지고 나와주는 레코
　-드 예술가를 얻기 어려워서 소질만 있으면 꺼러다가 이리저리 맨드러서 내세
　우는 수가 많어서 이 방면에 기초지식이 없는 자로서는 기껏해야 이삼년 계약
　기한도 채이지 못하고 해약이 되는 수가 많은 모양이다. 그리고 류행가는 그 한
　취입가로서 인기를 오래 갖일수 없으며 여기에 천분이 있는 사람이라도 곡조
　(曲調)를 잘못 맛나면 처음부터 인기를 얻지 못하야 허덕허덕 하다가 사러지는
　사람도 있다. 대체로 수명이 짜르다는 말이다.[17]

15　「歌手의 都 · 平壤」, 『삼천리』, 1935. 11.
16　1939년 당시에는 '가수를 지원하는 사람의 수효가 하늘의 별 수효보다 많다'고 까지 할 정도
　　로 가수지원자가 많았다고 한다. 그러나 실제로 이들 중에서 실력 있는 가수를 찾는 일은 쉽
　　지 않았다고 한다.(구완회, 「유행 가수 지망자에게 보내는 글」, 『조광』, 1939. 5)
17　「레코-드 가수 枯渴時代」, 『조광』, 1935. 12.

그림 92. 평양 기생학교 기생들의 공연

　대중가요의 생리상, 그 노래의 수명이 길지 않고 대중들 또한 계속 새로운 것을 기대한다. 이러한 대중들의 기대에 부응하기 위해서 음반 제작자들 또한 새 것을 찾아서 갈팡질팡하지만 실제로는 실력 있는 가수를 구하기가 어려웠다. 사정이 이렇다보니 실력 있는 가수를 서로 영입하기 위해서 음반회사들 간의 경쟁도 치열하였다.[18] 이러한 상황에서 기생들은 자연스럽게 새로운 대중가요 가수로 등장할 수 있었다. 미모와 실력을 겸비한 기생들은 대중가요 가수로 활동하는 데에도 전혀 손색이 없었던 것이다.

18　가수를 사이에 두고 음반회사들 사이에 이루어진 경쟁을 이른바 '가수쟁탈전'이라고 할 수 있는데, 이난영을 둘러 싼 오케와 태평의 암투(號外生, 「레코드의 열광시대」, 『별건곤』, 1933.11)나 포리돌의 문예부장으로 있던 왕평이 콜럼비아에서 왕수복을 데려오기 위해 동경에서 취입하고 돌아오는 왕수복을 일주일 동안 행방을 감추게 하여 자신의 회사와 계약을 맺게 한 것(「레코드계의 내막을 듣는 좌담회」, 『조광』, 1939.3) 등이 그러한 예에 해당한다.

어려운 권번 생활로 인한 기생들의 자구책 마련과 제작자들의 요구 조건이 맞아떨어진 것과 더불어 1930년대 중반에 신민요의 인기는 기생 가수들의 활동을 부추긴 측면이 있었던 것으로 보인다. 신민요는 말 그대로 '새로운 민요'로, 이른바 전통가요를 계승하면서 출현한 자생적인 대중가요라고 할 수 있다.[19] 신민요는 자생적인 대중가요라는 이름에 걸맞게 전통가요의 어법과 형식 등을 계승한 측면이 다른 갈래의 대중가요에 비해 상대적으로 많았다. 신민요는 잡가와 경서도 민요의 계보를 잇는 선율, 톤, 리듬, 음계 등을 갖고 있었기 때문에 전통의 민족적인 발성체계가 몸에 젖어있어야지만 신민요의 음악적 형상미를 살릴 수 있었다.[20] 이러한 신민요의 음악적 형상미를 살리는 데에는 기생 가수가 제격이었다고 할 수 있다.

물론 모든 기생 가수가 신민요에만 특장을 드러낸 것은 아니며 기생 출신이 아니라 하더라도 신민요를 부른 가수가 많았다. 그러나 기생 가수 중에는 신민요에 유독 특장을 드러낸 가수들도 있었다. 이는 신민요가 전통가요의 계보를 잇는 측면이 많았기 때문에 가능한 일이었다고 할 수 있다. 기생들은 이미 전통가요를 습득하였기 때문에 그 계보를 잇는 신민요도 쉽게 소화해냈으리라는 짐작이 가능하다.

1930년대 당시, 음반 제작자들은 기생 가수의 활약을 기이한 현상으로 여기면서도 기생 가수의 출현을 필연적인 동시에 긍정적인 것으로까지 평가하기도 하였다.

---

19 신민요를 자생적인 대중가요로 본 견해에 대해서는 장유정, 「1930년대 신민요에 대한 당대의 인식과 수용」, 『한국민요학』 제12집, 한국민요학회, 2003; 장유정, 앞의 글, 2004를 참조할 수 있다.

20 최창호, 『민족수난기의 대중가요사』, 일월서각, 2000, 53~54쪽.

김능인 : 朝鮮妓生史를 보면 大詩人, 大畵家도 수두룩한데 歌手쯤이야 못 되겠읍니까? 이런 意味에서, 妓生歌手는 存續되리라 봅니다. 그러나 現在 朝鮮 레코-드界에 妓生歌手가 절대다수를 占함은 確實히 過渡期的 現狀입니다. 音樂學校 出身의 歌手들이 좁은 自尊을 버리고 勇敢히 境域을 奪取하며 또 그들의 人氣가 妓生歌手들을 凌駕할 때(이것이 큰 문제입니다) 이 奇現象은 사러질 것입니다.

박영호 : 구태여 女學生歌手라야만 된다는 法律이 없는 以上 妓生歌手도 無妨하죠. 어찌 生覺하나 치면 現在의 妓生唱風이 노래로서의 새 形式이 될는지는 몰으니까.

민효식 : 1. 레코-드의 存在와 함께 持續되겠지요. 2. 分離시킬 必要도 없겠지요.

이일민 : 能率이 많이 나고 또 利用키 便宜하니 그 存在는 當分間持續될 것 갔읍니다.

이서구 : 妓生歌手는 얼마동안 無視하지 못할 것이외다.[21]

위의 인용문은 "기생 가수의 존재는 어느 시대까지 지속될 것인가? 또는 영원히 음반과는 분리시킬 수 없는 것일까요?"라는 질문에 대한 각 음반회사 대표자들의 대답이다. 인용문을 통해서도 알 수 있듯이, 음반 제작자들은 기생 가수가 여자 가수의 절대 다수를 점하는 현상이 기이한 것이기는 하지만 기생 가수의 출현과 이들에 대한 대중들의 선호를 필연적인 것으로 인식하고 있다. 음반 제작자들이 기생 가수를 선호하는 첫 번째 이유는 그들이 대중에게 많은 인기를 얻고 있기 때문이다. 가수의 인기는 음반회사의 이윤과 곧바로 연결되는 측면이 있

21 「조선문화의 재건을 위하여」,『사해공론』, 1936.12.

어서 그들의 인기는 결코 무시할 수 없다. 그 때문에 음반 관계자들은 인기가 많은 기생 가수를 선호할 수밖에 없었던 것이다. 두 번째로 기생들은 활용하기가 쉽다는 장점을 지니고 있었기 때문에 음반 제작자들이 이들을 선호하였다. 권번에 소속된 기생들은 이미 어느 정도의 음악적 수련을 마친 뒤라 효과적으로 활용할 수 있었고[22] 권번을 통해서 음반회사들은 원하는 기생과 쉽게 접촉할 수 있었다.

> 音樂家로서 아모 地方사람 보담 만이 輩出되고 잇다는 그것이 그다지 奇異한 現象은 아닐 것이다. 다시 말한다면, 自古로 페-소쓰한 情緖的 傳統을 音樂的 學問에서 바든 平壤妓生들이, 오늘날 企業家한데 자기네의 利益을 爲하야 所謂 企業家的 眼目에 第一先着으로 드러간다는 것은 한 時間的 當路일 것이다. 그리고 본대 妓生이란 맨먼저 얼골이 엡뻐야한다. 얼골에 아-모 自信이 없으면 當初에 妓生되기부터 안엇을 것이다. 그러닛깐, 오늘날에 잇서서, **企業家의 資本主義的 商品으로서 市場에 내노흠에 잇서서, 이왕이면 레코-드 歌手로 택하겟는데, 더구나 音樂的 傳統까지 가지고 잇을 뿐만 아니라, 事實에 잇서서 식커보면 행결 잘하는 데 잇서서랴.**[23] (강조는 인용자)

음반은 기본적으로 경제적 원리의 지배를 받는 일종의 상품이다. 따라서 음반제작자의 입장에서 볼 때, 얼굴도 예쁘고 일정 정도의 음악적 수련을 마친 기생이 불러서 취입한 음반은 기본적으로 상품으로서

---

[22] 참고로 1934년 당시 평양기생학교에서 기생들이 배운 교수과목은 다음과 같다.
제1학년 : 歌曲, 書畫, 修身, 唱歌, 朝鮮語, 算術, 國語
제2학년 : 羽調, 詩調, 歌詞, 朝鮮語, 算術, 音樂, 國語, 書畫, 修身, 唱歌, 舞踊
제3학년 : 歌詞, 舞踊, 雜歌, 唱歌, 日本唄, 朝鮮語, 國語, 東西音樂, 書畫, 修身, 唱歌(「평양기생학교구경」, 『삼천리』, 1934.5)
[23] 김상룡, 「歌手의 都・平壤」, 『삼천리』, 1935.11.

의 가치를 지니고 있다고 여겼을 것이다. 그 때문에 기생들은 1930년대 중반에 대중가요 가수로 활발하게 활동하였다.

3. 기생 가수에 대한 대중들의 호응

1930년대부터 기생들은 본격적으로 대중가요 가수의 반열에 올랐다. 그러면 이들에 대한 대중들의 호응은 어떠하였을까? 기생 가수의 인기가 어느 정도였는지를 살펴봄으로써 기생에 대한 대중들의 호응 정도도 알 수 있을 것이다. 이른바 '레코드 가수 인기투표'는 가수에 대한 대중들의 선호도를 객관적으로 알려주는 지표가 될 수 있다. 1934년 11월호 『삼천리』 잡지에는 '레코드 가수 인기투표'에 대한 다음과 같은 광고가 실렸다.

> 거리의 꾀꼬리요, 거리의 꽃으로 이 짱을 즐겁게 꾸미는 훌융한 民衆音樂家 ─ 그는 레코─드 界의 歌手들입니다. 우리는 여기에서 天才를 차저냅시다. 一九三四, 五年代의 「朝鮮의 보배」를 차저냅시다.
>
> 下段 用紙에 당신께서 가장 훌융하다고 생각하는 歌手氏名을 男女別로 記하여 二錢郵票 부처서 서울 三千里社, 「人氣投票係」로 보내시요. 그러면 賞탈資格이 생깁니다. 그리하면 每月 十日까지 마감한 그 成績을 그달 그달 誌上에 發表하엿다가 明春四月紙面에 아조 當選決定을 公表합니다. 가장 多点의 人氣歌手에게 投票한 분을 公正한 方法으로 抽籤하여 그 중에서 一, 二, 三等, 及 等外를 選하여 別記 二百圓어치의 賞品을 分配 贈呈합니다.

(注意) 指名歌手는 新民謠, 流行歌의 歌手에 限[24]

　　대중가요의 인기가 한창 치솟던 1930년대 중반에 '레코드 가수 인기
투표'가 『삼천리』 잡지의 주최로 실시되었는데, 남녀 가수 각각 한 명씩
의 이름을 적어서 삼천리사로 보내면 매달 인기투표 결과를 발표하고
1935년 4월에 마지막으로 당선결정을 공표한다는 광고이다. 특히 삼천
리사는 200원 상당의 상품을 내걸어서 대중들의 참여를 유도하고 있
다.[25] 인기투표는 1935년 1월에 제1회 투표를 시작하여 1935년 4월에 마
감하기로 계획되었다. 그러나 삼천리사의 사정으로 1935년 4월호가 발
행되지 않으면서 인기투표 결과의 공표가 연기되어 1935년 9월에 마감
하고 10월에 최종결과를 발표하였다. 1935년 1월부터 1935년 6월까지의
여자 가수 인기투표 결과와 마지막 최종결과를 제시하면 다음과 같다.[26]

	1935년 1월	1935년 2월	1935년 3월	1935년 6월	1935년 10월
1위	왕수복 353표	왕수복 577표	왕수복 956표	왕수복 1,435표	왕수복 1,903표
2위	이난영 313표	이난영 394표	선우일선 567표	선우일선 865표	선우일선 1,166표
3위	선우일선 309표	선우일선 331표	이난영 502표	이난영 801표	이난영 873표
4위	강석연 307표	강석연 312표	김복희 330표	김복희 337표	전옥 387표
5위	정훈모 306표	김복희 309표	강석연 323표	강석연 336표	김복희 348표

　　위의 표에서 보듯이, 10월 최종 투표의 1위부터 5위중에서 기생 가
수가 무려 세 명이나 차지하고 있음을 알 수 있다. 특히 왕수복은 인기

24　『삼천리』, 1934.11.
25　참고로 상품으로는 축음기 두 대, 레코드 백 매, 레코드침 다수를 내걸었다.(『삼천리』,
　　1934.11)
26　『삼천리』, 1935.1 · 1935.2 · 1935.3 · 1935.6 · 1935.10.

투표가 시작한 1935년 1월부터 마지막 10월 최종 투표 때까지 1위 자리를 고수하고 있어서 당시 그의 인기가 어느 정도였는지를 짐작하게 해준다. 1위부터 5위중에서 기생 가수는 왕수복, 선우일선, 김복희이다. 이처럼 이들은 당대에 많은 인기를 얻었던 기생이자 대중가요 가수였다. 당시 이들의 인기가 어느 정도였는지는 다음의 기사를 통해서도 확인할 수 있다.

> 빅타-레코드의 專屬으로 人氣노픈 歌手는 金福姬다. 이 사람은 歌手로서 人氣도 人氣려니와 歌手 以外의 人氣가 또한 놉다. 얼마 전에 所謂 飛行機遠征이라는 말로 서울은 勿論 시골까지에서라도 좀 똑똑한 오입장이면 침을 삼키고 歎服해버린 事件이 잇섯는데 그것은 平壤妓生들의 서울로 遠征을 오는데 飛行機를 타고왔다는 것이다. 金福姬양이 이 飛行機遠征團의 一人임을 알고 새삼스러히 놀래일 必要는 조곰도 업다. 金孃은 平壤産의 歌手로서 일즉이 平壤妓生學校를 卒業하고 빅타-專屬歌手가 되엿는데 얼굴이 예쁘기로 일흠이 놉거니와 목소리도 얼굴에 지지안케 아름답다. 平壤에 잇스면서 서울은 吹叺할 때만 조금式 들럿다간다. 그의 人氣가 노파지자 서울의 好事家들이 電話로 金孃을 불러올리게 되엿스니 旅客機의 貸金은 물론 팬의 負擔이엿스나 飛行機를 타고 京城에 날러와서 世上이 시끄럽게 구는 飛行機遠征이란 새로운 術語를 만들엇든 것이다.[27]

인용문은 당시 『조선일보』에 실렸던 김복희에 대한 기사이다. 인용문을 통해서도 알 수 있듯이 그는 가수로서 뿐만 아니라 기생으로서도 매우 인기가 높았다. 특히 비행기를 타고 평양에서 서울로 취입하러

---

27 『조선일보』, 1937.1.6.

온다고 해서 '비행기 원정'이라는 신조어까지 만들어 낼 정도로 김복희는 당시에 높은 인기를 구가하였다. 이는 다른 기생 가수들도 마찬가지였다. 왕수복, 선우일선, 김복희 등은 1936년 당시 하루에 5~6장 정도의 팬레터를 받았고[28] 일본 대중가요도 유창하게 불렀던 왕수복은 동경과 대판 등지에까지 그 명성이 높아서 '미스 오-상'이라는 칭호까지도 들었다.[29]

기생 가수의 인기와 더불어 기생 가수가 부른 노래 또한 많은 인기를 얻었다. 예를 들어 1935년에 빅타에서 판매 성적이 좋았던 곡은 김복희의 〈폐허의 낙조〉[30]와 〈달 떠온다〉[31]이고, 오케에서는 이은파의 〈앞강물 흘러흘러〉[32]와 또 다른 기생 가수 박부용이 부른 〈노들강변〉[33]이 가장 많이 팔렸다고 한다.[34]

이상에서 살펴본 바와 같이 1930년대 중반에 활약한 기생 가수들은 대중들에게 많은 인기를 얻었다. 그들이 대중들에게 인기를 얻었던 이유는 1930년대 중반에 신민요의 인기가 높아지면서 신민요에 주로 특장을 지녔던 기생 가수들의 인기도 높아졌기 때문이라고 할 수 있다. 그러나 무엇보다도 기생 가수들이 대중의 뜨거운 호응을 불러일으킨 것은 그들이 미모와 실력을 겸비하였기 때문에 가능한 일이었다고 할 수 있다.

---

28 「유행 가수 프로필」, 『매일신보』, 1937.4.17; 「인기 가수 좌담회」, 『삼천리』, 1936.1.
29 『매일신보』, 1935.1.3.
30 〈폐허의 낙조〉(빅타 1935)
31 〈달 떠온다〉(빅타 1935)
32 〈앞강물 흘러흘러〉(김능인 작사, 문호월 작곡, 이은파 노래, 오케 1796A, 1935)
33 〈노들강변〉(신불출 작사, 문호월 작곡, 박부용 노래, 오케 1619A, 1934)
34 「신춘에는 엇든 노래 유행할가」, 『삼천리』, 1936.2.

4. 기생이 취입한 음반 목록과 그들의 생애

앞장에서 살펴보았듯이, 기생들은 1933년부터 본격적으로 대중가요
계에 진출하여 1930년대 중반에는 대중들로부터 상당한 인기를 얻으
면서 명실 공히 인기가수로 자리 잡았다. 그러면 이들이 취입한 음반
의 목록과 그들의 생애가 궁금하지 않을 수 없다. 기왕에 언급된 대표
적인 기생 가수 6명을 중심으로 그들이 취입한 음반 목록과 그들의 생
애를 살펴보기로 한다. 본고에서 다루고자 하는 기생 가수 6명은 왕수
복, 선우일선, 김복희, 이은파, 이화자, 김인숙이다. 사실상 이들 기생
가수들의 인적 사항은 아직까지 제대로 밝혀져 있지 않다. 또는 밝혀져
있다 하더라도 의견이 분분하거나 오류가 있어서 그대로 따르기 어려
운 경우가 많다. 따라서 되도록 당시의 사료를 참조하고 그들 자신의
인터뷰 내용을 참고하여 그들의 인적 사항을 재구성하기로 한다.[35]

한편 음반 목록을 제시하기에 앞서 20세기 전반기 대중가요의 갈래
에 대해 간단하게 언급하기로 한다. 주지하다시피, 본격적인 의미의
대중가요는 일제강점기에 출현하였다. 그 갈래는 크게 '유행가',[36] 신
민요, 만요(漫謠), 재즈송의 네 가지로 분류할 수 있다. 이는 당시에 사

---

35 1935년 당시, 삼천리사는 '레코드 가수 인기 투표'를 실시한 이후에 높은 등수를 차지한 가수
들을 직접 찾아가서 인터뷰하고 그 내용을 『삼천리』 잡지에 몇 회에 걸쳐 실었다. 본고에서
소개하는 가수의 생애는 주로 이 인터뷰 내용과 그 외 당시의 『조선일보』, 『매일신보』, 『사해
공론』 등과 같은 신문 잡지 등의 자료를 토대로 하여 재구성한 것이다.

36 '유행가'에 작은따옴표를 사용한 것은 '어떤 시기에 널리 유행한 가요'를 의미하는 유행가와
구분하기 위해서이다. '유행가' 중에는 엔카의 영향을 받아서 형성된 오늘날의 트로트에 해
당하는 노래가 있는 것이 사실이다. 그러나 당시에 트로트는 2박자의 춤곡을 지칭하는 것으
로 사용되었을 뿐, 갈래명으로 사용되지는 않았다. 또한 '유행가'의 모든 곡이 이른바 트로트
도 아니고 트로트만으로는 '유행가' 전반을 아우를 수 없으므로 트로트라는 표현은 사용하
지 않기로 한다.

용하였던 갈래명을 우선적으로 고려한 결과이다. 네 가지의 대중가요
는 각각 다른 형성과정을 드러냈는데, '유행가'가 기본적으로 일본 대
중음악의 영향을 받아서 생성되었다면 신민요는 전통가요의 형식과
내용을 차용하여 만들어진 자생적인 대중가요에 해당한다. 만요는 일
종의 '코믹송(Comic Song)'으로 넌센스, 만담, 재담 등과 같은 당대의 희
극 양식과 더불어 출현하였고 재즈송은 서양 대중음악의 영향으로 발
생한 일련의 곡들을 의미한다.[37] 따라서 본고는 당시의 갈래명을 존중
하여 목록에는 되도록 당시의 갈래명을 그대로 적시하기로 한다.[38]

　그런가 하면, 현재 유성기 음반의 총 목록은 두 가지이다. 『한국 유성
기음반 총목록』[39]과 『유성기음반 총람자료집』[40]이 그것인데, 둘 다
1907년부터 1945년 광복 이전까지 제작된 유성기 음반을 목록으로 작
성한 것이다.[41] 이 밖에 공간(公刊)되지는 않았으나 이준희가 정리한 유

37　일제강점기 대중가요의 갈래와 그 형성과정에 대해서는 장유정, 앞의 글, 2004를 참조할 수
　　있다.
38　대중가요의 갈래론이 중요한 이유는 갈래를 통해서 그 노래의 성격을 규정하고 갈래가 밝
　　혀지지 않은 노래인 경우에는 그 곡조나 가사를 통해서 갈래 귀속문제를 해결할 수 있기 때
　　문이다. 물론 이는 그 노래나 음반 가사지가 남아 있는 경우에 해당한다. 어떤 노래의 실제
　　곡조를 들어보고 음반 가사지를 검토하면 표기된 갈래명과는 다른 갈래의 대중가요로 판명
　　되는 경우가 있다. 그만큼 당사의 갈래명은 매우 혼란스럽게 사용되었는데 이는 당시에 대
　　중가요의 갈래에 대한 개념이 명확하지 않았음을 반증한다고 할 수 있다. 본고는 일단 당시
　　의 갈래명을 존중하고 따르되, 곡조나 가사를 검토하여 다른 갈래로 판명된 경우에는 별기
　　하여 밝히도록 한다.
39　한국정신문화연구원 편, 『한국 유성기음반 총목록』, 민속원, 1998. 이후로는 『총목록』이라
　　칭한다.
40　김점도 편, 『유성기음반 총람자료집』, 신나라레코드, 2000. 이후로는 『총람』으로 약칭한다.
41　『한국 유성기음반 총목록』과 『유성기음반 총람자료집』은 서로 보완의 관계를 가지고 있
　　다. 『한국 유성기음반 총목록』은 자료 출처에 대한 세밀한 정보를 담고 있는 반면에 음반의
　　종류가 『유성기음반 총람자료집』보다 적다. 반대로 『유성기음반 총람자료집』은 1945년 이
　　전에 발매된 음반을 거의 모두 수록하고 있으나 자료 출처에 대한 정보가 대부분 빠져있다.
　　(이준희, 「시에론레코드 음반목록에 대한 보론」, 『한국음반학』 제13호, 한국고음반연구회,
　　2003, 66쪽)

성기음반목록도 있다.[42] 여기에는 『총목록』과 『총람』의 목록뿐만 아니라 지금까지 알려지지 않은 유성기음반의 목록까지 실려 있어 가장 많은 양의 대중가요 목록을 싣고 있다고 할 수 있다. 이상의 세 목록을 참고하면 완벽하지는 않을지라도 일제강점기에 발매된 음반의 상황을 비교적 상세하고 풍부하게 확인할 수 있다. 세 목록을 참조하여 기생출신의 가수 6명이 취입한 가요의 곡종과 곡목을 검토하도록 한다.

1) 왕수복이 부른 노래와 그의 약력

왕수복은 1917년 4월 23일에 평양 창전리(倉田里)에서 태어났다.[43] 세살 때 아버지를 여의고 어머니 슬하에서 4남매와 더불어 생활한다. 명륜보통학교(明倫普通學校)에서 3학년까지 다니다가 학비 때문에 학교를 그만 두었다. 그 후 그녀는 평양기생학교에 들어가서 13살에 우등으로 졸업하였다. 기생으로 활동하던 그녀는 1933년 5월에 콜럼비아사의 초청으로 또 다른 기생 최명주와 더불어 동경에서 음반을 녹음하였는데, 이때 취입한 곡이 〈한탄〉, 〈신방아타령〉, 〈패성의 가을밤〉 등

---

42 음반 목록을 제공해 준 이준희씨께 이 자리를 빌려 감사의 마음을 전한다.

43 왕수복과의 인터뷰에서 기자가 왕수복에게 어디서 태어났냐고 묻자 그는 다음과 같이 대답한다.
"저요, 저는 평양이야요. 倉田里(덩거덩 式으로 탕덩리하고 평양사투리 그대로 나온다) 장거리 까외다."(「歌姬의 藝術·戀愛, 生活」, 『삼천리』, 1936.6) 한편, 박찬호는 『한국가요사』(박찬호, 현암사, 1992, 230쪽)에서 왕수복의 고향을 진남포라고 하였고 송방송은 『민족수난기의 대중가요사』(최창호, 일월서각, 2000, 186쪽)를 토대로 하여 왕수복이 1917년 평안남도 강동군 입석면 남경리에서 태어났다고 하였다.(송방송, 앞의 글, 30쪽) 그러나 『민족수난기의 대중가요사』에 실린 내용은 일차자료에서 더러 오류가 발견되므로 그 내용을 모두 사실로 받아들이는 것은 문제가 될 수 있다. 본고는 왕수복 본인이 직접 언급한 지역을 출생지로 보는 것이 가장 신빙성이 있다고 판단하여 그를 따랐다.

그림 93. 방송에 출연한 왕수복

이다.[44] 왕수복은 콜럼비아에서 음반 다섯 장, 열 면을 취입하고 그 뒤 포리돌 회사에서 전속 가수로 활동하였다.

포리돌 회사로 가게 된 것은 당시 포리돌의 문예부장으로 있었던 왕 평의 노력으로 가능하였다. 왕평은 동경에 있다가 마침 콜럼비아 회사 의 초청으로 음반 취입을 위해 동경에 온 왕수복의 미성(美聲)을 듣고 괜찮다고 생각해서 돌아오는 기차에서 왕수복을 설득하였다. 왕평은 평양으로 돌아와서 일주일 동안 왕수복의 행방을 감추었다. 다행히 왕 수복이 어떤 회사와도 정식으로 계약을 맺지 않은 상황이란 것을 안 왕 평은 일주일 동안 왕수복과 정식으로 계약을 맺어버렸다. 그리하여 포 리돌에서 처음으로 왕수복이 취입한 노래가 〈고도의 정한〉이었는데, 이 곡이 상당한 인기를 얻으면서 왕수복의 인기도 점차로 높아졌다.

---

44 최창호(앞의 책, 186쪽)는 1932년 봄에 왕수복이 콜럼비아 회사에 취직하였다고 했으나 왕 수복의 인터뷰 기사와 신문자료를 참고할 때 1933년 5월로 보아야 할 것이다.

1930년대 중반에 최고의 인기를 구가하였던 왕수복의 한 달 수입은 300원에서 700원 정도였다. 또한 왕수복은 1935년 당시에 문사부인(文士夫人)을 꿈꾸었는데, 실제로 이효석을 흠모하여 1942년 5월 25일 이효석이 임종할 때도 그 자리에 함께 있었다. 해방 후에는 재북 가수로 북한에서 활약하였다.

왕수복이 부른 노래의 제목과 곡종을 소개하면 다음과 같다.[45]

번호	제목	곡종	발매연도	작사자	작곡자	음반회사	음반번호	비고
1	한탄	유행가	3308			콜롬비아	40441A	
2	울지 말아요	유행가	3308			콜롬비아	40441B	
3	신방아타령	신민요	3309		박용수	콜롬비아	40449A	
4	월아의 강변	유행가	3309			콜롬비아	40449B	
5	위떠부싱	유행소곡	3310	윤영우	윤영우	콜롬비아	40455A	
6	연밥 따는 아가씨	유행소곡	3310	윤영우	윤영우	콜롬비아	40455B	
7	패성의 가을밤	유행가	3311	박용수	박용수	콜롬비아	40459B	
8	망향곡	유행가	3311	박용수	박용수	콜롬비아	40463A	
9	생의 한	유행가	3312		박용수	콜롬비아	40470A	
10	고도의 정한	유행가	3310	청해	전기현	포리돌	19086A	X511B재발매
11	인생의 봄	유행가	3310	주대명	박용수	포리돌	19086B	X516B재발매
12	젊은 마음	유행가	3311	청해	전기현	포리돌	19088A	
13	술 파는 소녀	유행가	3311	이대객	김면균	포리돌	19088B	
14	춘원	유행가	3312	주대명	전기현	포리돌	19094A	
15	외로운 꽃	유행가	3312	전기현	전기현	포리돌	19094B	
16	최신아리랑	신민요	3312			포리돌	19095B	김용환과 중창
17	추억의 애가	유행가	3401	주대명	박용수	포리돌	19101A	
18	대동강은 좋아요	유행가	3401	김서정	김서정	포리돌	19101B	
19	어스름 달밤	유행소곡	3402	주대명	박용수	포리돌	19109A	

---

45 노래 정보는 제목, 곡종, 발매연도, 작사자, 작곡자, 음반회사, 음반번호의 순으로 소개하기로 한다. 또한 비고란에는 중창한 경우, 함께 노래한 가수를 밝히고 재발매한 음반인 경우, 그 음반 번호를 밝혔다.

번호	제목	곡종	발매연도	작사자	작곡자	음반회사	음반번호	비고
20	언제나 봄이 오랴	유행가	3402			포리돌	19110A	
21	청춘회포	유행가	3403	전기현	전기현	포리돌	19117A	
22	그리운 고향	유행가	3403	주대명	박용수	포리돌	19118B	
23	봄은 왔건만	유행가	3404	전기현	전기현	포리돌	19122A	
24	그 어데로	유행가	3404	전기현	전기현	포리돌	19122B	
25	못 잊어요	유행가	3405	왕평	전기현	포리돌	19130A	
26	조선타령	신민요	3405	이하윤	김용환	포리돌	19133A	김용환·윤건영과
27	그리운 강남	신민요	3405	김석송	안기영	포리돌	19133B	김용환·윤건영과
28	눈물의 달	유행가	3405			포리돌	19135A	
29	봄노래	유행가	3406			포리돌	19136B	윤건영과 중창
30	개나리타령	향토민요	3406	김소운	이면상	포리돌	19141	윤건영과 중창
31	청춘을 찾아서	유행가	3407	왕평	임벽계	포리돌	19142A	X504B재발매, 김용환과 중창
32	청춘한	유행가	3408	임영창	김면균	포리돌	19146A	
33	새길 걷는 날	유행가	3408	김영환	김영환	포리돌	19146B	
34	몽상의 봄노래	유행가	3409	남궁랑	박용수	포리돌	19153A	
35	그 여자의 반생	유행가	3409	왕평	전기현	포리돌	19153B	
36	순애의 노래	유행가	3411	김정호	임벽계	포리돌	19161B	
37	내일 가세요	신유행가	3412	김정호	이면상	포리돌	19164A	
38	왕소군의 노래	유행가	3501	조영출	김범진	포리돌	19166B	
39	남양의 하늘	유행가	3502			포리돌	19174A	
40	바다의 처녀	유행가	3503	남궁랑	박용수	포리돌	19180B	
41	덧없는 인생	유행가	3505			포리돌	19191A	
42	봄은 가누나	유행가	3505			포리돌	19191B	
43	출범	유행가	3507	왕평	박용수	포리돌	19200A	
44	시냇가의 추억	유행가	3507	남풍월	정사인	포리돌	19200B	윤건영과 중창
45	어부사시가	유행가	3509	남강월	김탄포	포리돌	19213A	김용환과 중창
46	항구의 여자	유행가	3509	편월	박용수	포리돌	19213B	
47	부두의 연가	유행가	3510	왕평	근등정이랑	포리돌	19218A	X501B재발매
48	옥적아 울지 마라	유행가	3510	편월	김면균	포리돌	19218B	
49	청춘비가	유행가	3511	남궁랑	박용수	포리돌	19223	
50	어머니	유행가	3511	편월	김탄포	포리돌	19224	

번호	제목	곡종	발매연도	작사자	작곡자	음반회사	음반번호	비고
51	오늘도 울었다오	유행가	3512	남궁랑	박용수	포리돌	19228A	
52	눈물의 부두	유행가	3601	을파소	김탄포	포리돌	19232A	
53	아가씨 마음	유행가	3602	김월탄	김탄포	포리돌	19280B	
54	울고 갈 길을 왜 왔던가	유행가	3602	왕평	김교성	포리돌	19281A	
55	지척천리	유행가	3603	편월	대촌능장	포리돌	19284A	
56	사공의 아내	유행가	3603	김정호	유현	포리돌	19284B	
57	믿음도 허무런가	유행가	3604			포리돌	19294A	
58	상사일념	유행가	3605	추야월	김교성	포리돌	19297A	
59	무정	유행가	3606			포리돌	19305B	
60	그리워라 그 옛날이	신민요	3607	김범진	김범진	포리돌	19311A	
61	세월만 가네	유행가	3607	이인	산전영일	포리돌	19312B	
62	포곡성	신민요	3608	추야월	이면상	포리돌	19320A	X505A재발매
63	마지막 아리랑	신민요	3608	편월	이면상	포리돌	19320B	
64	부서진 거문고	유행가	3609			포리돌	19331A	
65	눈물	유행가	3610	편월	박용수	포리돌	19342B	
66	화월삼경	유행가	3611	유한	김성파	포리돌	19352A	
67	이 마음 외로워	유행가	3612	박용수	박용수	포리돌	19366	
68	유랑의 노래	유행가	3612			포리돌	19367	
69	달맞이	유행가	3701	이운방	김면균	포리돌	19375	
70	처녀 열여덟은	유행가	3703	김정호		포리돌	19393B	
71	알아 주세요	유행가	3705			포리돌	19406A	
72	아리랑 눈물고개	신민요	3808			포리돌	19482A	
73	바다의 하소		3803			포리돌		
74	수심					포리돌		
75	두만강 푸른 물아		3400	김용환		포리돌		

　　확인한 바에 의하면 왕수복은 약 75곡을 취입하였다. 유행가 59곡,
유행소곡 3곡, 신유행가 1곡, 신민요 8곡, 향토민요 1곡, 곡종표기가 안
된 곡이 3곡이다. 유행소곡은 유행가와 혼용된 곡종으로 이를 '유행가'
로 통칭한다면 '유행가'는 총 63곡을 취입하였다. 한편, 〈개나리 타령〉

은 그 곡종이 향토민요로 표기되어 있으나 작사자와 작곡자가 창작한 곡이므로 신민요로 간주해도 무방할 것이다. 따라서 왕수복은 신민요를 총 9곡 취입하였다.[46] 이렇게 볼 때, 왕수복은 신민요보다 '유행가'를 더 많이 취입하여서 '유행가'에 특장을 지닌 가수였다고 할 수 있다. 왕수복 자신이 가장 좋아하는 곡은 자신의 심정을 그대로 읊고 있는 〈고도의 정한〉[47]이고 그 다음은 〈청춘을 찾아서〉라고 하였다.

2) 선우일선이 부른 노래와 그의 약력

선우일선은 평안도 대동군(大同郡) 부산면(釜山面) 수상리(水上里)에서 출생하였는데,[48] 약 1917년생으로 추정된다.[49] 조선의 유학자인 선우돈암(鮮于遯庵)의 후손이라고 한다. 4남매 중에 셋째였는데, 오빠가 18살의 나이로 죽자 아버지가 상심하여 술로 세월을 보내다가 가산을 파산하고 선우일선이 7살 나던 해에 집을 나가셨다. 그 후 선우일선은 강

---

46 송방송은 왕수복이 포리돌에서 취입한 유행가(유행소곡, 신유행가 포함) 총 48곡을 제시하고 신민요는 4곡을 제시하고 5곡이라고 하였다.(송방송, 앞의 글, 17~19쪽, 37~38쪽)

47 참고로 〈고도의 정한〉은 1933년 당시 포리돌 회사에서 그 해 가장 많이 팔렸던 음반이다.(『매일신보』, 1933.12.29)

48 선우일선은 1935년 당시에 평양에서 태어났냐는 기자의 질문에 다음과 같이 대답하고 있다. "아녜요, 저는 평양이 아니-랍니다. 원래 고향은 大同郡 釜山面 水上里여요."(「歌姬의 藝術·戀愛, 生活」, 『삼천리』, 1936.6)
   이처럼 선우일선은 자신이 평양 출신이 아님을 직접 밝혔는데, 당시에도 선우일선을 평양 출신으로 생각하는 경우가 많았다. 따라서 선우일선을 평양출생이라고 한 것(최창호, 앞의 책, 187쪽)은 잘못이다.

49 선우일선이 1935년 당시에 자신을 19살이라고 소개하였고 같은 해, 김복희와의 인터뷰에서는 김복희 자신이 18살이라며 선우일선과 동갑이라고 밝히고 있다. 『사해공론』(1936.5)에서는 김복희와 선우일선의 나이가 두 살이나 차이가 나게 적고 있다. 여러 정황으로 볼 때, 선우일선은 김복희와 마찬가지로 1917년생으로 추정되나 확언할 수는 없다.

동(江東)에 있는 외갓집에서 살다가 외가가 평양으로 이사하면서 선우일선도 평양으로 오게 되었다. 양말 공장에 다니던 선우일선은 이화선이란 기생의 조모(祖母) 회갑 잔치 때 기생들의 춤과 노래를 보고 기생을 흠모하게 되었다. 어머니의 만류에도 불구하고 기생이 되겠다고 결심한 그는 주경야독하여 13살에 기생학교에 입학하였다. 이어서 그는 16살 나던 해에 기생학교를 졸업하고 기생 생활을 하면서 17살에 포리돌 회사에 입사하여 20장 정도의 음반을 취입하였다.

선우일선이 포리돌에 입사한 것은 왕수복과 마찬가지로 왕평에 의해서 이루어진 일이었다. 왕평이 평양 기생 선우일선이 노래를 잘한다는 말을 듣고 평양으로 내려가서 선우일선의 노래를 들었는데, 그 고운 목소리에 반했다고 한다. 왕평은 선우일선을 데리고 상경해서 처음으로 김억(김안서)이 작사하고 이면상이 작곡한 〈꽃을 잡고〉를 취입시켰다.[50] 이곡은 왕수복이 부른 〈고도의 정한〉 이상으로 인기를 얻었다고 한다.[51] 왕수복이 화려한 것을 좋아했던 것과 달리 선우일선은 다소 내성적이고 조용한 성품을 지니고 있었던 것으로 보인다. 당시의 인터뷰에서도 선우일선은 '한적한 농촌에 가서 고요히 생활하고 싶다'고 말하고 있다. 선우일선을 인터뷰한 기자도 '왕수복의 생활이 부화미려(浮華美麗)하다면 선우일선의 생활은 질소아담(質素雅淡)하다'고 표

---

[50] 왕평은 선우일선을 발견하게 된 계기를 다른 곳에서는 다음과 말하였다.
"왕수복이 평양기생으로 세상을 놀내이는 대가수가 되매, 콜롬비아 빅타- 등 각 레코-드 회사의 가수쟁탈전은 평양기생들을 싸고 전개하였든 것입니다. 그 뒤 소화 팔년 느진 가을 일홈난 기생들은 거진 다 각 레코-드회사에 종속된 때 우리는 조선 노래를 취입하겠다는 某 老歌手를 차저 평양에 갓든 것입니다. 그때 그 노가수가 상대역으로 선택하였다는 세 기생 가온대 가장 나 어리고 인기 없다는 선우일선의 노래를 들어보고 나는, 다른 가수 가온대서는 도져히 차저 볼 수 없는 우리 조선민요를 노래할 품가 높은 목청을 발견하였든 것입니다."
(『삼천리』, 1936.11)

[51] 「레코드계의 내막을 듣는 좌담회」, 『조광』, 1939.3. 〈꽃을 잡고〉의 창작 경위나 작품 분석은 장유정, 앞의 글, 2004, 145~148쪽을 참조할 수 있다.

현하고 있다.[52]

선우일선이 부른 노래의 목록을 제시하면 다음과 같다.

번호	제목	곡종	발매연도	작사자	작곡자	음반회사	음반번호	비고
1	망향의 가을밤		3811			빅타	KJ1254A	
2	사랑푸념	유행가	3902			빅타	KJ1287B	
3	첫사랑 푸념	신민요	4005	천아토	김교성	태평	2002A	
4	바람이 났네	신민요	4005	천아토	김교성	태평	2002B	
5	순정애곡	유행가	4006	조경환	전기현	태평	2004	
6	쌍심무	유행가	4006	유도순	전기현	태평	2004	
7	주릿대치마	신민요	3912	임서방	이재호	태평	8657A	
8	낭낭공주	신민요	3912	유도순	이재호	태평	8657B	
9	별루사창	유행가	4001	조경환	김교성	태평	8661A	
10	압록강 뗏목노래	신민요	4001	유도순	전기현	태평	8661B	
11	꽃을 잡고	신민요	3406	김안서	이면상	포리돌	19137A	
12	영감타령	서도신속요	3406	이고범		포리돌	19138B	X508B재발매 김주호와
13	숲사이 물방아	신민요	3407	이고범		포리돌	19143A	X512A재발매
14	원포귀범	신민요	3407	김봉혁		포리돌	19143B	X512B재발 김주호와
15	영춘부	신민요	3408	이고범	김면균	포리돌	19148A	X532A재발매
16	느리개타령	신민요	3408	이고범	김면균	포리돌	19148B	X532B재발매
17	청춘도 저요	유행가	3410	왕평	엄재근	포리돌	19157A	윤건영과
18	지경다지는 노래	신민요	3410	김덕재	정사인	포리돌	19157B	최창선, 김용환, 윤건영과
19	가을의 황혼	신민요	3501	왕평	이면상	포리돌	19168A	
20	별한	신민요	3501	왕평	이면상	포리돌	19168B	
21	남포의 추억	유행가	3501	김운탄	이면상	포리돌	19172A	
22	무정세월	신민요	3504	왕평	이면상	포리돌	19186A	X562A재발매
23	그리운 아리랑	신민요	3504	이준례	이준례	포리돌	19186B	X562B재발매

---

52 歌姬의 藝術·戀愛,「生活」,『삼천리』, 1936.6.

번호	제목	곡종	발매연도	작사자	작곡자	음반회사	음반번호	비고
24	풍년맞이	신민요	3505	이고범	김면균	포리돌	19193A	X572A재발매
25	상고선	신민요	3505			포리돌	19193B	X572B재발매 김주호와
26	조선의 달	신민요	3506	왕평	이면상	포리돌	19195A	
27	원앙가	신민요	3507	왕평	이면상	포리돌	19205A	X504A재발매 김주호와
28	신이팔청춘	신민요	3507	남강월	이면상	포리돌	19205B	X551A재발매
29	처녀제	신민요	3509	김운탄	이면상	포리돌	19215A	X524A재발매
30	놀고나지고	신민요	3509	남풍월	김교성	포리돌	19215B	
31	사랑가	신민요	3511	편월	김탄포	포리돌	19222	X535A재발매 김용환과
32	신사발가	신민요	3511	김용환	김용환	포리돌	19222	
33	태평연	신민요	3512	강남월	정사인	포리돌	19229A	X515B재발매
34	가을의 노래	신민요	3512	김정호	김면균	포리돌	19229B	
35	세월가	신민요	3601	편월	이면상	포리돌	19231A	
36	조선의 밤	신민요	3601	김운탄	이면상	포리돌	19231B	
37	마누라타령	속곡	3601	이웅호		포리돌	19234B	김주호와
38	애원곡	신민요	3602	왕평	대촌능장	포리돌	19279A	X534A재발매
39	신쾌지나칭칭	신민요	3602	왕평	이면상	포리돌	19279B	
40	신닐니리	신민요	3603	왕평	김교성	포리돌	19290	X551B재발매
41	조선팔경가	신민요	3603	편월	형석기	포리돌	19290	X502A재발매
42	한강수타령	신민요	3604	유한	이면상	포리돌	19291A	X514A재발매
43	신방아타령	신민요	3604	이호	이면상	포리돌	19291B	X541B재발매
44	낙동강 칠백리	신민요	3605	남강월	이면상	포리돌	19300A	
45	일락서산	신민요	3605	편월	김면균	포리돌	19300B	
46	무지개	신민요	3607	왕평	김교성	포리돌	19308A	
47	피리소리	신민요	3606	백춘파	김교성	포리돌	19309A	X542A재발매
48	능수버들	신민요	3606	왕평	김교성	포리돌	19309B	X524B재발매
49	꽃피는 상해	유행가	3607	왕평	이면상	포리돌	19319A	
50	패성에 밤비 올 때	유행가	3608			포리돌	19321A	
51	님맞이	유행가	3608			포리돌	19321B	
52	포구에 우는 물새	신민요	3609	김운탄	이면상	포리돌	19330A	

번호	제목	곡종	발매연도	작사자	작곡자	음반회사	음반번호	비고
53	믿을 곳 없어라	신민요	3609	왕평	남춘길	포리돌	19330B	
54	신수심가	신민요	3610	추야월	이면상	포리돌	19340A	
55	신청춘가	신민요	3610	편월	김교성	포리돌	19340B	
56	강남처녀	서정민요	3611	추야월	이면상	포리돌	19350A	
57	사군보	서정민요	3611	고일복	이면상	포리돌	19350B	
58	오작교	신민요	3611	김운탄	이면상	포리돌	19354A	
59	은실금실	신민요	3611	편월	김용환	포리돌	19354B	
60	세월만 흐릅니다	신민요	3612	왕평	이면상	포리돌	19362A	
61	이별가	가요	3612			포리돌	19362B	
62	제야종	신민요	3612			포리돌	19364A	
63	추억의 가을	신민요	3612	일지영	임벽계	포리돌	19366	
64	월하대인	신민요	3701	유한	이면상	포리돌	19373	
65	또다시 못 오는 인생		3701			포리돌	19374	
66	얄미운 아가씨	신민요	3703	편월	김용환	포리돌	19392B	
67	적막강산	신민요	3704	김월탄	석일송	포리돌	19398A	
68	지화자 좋다	신민요	3704	이소백	박영일	포리돌	19398B	김용환과
69	신양산도	신민요	3704	이인	김교성	포리돌	19399B	
70	신담바구	신민요	3705	왕평	박영일	포리돌	19404B	
71	무정도 해라	신민요	3705	왕평	이춘추	포리돌	19405A	
72	세상은 제멋대로	유행가	3706	선우야실	이면상	포리돌	19410	
73	화류연가	서정민요	3707	김운탄	김교성	포리돌	19417B	
74	봄노래	신민요	3707	장초향	이면상	포리돌	19418A	
75	해당화 필 때	신민요	3707	이일영	이면상	포리돌	19422A	
76	물레에 시름 얹고	신민요	3707	장초향	이면상	포리돌	19423A	
77	에헤라 청춘	신민요	3707			포리돌	19424	
78	처녀무정	신민요	3709			포리돌	19429B	
79	추석노래	신민요	3709		이면상	포리돌	19430A	
80	청춘은 눈물인가 한숨이런가	신민요	3710			포리돌	19435A	
81	돌아선 그대여	민요	3710			포리돌	19437B	
82	산절로 수절로	신민요	3711			포리돌	19441	
83	맘대로 해요	유행가	3711			포리돌	19444	

번호	제목	곡종	발매연도	작사자	작곡자	음반회사	음반번호	비고
84	춘향가	유행가	3806			포리돌	19474A	
85	돈타령	신민요	3808			포리돌	19480A	
86	날나리 고개	신민요	3803			포리돌		
87	남국의 사랑	신민요	3801			포리돌		
88	미나리 캐는 처녀	신민요	3802			포리돌		
89	바람아 광풍아	유행가	3712			포리돌		
90	아차아차 말 말아라		3803			포리돌		
91	저 거동 보소	신민요	3802			포리돌		
92	해 저문 강물 위에	유행가	3803			포리돌		
93	서장일일					포리돌		
94	즐거운 아리랑					포리돌		
95	긴아리랑	민요	3505	이호	이면상	포리돌	19195	
96	노래가락	속요	3701			포리돌	19389	
97	영변가	속요	3512			포리돌	19234	
98	창부타령	속요	3510			포리돌	19226	김주호와
99	창부타령	속요	3701			포리돌	19389	

　　선우일선이 취입한 곡은 신민요 68곡, '유행가' 14곡, 가요 1곡, 서도
신속요 1곡, 속곡 1곡, 서정민요 3곡, 민요 2곡, 속요 4곡, 곡종표기가
안 된 곡이 5곡으로, 총 99곡이 확인되었다.[53] 그녀가 부른 서도신속요
와 속곡, 그리고 서정민요는 별도의 작사자가 있었던 것으로 보아 신
민요의 범주에 포함시킬 수 있다. 또한 민요로 곡종 표기가 되어있는
곡 중에서 〈긴 아리랑〉도 작사자와 작곡자가 존재하므로 신민요에 귀
속시킬 수 있다. 그러나 곡종이 민요로 표기된 〈돌아선 그대여〉는 작
사자와 작곡자가 원래부터 없는 것인지, 아니면 누락된 것인지를 확인
할 수 없다. 제목만 보면 전통가요와 거리가 있으나 단정할 수 없으므

53　송방송은 선우일선이 부른 신민요 25곡을 제시하고 총 34곡이라고 하였고 선우일선이 취입
한 유행가는 부분적으로만 언급하고 전체 목록은 제시하지 않았다.

로 신민요에 포함시키지 않기로 한다. 한편 곡종 표기 중에서 '가요'는 유행가의 별칭으로 보아도 무방할 것이다. 결국 그녀는 신민요 74곡, '유행가' 15곡을 음반으로 취입하였다. 아울러 전통가요도 4곡이나 녹음하였음을 확인하였다.

이상에서 살펴본 바와 같이 선우일선은 왕수복과 달리 신민요에 특장을 지니고 있었다고 할 수 있다. 당시 신문에서도 선우일선을 '民謠의 公主'라고 소개하고 있다.[54] 선우일선은 자신이 부른 곡 중에서 〈꽃을 잡고〉[55]를 가장 좋아한다고 하였다.

3) 김복희가 부른 노래와 그의 약력

김복희는 1917년경 안주(安州) 입석(立石)에서 태어났다.[56] 김복희는 8살에 보통학교에 들어갔으나 가난하여 학비를 제대로 낼 수 없었다. 그녀를 귀여워하던 선생님의 도움으로 소학교를 간신히 마친 김복희는 12살 나던 해에 아버지가 위암으로 죽자 기생이 되기 위해 평양으

---

54 『동아일보』, 1935.5.22.
55 김안서 작사한 〈꽃을 잡고〉는 당시에 많은 인기를 얻어서 선우일선을 일약 명가수로 만드는데 일조하였다. 선우일선은 〈사의 찬미〉를 부른 윤심덕 이래에 슬픔의 가수로 첫손가락에 꼽힌다고 하였는데,(『삼천리』, 1935.6) 김안서 또한 선우일선의 목소리는 '조선의 정조를 발휘하는 우리 조선민요를 노래 할 품가(品價)가 높은 목청'이라고 칭송하고 있다.(『삼천리』, 1935.11)
56 송방송은 "김복희가 왕수복이나 선우일선보다 후배 기생이었으리라고 여겨진다"(송방송, 앞의 글, 42쪽)고 하였으나 1935년 당시 김복희는 인터뷰에서 자신이 선우일선과 기생학교 동창이며 가장 가까운 친구라고 밝히고 있다. 또한 자신의 나이는 18살로 선우일선과 동갑이라고 하였다.(「인기 가수의 생활과 예술·연애」, 『삼천리』, 1935.7) 따라서 김복희는 선우일선이나 왕수복의 후배 기생이 아니라 그들과 동시대에 활동하였던 동년배의 기생 가수였다고 할 수 있다.

그림 94. 김복희(한국 유성기음반 아카이브)

로 올라와서 평양기생학교에 들어갔다. 그녀는 1934년 6월에 빅타 회사에 들어가서 전속 가수로 활동하였는데, 본인이 가장 좋아하는 노래는 〈애상곡〉[57]이고 〈하룻밤 맺은 정〉도 좋아한다고 하였다. 그는 주로 빅타에서 활동하다가 1939년에는 포리돌로 옮겨서 활동하였다. 〈울리고 울던 때가 행복한 시절〉과 〈청춘비극〉은 김복희의 포리돌 입사기념 음반이다.

---

[57] 〈애상곡〉은 김복희가 빅타에 입사해서 처음으로 취입한 곡인데, 김복희의 목소리를 듣고 그에 맞추어서 만든 곡이라고 한다. 김복희의 구슬프고 애상적인 목소리에 맞게 곡을 만들고 노랫말을 넣은 것으로, 조선의 정조를 표현한 것이라고 하였다.(『삼천리』, 1935.11)

번호	제목	곡종	발매연도	작사자	작곡자	음반회사	음반번호	비고
1	애상곡	유행가	3409	이하윤	전수린	빅타	49304A	KJ1171A
2	우리의 가을	유행가	3410	이하윤	김교성	빅타	49312B	손금홍·이은파·최남용과
3	어디를 갈까	유행가	3411	김벽호	전수린	빅타	49320A	
4	굴 따는 아가씨	신민요	3412	이고범	전수린	빅타	49322A	
5	청춘곡	신민요	3501	조영출	김교성	빅타	49329A	
6	날 다려가오	유행가	3502	전수린	전수린	빅타	49337A	
7	탄식하는 술잔	유행가	3502	김동운	좌좌목준일	빅타	49337B	KJ1171B
8	하룻밤 맺은 정	유행가	3504	이현경		빅타	49346A	
9	가는 봄	유행가	3504	이현경	김교성	빅타	49347B	
10	단장원	유행가	3505	이하윤	전수린	빅타	49352A	
11	야윈 그림자	유행가	3505		전수린	빅타	49352B	
12	사향루	유행가	3506	이하윤	김교성	빅타	49356A	
13	우리 고향	신민요	3506	이하윤	전수린	빅타	49357B	
14	직녀의 탄식	서정소곡	3507			빅타	49362A	
15	속아도 좋아요	유행가	3507		전수린	빅타	49365A	
16	꿈길	유행가	3508			빅타	49369A	
17	신방아타령	신민요	3509	오관자	전수린	빅타	49372A	
18	백마강의 추억	유행가	3509	강남월	나소운	빅타	49373A	
19	울지 마세요	유행가	3510	강남월	나소운	빅타	49377A	
20	제주아가씨	신민요	3511	고파영	전수린	빅타	49380A	
21	얼화디야	신민요	3511			빅타	49380B	손금홍과
22	상사의 한	유행가	3601	고마부	전수린	빅타	49390A	KJ1173B
23	그리운 광한루	영화주제가	3601	김팔련	홍난파	빅타	49391A	
24	십장가	영화주제가	3601	이현경	홍난파	빅타	49391B	
25	연지의 그늘	유행가	3602	고마부	전수린	빅타	49395B	
26	포구의 야곡	유행가	3603			빅타	49399A	
27	눈물의 축복	유행가	3603			빅타	49399B	
28	천리원정	유행가	3604			빅타	49404A	
29	눈물	유행가	3604			빅타	49404B	

번호	제목	곡종	발매 연도	작사자	작곡자	음반회사	음반번호	비고
30	낙동강 칠백리	유행가	3604	이현경	전수린	빅타	49405B	이규남과
31	담바구야	신민요	3605			빅타	49408A	
32	황혼의 옛강변	유행가	3606	고파영	전수린	빅타	49412B	
33	내가 만일 남자라면	유행가	3606	홍희명	나소운	빅타	49413A	
34	오월단오	신민요	3606	고마부	나소운	빅타	49414A	
35	세골 큰애기	신민요	3607	고파영	나소운	빅타	49417A	
36	사랑의 물결	째즈송	3607	이고범	전수린	빅타	49419A	
37	내 고향 칠백리	유행가	3608	고파영	전수린	빅타	49421A	
38	농 속에 든 새	유행가	3608			빅타	49422A	
39	가오 가오	유행가	3608			빅타	49424A	
40	성화타령	신민요	3609	강남월	전수린	빅타	49425A	
41	잊으시면 몰라요	유행가	3607	고마부	세전의승	빅타	49429B	KJ1172B
42	무정의 꿈	유행가	3607	고마부	좌좌목준일	빅타	49430A	KJ1172A
43	사랑해 주세요	유행가	3701			빅타	49448A	
44	사랑도 병이러냐	유행가	3702			빅타	49453A	
45	어쩌면 좋아요	유행가	3702			빅타	49453B	
46	봄바람	신민요	3703		전수린	빅타	49455B	
47	흐르는 풀잎	유행가	3703	김송파	좌좌목준일	빅타	49456B	
48	아름다운 추억	유행가	3703			빅타	49458A	
49	외로운 베개맡에	유행가	3703			빅타	49458B	
50	초련일기	유행가	3704			빅타	49460A	
51	아이고 답답해라	신민요	3704			빅타	49462B	
52	무정세월	유행가	3703	홍희명	나소운	빅타	49463A	
53	번연히 아시면서	유행가	3705			빅타	49466A	KJ1226A
54	아무럼 그렇지	신민요	3707		이기영	빅타	49474A	KJ1297A 이규남과
55	순정의 눈물	신민요	3707			빅타	49474B	
56	북관아가씨	신민요	3708	박화산	이기영	빅타	49477A	KJ1299A
57	순정의 상아탑	유행가	3709	박화산	전수린	빅타	49482A	KJ1226B 이규남과
58	처녀일기	신민요	3710	이부풍		빅타	49487B	

번호	제목	곡종	발매연도	작사자	작곡자	음반회사	음반번호	비고
59	눈물	신민요	3711	유춘수	김저석	빅타	49490A	
60	사군원	신민요	3711	김포몽	김면균	빅타	49490B	
61	웃어 주세요 네	유행가	3711	이부풍	김면균	빅타	49492	
62	울고 싶은 마음	유행가	3803	이부풍	이면상	빅타	KJ1155A	
63	내 마음 알아주세요	유행가	3804	조벽운	형석기	빅타	KJ1156A	
64	구슬픈 야곡	유행가	3804	이부풍	김송규	빅타	KJ1156B	
65	명랑한 양주	유행가	3804	박화산	김해송	빅타	KJ1157B	김해송과
66	술집의 비애	유행가	3805	박노춘	이영근	빅타	KJ1161A	
67	애꿎은 달만 보고	유행가	3805	박화산	김송규	빅타	KJ1161B	
68	눈물 섞인 하소연		3807			빅타	KJ1210A	
69	가지말라우요	유행가	3808			빅타	KJ1216	
70	분 바르지 않았소	유행가	3809			빅타	KJ1221B	
71	추야애상		3810			빅타	KJ1229B	
72	항구는 슬프다		3810			빅타	KJ1230B	조영은과
73	사랑의 황금열차		3811			빅타	KJ1253B	송달협과
74	눈물도 말랐소		3811			빅타	KJ1254B	
75	아가씨 감격	유행가	3812	이부풍	문호월	빅타	KJ1266A	
76	길섶에 핀 꽃	유행가	3901			빅타	KJ1277B	
77	애달픈 패배	유행가	3902			빅타	KJ1280B	
78	폐허의 낙조	유행가	3512			빅타		
79	달 떠온다	신민요	3512			빅타		
80	마음의 백조	유행가	3611			빅타		
81	처량한 멜로디	유행가	3611			빅타		
82	데려가 주세요	유행가	3609			빅타		
83	쓸쓸한 세상	신민요	3610			빅타		
84	한양천리	신민요	3609			빅타		
85	울리고 울던 때가 행복한 시절	유행가	3906	고마부	최상근	포리돌	X557A	이훈식과
86	청춘비극	유행가	3906	고마부	고창남	포리돌	X557B	이훈식과
87	애달픈 산문시		3907	강해인		포리돌	X559A	
88	애상의 수첩		3908			포리돌	X568B	

번호	제목	곡종	발매연도	작사자	작곡자	음반회사	음반번호	비고
89	백두산아가씨	신민요	3908			포리돌	X570A	
90	압록강 처녀	신민요	3908			포리돌	X570B	
91	목동수심가		3909			포리돌	X577A	
92	둥둥타령	민요	3910			포리돌	X588A	
93	최후의 진정서		3910			포리돌	X588B	
94	청춘앨범	유행가	3911			포리돌	X621A	
95	어쩌면 그렇담	유행가	3911			포리돌	X622B	
96	기다림		3900			빅타		
97	첫사랑의 한					빅타		

　김복희가 부른 노래는 총 97곡을 확인할 수 있다. '유행가' 58곡, 서정소곡 1곡, 신민요 23곡, 민요 1곡, 재즈송 1곡, 영화주제가 2곡, 곡종 표기가 안 된 곡이 11곡이다.[58] 서정소곡은 '유행가'와 혼용되었으므로 결국 김복희는 '유행가' 59곡, 신민요 23곡을 취입한 셈이며, 따라서 '유행가'를 더 많이 취입하였다고 할 수 있다. 그 밖에 영화주제가와 재즈송과 민요도 불렀음을 알 수 있다.[59]

---

[58] 송방송은 김복희가 부른 신민요 8곡을 제시하고 총 14곡이라고 하였으며, 유행가는 총 55곡의 곡명을 소개하고 있다.(송방송, 앞의 글, 45쪽)

[59] 송방송은 선우일선이 취입한 〈신방아타령〉과 김복희가 부른 〈신방아타령〉을 같은 곡으로 취급하였으나 이는 잘못이다. 선우일선이 취입한 〈신방아타령〉은 이호가 작사하고 이면상이 작곡한 곡이고 김복희가 취입한 〈신방아타령〉은 오관자 작사, 전수린 작곡으로 이루어진 곡이다. 당시 신민요 제목 중에는 기존의 민요 제목에 '신(新)'자를 붙여서 만든 것이 많았다. 이는 신민요가 민요 등의 전통가요를 새롭게 대중가요화 하면서 생긴 자연스러운 현상이라고 할 수 있다. 그러나 제목이 같다고 해서 동일한 곡으로 보는 것은 곤란하다. 참고로 당시에 〈신방아타령〉이라는 제목이 붙은 곡은 잡가와 민요, 신민요를 포함해서 목록에서 확인할 수 있는 곡이 무려 8곡이나 된다.

4) 이은파가 부른 노래와 그의 약력

이은파의 생애에 대해서는 거의 알려져 있지 않다. 다만 1934년부터 1939년까지 활동하였고 빅타에서 데뷔하여 주로 오케의 전속 가수로 활약하였음을 알 수 있을 뿐이다. 이은파는 약 6여 년 동안 총 100여 곡을 녹음하였는데, 이는 매우 많은 양의 음반으로서 당시에 이은파가 활발한 활동을 하였음을 알려준다. 특히 그가 부른 〈앞강물 흘러흘러〉는 당시에 상당한 인기를 얻었었다. 비록 생애에 대해서는 아직까지 그 관련 자료를 찾지 못하였으나 연주회를 알리는 기사에 종종 이은파가 빠지지 않고 등장하고 그의 사진이 함께 수록되어 있는 것을 보아서 그가 당시에 인기 가수였음을 짐작할 수 있다. 그녀가 녹음한 음반의 목록을 제시하면 다음과 같다.

번호	제목	곡종	발매연도	작사자	작곡자	음반회사	음반번호	비고
1	춘원	유행가	3608		이용준	밀리온	802A	김시훈과
2	우리들의 봄이다	부루스	3608		이용준	밀리온	802B	김시훈과
3	밟고간 자욱	유행가	3610	춘호	문호월	밀리온	810A	
4	경성사시타령	유행가	3610	최상기	문호월	밀리온	810B	김시훈과
5	그리운 님	유행가	3610		문호월	밀리온	811A	
6	내 고향	유행가	3611	강성복	문호월	밀리온	822A	
7	방랑의 수부	유행가	3611	최상수	문호월	밀리온	822B	
8	야속한 꿈길	유행가	3406	이춘풍	전수린	빅타	49285A	
9	봄거리	유행가	3406	이춘풍	전수린	빅타	49285B	
10	비 내리는 밤	유행가	3407	이하윤	김교성	빅타	49288B	
11	울지 마오	유행가	3408	이하윤	김교성	빅타	49303A	
12	베짜는 처녀	신민요	3409	고마부	전수린	빅타	49305B	KJ1170A
13	추석	유행가	3410	이춘풍	전수린	빅타	49312A	
14	나는 싫어	만요	3411	두견화	전수린	빅타	49318A	최남용과

번호	제목	곡종	발매연도	작사자	작곡자	음반회사	음반번호	비고
15	끝없는 벌판	유행가	3412	이청강	전수린	빅타	49322B	
16	외로운 자취	유행가	3505		전수린	빅타	49354A	
17	길 잃은 산새	유행가	3505		전수린	빅타	49354B	
18	관서천리	신민요	3508	김능인	문호월	오케	1793A	
19	지는 석양	신민요	3508	김능인	문호월	오케	1793B	
20	부산노래	유행가	3508	염일화	손목인	오케	1794B	고복수와
21	앞강물 흘러 흘러	신민요	3509	김능인	문호월	오케	1796A	
22	장산곶타령	신민요	3512	차몽암	문호월	오케	1830A	
23	구름아 흘러라	유행가	3512	김능인	문호월	오케	1830B	
24	달을 따라서	유행가	3601		손목인	오케	1841A	
25	새날이 밝아오네	신민요	3602	김연수	문호월	오케	1853A	
26	백년한	유행가	3603	김능인	문호월	오케	1863A	
27	정열의 신비	유행가	3604	남풍월	문호월	오케	1874	
28	수놓은 강산	신민요	3608	박영호	문호월	오케	1908B	
29	꽃각시	신민요	3608	박영호	문호월	오케	1909A	
30	꽃피는 영산포	유행가	3609	김능인	문호월	오케	1913B	김해송과
31	채란새	유행가	3609	박영호	손목인	오케	1914	
32	강 넘어 천리길	신민요	3609	김능인	손목인	오케	1914	
33	불여귀	유행가	3610	박영호	문호월	오케	1921A	
34	시악시 비밀	신민요	3610	박영호	문호월	오케	1922A	김해송과
35	단풍제	민요	3611	박영호	김송규	오케	1925A	김해송과
36	안달이 나요	신민요	3611	김능인	김송규	오케	1925B	
37	신은실타령	신민요	3612			오케	1936A	최순경과
38	무정월색	신민요	3612			오케	1938A	
39	무정가	신민요	3612			오케	1949A	최순경과
40	유정가	신민요	3612	박향노		오케	1949B	최순경과
41	의중인	신민요	3701			오케	1946A	
42	말같은 처녀	신민요	3702	박영호	문호월	오케	1952A	
43	얼시구나 내 마을	신민요	3702	김능인	손목인	오케	1952B	고복수와
44	마음의 풍선	유행가	3702		문호월	오케	1954B	
45	천리춘색	민요	3702	박영호	김송규	오케	1959B	김해송과

번호	제목	곡종	발매연도	작사자	작곡자	음반회사	음반번호	비고
46	여자 된 허물	유행가	3703	박영호	손목인	오케	1962	
47	촉석루의 달빛	유행가	3703			오케	1964	
48	꽃피는 산천	신민요	3705	박영호	박시춘	오케	1986B	
49	흘러간 제주	신민요	3705	박영호	문호월	오케	1987	
50	한양천리	신민요	3705	박영호	김송규	오케	1987	
51	청춘풀이	만요	3705	박영호	김송규	오케	1988	김해송과
52	건건이 하이킹	유행가	3706	박영호	박시춘	오케	12008	김정구와
53	깨소금타령	유행가	3707	박영호	문호월	오케	12012	
54	이별은 사랑의 양식	유행가	3708	박영호	문호월	오케	12041	
55	남천처녀	유행가	3708	박영호	문호월	오케	12043	
56	사리랑동동	유행가	3709	박영호	손목인	오케	12055B	
57	요핑게 조핑게	신민요	3711	박영호	김송규	오케	12061A	
58	상사의 강남	유행가	3712			오케	12072A	
59	풍년송	신민요	3801	김용호	문호월	오케	12083B	고복수와
60	큰애기 행진곡	유행가	3801	박영호	박시춘	오케	12085B	
61	물레방아	신민요	3802	민정식	문호월	오케	12096B	
62	에헤라 춘풍	유행가	3803	이노홍	문호월	오케	12104A	
63	몸살이로구려		3804			오케	12116	
64	미운 정 고운 정	신민요	3805	조명암	손목인	오케	12124B	
65	동해야 좋을시고		3805			오케	12133	송달협과
66	꽃피는 포구	유행가	3806	조명암	손목인	오케	12147B	이난영과
67	풋난봉	유행가	3807	조명암	박시춘	오케	12141B	
68	파도에 고향 싣고	신민요	3807			오케	12143A	
69	무상곡	신민요	3807			오케	12143B	
70	물 길러 가세	신민요	3808	을파소	송희선	오케	12151B	
71	이별의 애수	유행가	3809			오케	12157A	
72	남포엔 아니 가오	유행가	3809			오케	12159B	
73	감별곡	유행가	3810	문호월	문호월	오케	12170	
74	가시라면	유행가	3810			오케	12171	
75	덩덕궁타령	신민요	3811	박영호	문호월	오케	12178	
76	소복단장	신민요	3901	조명암	김준영	오케	12205	

번호	제목	곡종	발매연도	작사자	작곡자	음반회사	음반번호	비고
77	우리의 가을	유행가	3410	이하윤	김교성	빅타	49312B	김복희·손금홍과 중창
78	꽃피는 영란	유행가	3600			오케		김해송과
79	간장이 살살		3700	박영호	문호월	오케		
80	봄 사구려		3800	김능인	문호월	오케		
81	청동화로		3909			오케	12267	
82	청사홍사	신민요	3505	박영호	남궁월	태평	8129A	
83	돈바람 분다	신민요	3505	박영호	이기영	태평	8129B	최남용과
84	백장미	유행가	3505	박영호	이용준	태평	8131B	
85	명월을 싣고	신민요	3506	박영호	남궁월	태평	8135A	최남용과
86	푸른 호드기	신민요	3506	박영호	이기영	태평	8135B	최남용과
87	풍년타령	신민요	3506	박영호	이기영	태평	8137A	최남용과
88	사랑의 성좌	유행가	3507			태평	8141B	
89	초로몽	신민요	3507	이품향	이기영	태평	8143B	방무영과
90	녹수청산	신민요	3507	박영호	남궁월	태평	8145A	
91	쫓기는 새	신민요	3507	박영호	남궁월	태평	8145B	
92	불로초	신민요	3507			태평	8146B	방무영과
93	정든 나루	유행가	3508			태평	8152B	
94	쌍도라지고개	신민요	3903	조명암	박시춘	오케	12218	
95	사랑낭군	신민요	3908	조명암	김령파	오케	12260A	
96	파랑치마	유행가	3908	조명암	박시춘	오케	12260B	
97	무정월화				문호월	오케		
98	베짜는 각시			을파소	문호월	오케		
99	봄타령	넌센스	3505	박영호		태평	8134A	박세명·신은봉과 중창
100	정한의 밤차	시극	3505	박영호	이기영	태평	8134B	박세명과

이은파가 취입한 곡은 총 100곡을 확인할 수 있었다. '유행가' 45곡, 신민요 41곡, 민요 2곡, 만요 2곡, 부르스 1곡, 넌센스 1매, 시극 1매, 곡종표기 안 된 곡이 7곡이다.[60] 곡종이 민요로 표기된 것은 작사자와 작곡자가 있는 것으로 보아서 신민요에 포함시켜도 무방할 것이다. 그렇

그림 95. 이은파(1935)(한국 유성기음반 아카이브)

다면 그녀는 '유행가' 45곡, 신민요 43곡을 불러서 '유행가'와 신민요 양쪽에서 모두 활발한 활동을 하였다고 할 수 있다. 또한 만요와 부르스도 불렀음을 확인할 수 있다. 그녀는 주로 신민요로 유명해진 가수라고 하나 음반 매수라는 측면에서 볼 때에는 '유행가'와 신민요를 모두 아우르는 가수였다고 할 수 있다.

5) 이화자가 부른 노래와 그의 약력

이화자의 본명은 순재(順載)이며, 1916년경에 경기도 부평에서 출생한 것으로 추정된다. 송방송은 『경성방송국국악방송곡목록』[61]을 참고하여 이화자가 개성권번(開城券番) 출신이 확실하다고 하였으나,[62] 『사해공론』에서는 인기 가수를 소개하면서 이화자를 인천권번(仁川券番) 소속이라고 밝히고 있다.[63] 그런가 하면 박찬호는 이화자가 경기도 부평에 있는 어느 술집의 작부출신이라고 하였다.[64]

이화자를 개성권번 출신이라고 한 논의는 『경성방송국국악방송곡목록』을 참고한 것인데, 개성권번의 이화자가 1932년 10월 15일 공연에서 양금을 연주한 것으로 되어 있다. 그러나 양금을 연주하였던 이화자가 나중에 1930년대 중반에 신민요를 부른 이화자와 동일인인지는 확신할 수 없다. 특히나 개성권번이라는 표현은 양금을 연주하였던 이화자에만 해당되는 사항이라서 오히려 동명이인일 가능성이 더 높

---

61 한국정신문화연구원 편, 『경성방송국국악방송곡목록』, 2000, 120쪽.
62 송방송, 앞의 책, 59쪽.
63 『사해공론』, 1936.5.
64 박찬호, 앞의 책, 348쪽.

그림 96. 이화자

다.『만선일보』1940년 7월 31일자에는 이화자의 사진과 더불어 그의 출생지를 인천(仁川)이라고 분명히 기록하고 있다. 만약 이화자가 인천 출생이라면 오히려 개성권번보다는 인천권번 소속일 확률이 더 높다고 할 수 있다. 실제로『조선중앙일보』1934년 8월 12일자에 인천권번 기생들도 의원금모집 활동'이란 기사가 실렸는데, 여기에 이화자라는 기생의 이름이 보인다. 이 또한 동명이인일지도 모르나 그의 출생지 등을 고려할 때, 이화자는 인천권번 기생이었던 것으로 보인다.

그는 1936년에 뉴코리아에서 데뷔하여 포리돌과 오케에서도 활동하였다. 그는 요염한 목소리로 인기가 높았는데 자신의 심정을 읊은 듯한 〈화류춘몽〉이 특히 인기를 얻었으며 〈꼴망태 목동〉도 유명하다. 그가 부른 곡명을 제시하면 다음과 같다.

번호	제목	곡종	발매연도	작사자	작곡자	음반회사	음반번호	비고
1	섬시악시	신민요	3604	박고송	성해성	뉴코리아	1018A	
2	새봄맞이	신민요	3604	박고송	김교성	뉴코리아	1018B	
3	뽕도 따고 님도 따세	신민요	3606	박고송	해성	뉴코리아	1021	
4	시악시 열여덟	신민요	3606			뉴코리아	1021	
5	금강아리랑	신민요	3607	칠석		뉴코리아	1026	
6	청사초롱	신민요	3607	박고송	해성	뉴코리아	1026	
7	월미도	유행가	3608	은호	은철	뉴코리아	1031B	
8	영감마누라	만요	3609	박고송		뉴코리아	1038	김주호와
9	단풍이 들 때	신민요	3609	천안거사	해성	뉴코리아	1043A	
10	둘러라	신민요	3608	박고송	해성	뉴코리아	1048	
11	꽃수레	신민요	3608	박고송	초적	뉴코리아	1059	
12	편지	신민요	3610	박고송	해성	뉴코리아		
13	꼴망태 목동	신민요	3812	조명암	김령파	오케	12190A	
14	님전 화풀이	신민요	3812	조명암	김령파	오케	12190B	
15	어머님전상백	자서곡	3902	조명암	김령파	오케	12212A	

번호	제목	곡종	발매연도	작사자	작곡자	음반회사	음반번호	비고
16	미녀도	신민요	3902	조명암	김령파	오케	12212B	
17	삽살개타령	신민요	3909	조명암	김령파	오케	12265A	
18	뗏목에 실은 정	유행가	3910	조명암	손목인	오케	12274B	
19	십오야타령	신민요	3911	조명암	낙랑인	오케	12283	
20	울고 간 무명씨	유행가	3912	박원	낙랑인	오케	12295	
21	청춘대합실	유행가	4001	유모아	낙랑인	오케	12304B	김정구와
22	그 여자의 눈물	유행가	4001	문일석	이봉룡	오케	20008	
23	반 웃음 반 눈물	유행가	4001	조명암	채월탄	오케	20008B	
24	일편단심	신민요	4002		박시춘	오케	20015A	
25	애수의 압록강	유행가	4003	조명암	손목인	오케	20020	
26	신오돌독	신민요	4003	조명암		오케	20023	
27	화류춘몽	유행가	4004	조명암	김해송	오케	20024A	
28	화류선아 가거라	유행가	4004	조명암	김해송	오케	20024B	
29	살랑춘풍	유행가	4004	조명암	박시춘	오케	20026B	
30	수심의 여인	신민요	4005	박원	박시춘	오케	20038	
31	신세한탄	신민요	4006	박원	채월탄	오케	20035	
32	화류애정	신민요	4006	김용호	손목인	오케	20035	
33	신작노들강변	신민요	4007	조명암	문예부	오케	20051A	
34	신베틀가	신민요	4007	김용호	문예부	오케	20051B	
35	월명사창	유행가	4008	조명암	송희선	오케	20055	
36	허송세월	신민요	4008	김용호	박시춘	오케	20055	
37	님전 넋두리	신민요	4009	조명암	채월탄	오케	K5006	
38	이별이외다	신민요	4009	조명암	박시춘	오케	K5006	
39	비오는 행화촌	유행가	4010	이성림	박시춘	오케	K5012	
40	마음의 화물차	유행가	4011	조명암	손목인	오케	31004	
41	추풍낙엽	유행가	4011	조명암	김해송	오케	31004	
42	마지막 글월	유행가	4011	조명암	박시춘	오케	31006A	
43	얼시구 당기	신민요	4011	강해인	박시춘	오케	31006B	
44	관서신부	유행가	4012	조명암	손목인	오케	31008A	
45	눈물의 노리개	유행가	4012	조명암	김해송	오케	31008B	
46	당기당타령		4100	조명암	박시춘	오케		

번호	제목	곡종	발매연도	작사자	작곡자	음반회사	음반번호	비고
47	남산골 다방골	유행가	4102	조명암	김령파	오케	31013	
48	오호라 부주전	신민요	4102	조명암	김령파	오케	31013	
49	노랑 저고리	신민요	4103	조명암	김령파	오케	31017	
50	아리랑 삼천리	신민요	4103	조명암	김령파	오케	31017	
51	꽃바람 분홍비	유행가	4103	조명암	김령파	오케	31020	
52	눈치로 살았소	유행가	4104	이성림	김령파	오케	31023	
53	가거라 초립동	신민요	4105	조명암	김령파	오케	31027	
54	함경선 장사군	신민요	4105	조명암	김령파	오케	31027	
55	강원도아리랑	신민요	4105	조명암		오케	31034A	
56	꽃거리 사정	신민요	4106	조명암	박시춘	오케	31040	
57	님이란 남자	신민요	4107	조명암	김령파	오케	31047	
58	살림단장	신민요	4108	조명암	박시춘	오케	31054	
59	양산도 당나귀	신민요	4109	김다인	박시춘	오케	31060	
60	이호실의 낙화	가요곡	4109	조명암	김해송	오케	31060	
61	남가일몽	가요곡	4110	조명암	박시춘	오케	31066	
62	요동 칠백리	신민요	4110	조명암	김해송	오케	31066	
63	산전수전	가요곡	4110	조명암	이봉룡	오케	31073	
64	목단강 편지	가요곡	4203	조명암	박시춘	오케	31093B	
65	장미와 폭풍	가요곡	4204	김다인	이봉룡	오케	31098	
66	춘풍곡	신민요	4204	조명암	이봉룡	오케	31098	
67	이별	가요곡	4205	김다인	박시춘	오케	31105	
68	꿈타령	가요곡	4206	김다인	박시춘	오케	31107	
69	달력걸력	가요곡	4206	김다인	이봉룡	오케	31107	
70	영산홍	가요곡	4207	조명암	이봉룡	오케	31113	
71	일편정성	가요곡	4207	조명암	박시춘	오케	31113	
72	신작도라지	신민요	4208	조명암	서영덕	오케	31125	
73	신작아리랑	신민요	4208	조명암	서영덕	오케	31125	
74	마지막 필적	신가요	4209	조명암	이봉룡	오케	31126A	
75	비둘기 소식	신민요	4212	조명암	김령파	오케	31133	
76	삼천년의 꽃	신민요	4212	조명암	김해송	오케	31133A	
77	반도의 처녀들	주제가	4212	조명암	김해송	오케	31144B	

번호	제목	곡종	발매연도	작사자	작곡자	음반회사	음반번호	비고
78	결사대의 아내	가요곡	4301	조명암	박시춘	오케	31145B	
79	복수염낭	신민요	4303	조명암	박시춘	오케	31160	
80	옥퉁소 우는 밤	신민요	4303	조명암	박시춘	오케	31160	
81	천리몽	신민요	3701	유한	김교성	포리돌	19372A	X502B
82	말씀하세요 네	신민요	3701	편월	박영배	포리돌	19373	X514B
83	동풍이 불어오면		3701	유한	이면상	포리돌	19381	
84	네가 네가 내사랑	신민요	3702	김운탄	이면상	포리돌	19383	
85	정월보름	신민요	3702	유한	김교성	포리돌	19385	
86	실버들 너훌너훌	신민요	3703	추야월	박영배	포리돌	19393A	X592A
87	금송아지타령	신민요	3704	김운탄	김저석	포리돌	19399A	X592B
88	그네 뛰는 선녀	신민요	3705	김운탄	이춘추	포리돌	19407B	
89	망둥이타령	신민요	3706		김용환	포리돌	19411B	X581B
90	패성보	신민요	3706	고일출	형석기	포리돌	19413A	
91	참말 딱해요	유행가	3707			포리돌	19416	X503B
92	신고산타령	신민요		김운탄	김용환	포리돌	19423B	
93	비련의 자취	신민요	3708			포리돌	19425A	
94	울어나 다오	신민요	3709			포리돌	19429A	
95	조선의 처녀	신민요	3709	김운탄	석일송	포리돌	19431A	X535B 조영심과
96	사랑의 국경	신민요	3710			포리돌	19435B	
97	창 위에 어린 달빛	유행가	3710			포리돌	19437A	
98	잔월초	유행가	3711	이운방	김면균	포리돌	19442	
99	처녀의 마음	유행가	3711			포리돌	19443	
100	사랑의 적신호	유행가	3806			포리돌	19475B	
101	남원의 봄빛	유행가	3803		김용환	포리돌		
102	바람타령	신민요	3802			포리돌		
103	아지랑이 콧노래	신민요	3803	백춘파	김교성	포리돌		X514A
104	에헤라 노아라	유행가	3712			포리돌		
105	왜그렁타령	신민요	3801			포리돌		
106	겁쟁이 촌처녀	만요	3907	조명암	손목인	오케	12248B	
107	금강산 절경	신민요	3904	조명암	김령파	오케	12223B	
108	물레방아	신민요	3908	김용호	손목인	오케	12245B	

번호	제목	곡종	발매연도	작사자	작곡자	음반회사	음반번호	비고
109	산심야심	신민요	3904	조명임	김령파	오케	12236A	
110	신사발가	신민요			문예부	오케	20042	
111	얼룩진 화장지	유행가	3905	조명암	김령파	오케	12230	
112	젊어나 좋지	신민요	3908	조명암	박시춘	오케	12258	
113	초가삼간	신민요	3908	조명암	김용환	오케	12245A	
114	압록강 뱃노래		3700	추야월	김용환	포리돌		
115	기다리는 마음							
116	긴아리랑	신민요	4002			오케	20023	
117	범벅타령	경기잡가	3906			오케	12243B	
118	산염불	신민요	3912			오케	31034B	
119	신사발가	신민요	3912			오케	20005A	
120	신사발가	신민요	4005			오케	20042	박부용과
121	신창부타령	신민요	4005			오케	20043	박부용과
122	신청춘가	신민요	3912			오케	20005B	
123	양산도	신민요	4302			오케	31166A	
124	춘향전	가요극	4207			오케	31116-20	남인수와
125	방아타령	신민요	4302			오케	31166B	

　　이화자가 부른 노래는 총 125곡을 확인할 수 있었다. 신민요 75곡, '유행가' 28곡, 가요곡 11곡, 신가요 1곡, 자서곡 1곡, 만요 2곡, 경기잡가 1곡, 주제가 1곡, 곡종표기가 안 된 곡이 4곡이다.[65] 가요곡과 신가요를 '유행가'의 이칭(異稱)이라고 본다면[66] 이화자는 신민요 75곡, '유행가' 40곡을 불렀으며 '유행가'보다 신민요에서 두각을 나타낸 가수라고 할 수 있다.

---

65 송방송은 이화자가 취입한 유행가 44곡을 제시하였는데,(송방송, 앞의 글, 63~64쪽) 유행가와 신민요의 곡종을 혼용하고 있다. 예를 들어, 〈노랑저고리〉, 〈신사발가〉, 〈신오돌독〉 등은 그 곡종을 '유행가'로 적시하였는데, 신민요가 맞다.

66 일제말에 전시체제에 들어서면서 '유행가'라는 표현이 시국에 적절치 않다고 하여 유행가라는 용어를 사용하지 못하게 하였다. 그 때 유행가 대신에 사용한 용어가 가요곡 내지는 신가요 등이었다. 그 때문에 가요곡 등의 갈래명은 주로 일제 말에 등장하였다.

6) 김인숙이 부른 노래와 그의 약력

김인숙의 생애에 대해서는 거의 알려져 있지 않다. 그런데 송방송은 1930년대 초에 주로 박월정과 함께 전통가요 녹음에 주력하였던 김인숙을 1936년 이후에 대중가요 가수로 활동한 김인숙과 동일인으로 간주하였다. 그러나 이 또한 앞서 이화자와 마찬가지로 동명이인일 가능성이 높다.[67] 1938년 9월에 김인숙이 인터뷰한 내용을 보면, 김인숙은 자신이 '평양 출생이며, 3년 전에 이하윤에게 발견되어서 가수생활을 시작하였다'고 밝히고 있다.[68] 김인숙은 자신이 콜럼비아에 입사하였던 1936년에 18세였다고 하였다. 만약 그가 1931년에 전통가요 녹음에 주력하였던 김인숙과 동일인이라면 약 13살 경에 전통가요를 취입하였다는 것인데 이는 좀처럼 수긍하기가 어렵다. 당시 전통가요에 녹음하였던 사람들은 대체로 명창 소리를 들었던 사람들인데, 겨우 13살의 나이에 소리를 잘 한다는 평가를 받아서 음반까지 취입하였을 가능성은 다소 적어 보이기 때문이다.

그러므로 김인숙 자신의 말처럼 김인숙은 어려서부터 유행가를 즐겨 부르던 중에 18세의 나이에 이하윤에게 발견되어서 가수 활동을 시작한 사람으로 1930년대 초반에 전통가요를 취입하였던 김인숙과는 다른 인물로 보는 것이 타당하리라 생각한다. 그가 부른 노래의 곡목을 제시하면 다음과 같다.

---

67 이름이 같다고 해서 무조건 동일인으로 간주하는 것은 곤란하다. 특히 기명(妓名)인 경우에는 같은 이름을 여러 사람이 쓴 경우가 많았다. 따라서 이에 대한 고려가 충분히 이루어져야 한다.
68 고향이 어디냐는 기자의 질문에 김인숙은 다음과 같이 대답하였다.
"저는 平壤이 故鄕입니다. 어렸을 때부터 流行歌를 즐겨서 불러오든 中 지금으로부터 三年前 十八歲 때에 異河潤氏에게 發見되여서 콜럼비아에 入社하였습니다."(「유행 가수와 영화여우 좌담회」, 『조광』, 1938.9)

번호	제목	곡종	발매연도	작사자	작곡자	음반회사	음반번호	비고
1	그리운 월계화	유행가	3608	김백오	이승학	콜롬비아	40696B	
2	울어라 푸른 하늘	유행가	3608	김백오	김준영	콜롬비아	40705B	
3	사랑을 믿지 마라	유행가	3611	김백오	전기현	콜롬비아	40720B	
4	잊고 마세요	유행가	3611	김백오	이소옹	콜롬비아	40728B	
5	그리운 노래	신민요	3612	이하윤	이영근	콜롬비아	40734B	
6	북방소식	유행가	3701	이하윤	대촌능장	콜롬비아	40744B	
7	가슴에 지는 꽃	신민요	3702	이하윤	전기현	콜롬비아	40747A	
8	애상의 청춘	유행가	3702	이하윤	강구야시	콜롬비아	40747B	채규엽과
9	귀여운 눈동자	유행가	3705	이하윤	강구야시	콜롬비아	40757B	
10	찾지나 말지	유행가	3706	이하윤	전기현	콜롬비아	40762B	
11	여자의 순정	유행가	3707	현우	최학래	콜롬비아	40765A	
12	한이나 없건만	유행가	3707	팽환주	강구야시	콜롬비아	40766B	
13	춤추는 아가씨	재즈송	3707	현우	전기현	콜롬비아	40768B	
14	고향 하늘	유행가	3707	이하윤		콜롬비아	40770B	
15	애수의 포구	유행가	3707	이하윤	탁성록	콜롬비아	40771B	
16	항구의 미련	유행가	3707	이하윤	김준영	콜롬비아	40773B	
17	에헤라 청춘아	신민요	3707	현우	전기현	콜롬비아	40776B	
18	그러지 마세요	유행가	3707	현우	전기현	콜롬비아	40777B	
19	사랑은 꿈결	유행가	3709	이노홍	전기현	콜롬비아	40784B	
20	북만주 황야	유행가	3712	이하윤		콜롬비아	40791B	
21	폭풍에 우는 꽃	유행가	3805	박영호	김송규	콜롬비아	40810B	
22	신혼아까쓰끼	유행가	3806	박영호	김송규	콜롬비아	40813B	유종섭과
23	항구는 슬퍼요	유행가	3807	이하윤	형석기	콜롬비아	40819B	
24	화조월석	유행가	3808	박영호	이용준	콜롬비아	40823B	

김인숙이 부른 노래는 '유행가' 20곡, 신민요 3곡, 재즈송 1곡으로 총 24곡을 확인할 수 있다.[69] 따라서 그는 '유행가'에 특장을 지녔던 가수

---

69 송방송은 김인숙이 부른 신민요 4곡을 제시하고 5곡이라고 하였다. 유행가는 총 21곡을 제시하였다.(송방송, 앞의 글, 17~19쪽, 52~53쪽) 그런데 〈애상의 청춘〉은 그 곡종이 '유행가'인데, 신민요와 유행가 목록에 모두 등장하고 있고 유종섭이 부른 〈연애쌍곡선〉(김익균 작사, 전기현 작곡, 유종섭 노래, 콜럼비아 40833B, 1938.10 발매)이 김인숙의 유행가 목록에 제시

라고 할 수 있다.

이상으로 6명의 기생 가수를 대상으로 하여 그들의 음반목록을 살펴보고 당시의 사료를 토대로 하여 그들의 생애를 밝힐 수 있는 데까지 밝혀 보았다. 송방송은 이들 6명 기생 가수들의 음반 목록 등을 검토하면서 이들을 신민요 가수로 명명하고 신민요가 전래민요와 유행가의 중간다리 구실을 담당한 것으로 보았다. 또한 6명의 여가수들이 신민요 가수보다도 유행가 가수로 더 많은 인기를 끌었다면서 이것이 신민요가 1930년대 이후에 가요무대에서 사라지게 된 요인의 하나라고 하였다.[70]

그러나 6명의 기생 가수 모두를 일괄적으로 신민요 가수로 명명할 수 없을 뿐만 아니라 '기생 가수들이 신민요 가수보다 유행가 가수로 더 많은 인기를 끌었다'는 것은 앞서 신민요 가수로 명명하였던 것과 상호 모순되기까지 한다. 음반목록을 검토하면, 선우일선과 이화자는 확실히 신민요에 특장을 지니고 있었으나, 왕수복과 김복희, 김인숙은 신민요보다 '유행가'에 더 주력하고 있어서 이들을 모두 일관되게 '신민요 가수'라고 명명하기는 어려울 것이다.[71] 또한 신민요는 전래민요와 유행가의 중간다리가 아니라 '유행가'와는 별도의 형성과정을 거치면서 전개된 자생적인 대중가요라고 할 수 있다. 아울러 6명의 기생 가수들이 모두 신민요 가수로 보다 유행가 가수로 더 많은 인기를 끌었던 것도 아니다. 왕수복과 김복희 등은 확실히 유행가 가수로 인기를 끌었으나 선우일선과 이화자는 신민요 가수로 더욱 유명하였으며, 이

된 것은 오류라고 할 수 있다.

70 송방송, 앞의 글, 8-9쪽, 67쪽.

71 당시의 왕수복의 노래를 광고하면서 왕수복을 다음과 같이 소개하고 있다.
    "流行歌라면 王壽福, 그의 구성진 肉聲은 斷然 流行歌의 女王이라는 絶讚밧은지 오래임니다."(한국정신문화연구원 편, 앞의 책, 632쪽)

그림 97. 김인숙

는 일제말까지 대체로 변함이 없었다.

요컨대, 앞서 살펴보았던 6명의 기생 가수들은 1930년대 중반에 인기 가수로서 많은 활약을 하였다. 그러나 가수마다 특장을 드러낸 부분이 달라서 일관되게 기생 가수의 특징을 논하기는 어려울 것으로 보인다. 왕수복, 김복희, 김인숙이 '유행가'에 특장을 지녔다면, 선우일선, 이화자는 신민요 녹음에 더 주력하였음을 알 수 있다. 이은파는 '유행가'와 신민요를 거의 비슷한 수준으로 녹음하였으나 당시에는 신민요 가수로 더 알려져 있었던 것으로 보인다.[72] 이처럼 기생 가수들은 1930년대 중반에 많은 인기를 구가하면서 '유행가'와 신민요 등의 갈래를 섭렵하면서 활발한 활동을 전개하였다.

5. 대중가요계에서 기생 가수들의 위상과 그 의미

앞서 2장에서 살펴보았듯이, 당시의 음반 제작자들이 기생을 선호한 이유는 이용의 편이성과 능률성에서 찾을 수 있었다. 그러면 당시 대중가요계에서 기생 가수들의 위상은 어떠했으며, 기생 가수의 의의는 무엇일까? 기생 가수에 대한 음반제작자의 다음과 같은 발언은 기생 가수들의 당시 위상을 짐작하게 해준다.

---

72 당시의 신보 소개를 보면, 이은파를 '新民謠界의 女王'이라고 명명하고 있다. (한국정신문화연구원 편, 앞의 책, 821쪽)

왕평 : 簡單히 말하자면 音樂을 專門하시는 분들 中에서 西洋音樂의 科學的 智識을 基礎로 하고 朝鮮音樂의 硏究와 修鍊을 싸하 固有한 우리의「唱法」,「發 聲法」을 能히 解得할 수 있을 때까지라고 볼 수밖에 없읍니다.「流行歌」도 亦 是 西洋樂器의 伴奏로 되는 것이나 그 唱法, 그 氣分은 이땅의 民謠를 半分한 것 이니까요.

이하윤 : 우리 민요의 전통을 바다 그들이 그러한 경향의 또는 한거름 나선 그 러한 경향의 노래의 말과 곡의 기분을 모다 잘 이해하며 능난히 불너넘길진대 어찌 우리는 이들을 가요계 내지 레코-드계에서 저버리랴 할 것이리오. 우리는 우리 호흡에 맞는 가수 이것을 구할 뿐이외다.[73]

왕평은 '기생 가수의 존재가 어느 시대까지 지속될 것인가'라는 질문 에 "서양음악의 과학적 지식을 기초로 하고 조선음악의 연구와 수련을 쌓아 우리의 창법과 발성법을 능히 해득할 수 있을 때까지"라고 대답 하고 있다. 이는 다시 말하면 기생 가수야 말로 우리의 창법과 발성법 을 능히 해득할 수 있는 사람이라는 말이 된다. 이하윤 역시 "기생 가수 는 우리 민요의 전통을 계승해서 민요적인 경향을 띠고 있거나 그러한 경향에서 한걸음 나아간 노래의 가사와 선율을 모두 잘 이해하고 능숙 하게 그 노래를 부른다"고 하였다. 결국 당시에도 기생 가수들은 전통 의 창법과 발성법을 익히 알고 있고 그것을 전파하는 예능인으로 여겨 졌다. 그러므로 기생 가수의 위상은 전통요소의 계승자라는 점에서 찾 을 수 있다.

한편 일제강점기 여자 가수들이 가요계에 입문한 나이는 대체로 10 대가 많았는데, 이는 기생 가수들도 마찬가지였다. 왕수복이나, 선우일

---

73 「조선문화의 재건을 위하여」,『사해공론』, 1936.12.

선, 김복희, 김인숙 등이 데뷔한 나이를 보면, 대체로 17살 내지는 18살 정도로 모두 10대 후반에 가요계에 들어섰음을 알 수 있다. 1980년대 후반부터 '10대 가수' 내지는 '고교생 가수' 등이 등장하여 지금은 10대 가수들이 상당수를 차지하고 있는데, 우리나라 대중가요계에 10대가 진출하였던 것은 대중가요사의 초창기부터 이루어졌던 현상이라고 할 수 있다. 이처럼 일제강점기의 기생 가수들이 10대 후반부터 가요계에 입문한 것은 당시 여자 가수들의 공통적인 특성으로 이해할 수 있다.

그런가 하면 기생 가수만의 특징으로 한 가지 지적할 수 있는 것은 그들의 외모가 많이 거론되었다는 것이다. 물론 당시 여자 가수들 대부분의 외모가 대체로 출중한 편이었으나, 기생 가수들의 외모에 대해서는 유독 자주 거론되곤 하였다.

> 얼골과 목소리가 아눌녀 고흔 왕수복(王壽福)양– 금수강산의 아름다운 풍경을 자랑하는 평양(平壤)이 그의 출생지인 관계인지 모란쏫 가티 탐시럽고도 고흔 얼골에 꾀꼬리 소리가티 어여쁜 노래를 듯는 사람은 누구이나 감탄하지 아니할 수 업슬 것이다.[74]

> 金孃은 평양기생학교를 졸업하고 빅타–專屬歌手가 되엿는데 얼굴이 예쁘기로 힐흠이 놉거니와 목소리도 얼굴에 지지안케 아름답다.[75]

> 한동안 長安의 風流客 가운데 話題거리가 되고 文壇의 꼬십에까지 그 일흠이 오르든 레코–드의 歌手로 鮮于一扇이라는 女子가 잇다. 이 歌手는 流行歌歌手로서 그 일흠도 일흠이려니와 미인으로서 소문이 더 노픈 女子다.[76]

---

74 『매일신보』, 1935.1.3.
75 『조선일보』, 1937.1.6.

위의 인용문은 왕수복, 김복희, 선우일선에 대한 당시 기사를 차례대로 제시한 것이다. 인용문을 통해서도 알 수 있듯이, 당시 세 가수에 대한 평가는 단지 노래에 대한 것에만 그치고 있지 않다. '고운 얼굴', '예쁜 얼굴', '미인'이라는 표현이 꼬리표처럼 따라다녔음을 알 수 있다. 그리고 이것이 당시 기생 가수들이 대중들에게 많은 인기를 얻었던 한 원인으로 작용하였다고 할 수 있다. 그러나 무엇보다도 중요한 것은 그들의 목소리나 음색에 대한 평가이다.

　가을밤 玉통소 소리가치, 길게, 가늘게, 연연하게, 애닯게, 구슬푸게 흘너흘너 삼천리 널분 들에 흘너나리어 젊은 이의 가슴을 안탁갑게도 뜻어내리는 천재성악가(鮮于一扇)양! 가튼 평양성중에 태어나 〈死의 讚美〉의 一曲을 집어너코 **영원한 나라로 가버린 尹心悳양 以來 조선사회에서는 슬픔의 歌手로 이 선우일선양을 첫손가락에 곱앗다.** 그의 노래를 듯고 혀굽흔 우름을 운 제자가인이 얼마나 만튼고 애닯은 심정을 이러케도 잘 표현하여주는 이 歌姬 평양성은 이 歌姬 한 분 째문에 그 일홈이 더 놉하젓다 半島江山은 이 선우일선양 한 분 째문에 「예술의 나라」라는 名譽를 어덧다.[77] (강조는 인용자, 이하동일)

　「레코-드」에서 흘너나오는 노래- 〈고도의 정한(孤島의 情恨)〉이라든가 〈내일 가세요〉 등의 애련한 소리를 취입하야 수만흔 ○○을 울리고 웃기인지도 여러 차례이다. 현재 「포리도루」 전속가수로 아름다운 이름을 떨치고 잇다. 양은 불행인지 다행인지 화류계에 몸을 던져 평양기생권번에 기적을 두고 잇스며 **매일 밤마다 홍등녹주에 수만흔 유야랑으로 더부러 벗을 삼고 잇는 생활을 하게 된 관계인지 눈물 저즌 잔 속에서 울려나오는 한만흔 노래의 특장이 잇다.**[78]

---

76 『조선일보』, 1937.1.6.
77 『삼천리』, 1935.6.

인용문을 통해서도 알 수 있듯이, 선우일선은 당시에 '슬픔의 가수'라고 칭해졌고, 왕수복도 '한 많은 노래'에 특장을 지니고 있는 것으로 인식되었다. 그리고 이들이 '슬픔의 가수'라 불리고 '한 많은 노래'를 잘한다고 여겨진 것은 그들의 개인사 내지는 기생 생활과도 일정 정도 관계가 있을 것이다. 그 때문에 인용문에서도 왕수복이 한 많은 노래에 특장을 지니게 된 것을 '매일 밤마다 홍등녹주에 수많은 유야랑과 더불어 벗을 삼고 생활을 하게 된 것'과 연관시키고 있는 것이다.

여기서 기생들의 목소리를 '두엔데(duende)'라는 개념으로 설명할 수 있다. 두엔데는 원래 플라멩코에서 음역이나 성량보다는 풍부한 인생경험을 통해 얻어지는 가수의 음색을 의미한다.[79] 앞서 4장에서 그들의 생애를 살펴보았듯이, 그들의 생애는 무척이나 고통스러웠다. 어려서 부모님을 잃고 실질적인 가장의 노릇을 하는 등의 불우한 유년시절을 보냈다. 게다가 돈을 벌기 위해 뛰어든 기생 생활은 쉽지 않았다. 이처럼 힘들고 어려운 유년시절과 고통스러운 기생 생활을 하면서 그들의 목소리는 '슬픔의 소리' 내지는 '한 많은 소리'로서의 특징을 드러낸 것이라 할 수 있다. 기생 생활에 대한 선우일선의 다음과 같은 발언은 당시 그녀가 기생 생활을 하면서 겪었던 갈등과 어려움이 어느 정도였는지를 짐작하게 해준다.

글세요, 긔생이 아니되고 레코―드 가수만 되엇드러라면 조왓슬터인데 기생생활이란 지긋지긋 합니다. 그러타고 가수생활도 그러케 조와하는 것도 아니지요. 이런 직업을 다 버리고 그저 어머니 모시고 조용히 살 수 잇다면…… 막상 긔생의 몸으로 손님을 대하고보니 손님을 원망하는 것은 아니나 한편을 손님이고 이쪽

78 『매일신보』, 1935.1.3.
79 수잔 그리핀, 노혜숙 역, 『코르티잔, 매혹의 여인들』, 해냄, 2002, 272쪽.

은 商品모양으로 노래와 춤을 파는 팔넌 놈이 되다보니까 저편 분들은 제의 자유
까지 슴하여 가진 듯 십고 이편은 그 반대로 아조 無能者가 된 듯한 늣김이 잇슴
니다. 엇던 째는 욕하고 酒酊부리며 옷을 더럽혀 노흘 째는 참말 삼복철에 「호
미」 쥐고 조밧골에 안저 흘니는 비지쌈보다 더한 진쌈이 밧작밧작 나옵데다.[80]

　기생 생활을 하면서 선우일선은 자신이 상품이 된 듯한 느낌을 받았
으며, 욕하고 주정하고 옷까지 더럽혀 놓는 손님을 만나면 진땀이 흘렀
다고 하고 있다. 그 때문에 선우일선은 그저 농촌에 내려가서 어머님 모
시고 조용히 살고 싶다고 말한 것이다. 이처럼 기생 생활은 쉽지 않았
다. 유년시절의 불우함과 기생 생활의 어려움은 기생 가수들의 인생 경
험을 풍부하게 하였고 그러한 인생 경험은 두엔데로 나타났을 것이다.
그 때문에 기생 가수들의 목소리는 '슬픔의 소리' 내지는 '한 많은 소리'
로 여겨졌고, 이것이 많은 사람들의 공감을 샀다고 할 수 있다. 요컨대
그들의 목소리는 '두엔데'로 특징지을 수 있고 이것이 당시 기생 가수가
대중에게 많은 공감을 사고 인기를 얻었던 이유였다고 할 수 있다.

6. 맺음말

　이상으로 20세기 전반기에 대중가요계로 투신한 기생 가수들의 음
악활동을 살펴보았다. 기생들은 우리나라 음반사(音盤史)의 처음부터

80　「가희의 예술·연애,생활」,『삼천리』, 1935.6.

적극적으로 음반녹음에 참여하였는데, 그때 그들이 불렀던 노래들은 주로 잡가와 판소리, 민요 등과 같은 전통가요에 집중되어 있었다. 그러다가 1930년대 초에 왕수복을 필두로 하여 기생들이 대중가요계로 진출하였고 이후 1930년대 중반에는 바야흐로 기생 가수의 전성시대를 맞았다고 해도 과언이 아닐 것이다.

이들이 대중가요계로 진출하게 된 것은 1930년대에 불어 닥친 화류계의 불경기에서도 그 한 원인을 찾을 수 있으나 그보다는 새로운 가수를 찾고자 하는 음반 제작자들의 관심과 노력에 의해서 가능하였다고 할 수 있다. 또한 당시에 전통가요의 내용과 형식 등을 차용한 신민요가 인기를 얻으면서 이미 기생학교에서 전통가요의 수업을 받고 일정 정도의 수련을 마친 기생들이 자연스럽게 신민요 가수로 등장하기도 하였다.

그러나 실제로 대표적인 기생 가수 여섯 명의 노래 목록을 살펴보면, 단지 그들이 신민요에만 특장을 드러낸 것이 아니라는 사실을 알 수 있다. 선우일선과 이화자 등은 확실히 신민요에 특장을 지니고 있었으나 왕수복과 김인숙 등은 신민요보다는 '유행가'에 더 많이 주력하였음을 알 수 있다. 다시 말해서 기생 가수들은 당시에 대중가요 전반에 걸쳐 노래 갈래에 상관없이 활발한 활동을 하였다고 할 수 있다.

기생 가수들은 당시 대중들에게 많은 호응을 얻었는데, 1930년대 중반에 인기투표에서도 상위 5위 안에 기생 가수가 3명이나 선정되어서 당시 그들의 인기가 어느 정도였는지를 짐작할 수 있다. 또한 이들은 노래뿐만 아니라 얼굴이 예쁜 것으로도 유명하였으며 그들의 미모가 그들의 인기를 부채질하는 측면도 있었으리라 생각한다.

20세기 전반기 대중가요계에서 기생 가수의 위상은 그들이 전통적인 창법과 분위기를 익히 알아서 전파하는 사람이었다는 것에서 찾을 수 있다. 특히 이들의 목소리는 '슬픔의 소리' 내지는 '한 많은 소리'로 인식되었는데, 이는 '두엔데'로 이해할 수 있다. 즉 기생들의 불우한 유년시절이나 고통스러운 기생 생활은 그들의 음색에도 영향을 주었고 이러한 음색이 당대인에게도 많은 공감을 산 것이라고 할 수 있다.

이제까지 대중가요 가수로 활동하였던 기생에 대한 관심은 그리 많지 않았다. 기생 가수에 대한 관심이 적었던 것은 기생에 대한 선입관이 강했던 것에서도 그 한 원인을 찾을 수 있다. 20세기 전반기의 기생은 매매춘을 하였던 기생들과 동급으로 인식되면서 연예인으로서의 그들의 활동에 대한 객관적인 인식과 평가는 거의 이루어지지 않았던 것이다. 그러나 기생 가수들은 근대적인 의미의 '가수'라는 개념조차 서지 않았던 시대에 초창기 대중가요 가수로서, 또는 인기스타로서 당대인에게 많은 호응을 얻으면서 활동하였다.

본고는 대중가요 가수로 활동한 기생들의 노래와 생애에 주목하여 선행연구에서 제시한 기생의 노래 목록을 수정·보완하고 당대의 사료를 충분히 참조하여 그들의 생애를 재구하는 한편, 기생 가수의 위상과 의미를 살펴보았다. 앞으로 기생에 대한 선입견에서 벗어나서 그들의 활동을 객관적으로 인식하고 평가하는 일이 요구된다. 또한 아직까지 알려지지 않은 그들의 생애에 대해서도 정확한 자료를 토대로 하여 다시금 고구할 필요가 있다. 본고의 논의를 계기로 장차 대중가요 가수로 활동한 기생들뿐만 기생들의 여러 문화 활동에 대한 폭넓은 논의가 이루어지기를 기대한다.

참고문헌

권도희, 「전기 녹음 이전 기생과 음반 산업」, 『한국음반학』 제10호, 한국고음반연구
　　　회, 2000.
김점도 편, 『유성기음반 총람자료집』, 신나라레코드, 2000.
박찬호, 『한국가요사』, 현암사, 1992.
송방송, 「신민요 가수의 음악사회사적 조명 – 권번 출신의 여가수를 중심으로」, 『낭
　　　만음악』 제14권 제3호(통권55호), 2002 여름.
수잔 그리핀, 노혜숙 역, 『코르티잔, 매혹의 여인들』, 해냄, 2002.
이재옥, 「1930년대 기생의 음악활동 고찰」, 『한국음악사학보』 제30집, 한국음악사학
　　　회, 2003.
이준희, 「시에론레코드 음반목록에 대한 보론」, 『한국음반학』 제13호, 한국고음반연
　　　구회, 2003.
장유정, 「갈래를 통해 본 20세기 초 한국 가요의 전개 양상 – 유성기 음반 가사지를 중
　　　심으로」, 『국문학연구』 제10호, 국문학회, 2003.
＿＿＿, 「1930년대 신민요에 대한 당대의 인식과 수용」, 『한국민요학』 제12집, 한국
　　　민요학회, 2003.
＿＿＿, 「일제강점기 한국 대중가요 연구 – 유성기 음반 자료를 중심으로」, 서울대 박
　　　사논문, 2004.
최창호, 『민족수난기의 대중가요사』, 일월서각, 2000.
한국정신문화연구원 편, 『경성방송국국악방송곡목록』, 2000.

20세기 전반기 기생 소재(素材) 대중가요의 노랫말 분석[1]

1. 머리말

20세기 전반기의 기생이란 명칭은 매우 다양하게 사용되었다. 조선 시대의 관기만을 지칭하던 기생이란 용어가 관기의 해체 이후, 20세기 전반기에 이르러서 점차로 그 외연의 확장을 이룬 것이다. 20세기 초 까지는 여전히 '예(藝)'를 선보이는 것을 업으로 삼았던 기생과 매음을 업으로 삼았던 창기를 법제적으로 구별하였으나,[2] 사회적인 인식은

---

1 「20세기 전반기 기생 소재(素材) 대중가요의 노랫말 분석」, 『한국문화』 35, 서울대 한국문화연구소, 2005.
2 기생과 창기의 법제적 구별에 대해서는 장유정, 「20세기 초 기생제도 연구」, 『한국고전여성문학연구』 제8집, 월인, 2004를 참조할 수 있다.

점차로 기생과 창기의 구별을 무의미하게 만들고 말았다. 그리하여 기생이란 명칭은 다양한 의미를 내포하게 된다.

학습기생, 소리기생, 화초기생, 재즈기생, 모던기생 등은 모두 기생이란 명칭이 외연의 확장을 이룬 결과 나타난 명명(命名)이라 할 수 있다. 학습기생과 소리기생은 권번 등에서 기예를 습득한 기생을 말하고, 화초기생은 기예는 없으나 얼굴이 예쁜 기생을 지칭한다. 그런가 하면 모던기생과 재즈기생은 세태가 변하면서 새롭게 출현한 기생이라 할 수 있다. 당시에 새롭게 출현한 유흥 공간인 카페에서 일하였던 카페걸을 모던기생이라 칭하기도 하였고, 양장(洋裝)을 입고 요릿집에서 유행가를 부르는 기생을 재즈기생이라 부르기도 하였다. 따라서 본고에서 사용하는 기생도 권번에 적(籍)을 두고 있던 기생뿐만 아니라 카페걸과 여급처럼 이른바 모던기생까지 포함하는 넓은 의미의 기생이다.

20세기 전반기 대중가요 중에는 기생을 소재로 한 노래가 심심치 않게 등장한다. 대중가요뿐만 아니라 연극과 문학에서도 기생은 인기 있는 소재이었다.[3] 이처럼 기생이 대중가요와 연극을 비롯한 대중문화 전반의 소재로 활용될 수 있었던 것은 일차적으로 기생이 대중문화의 적극적인 향유자이자 생산자였기 때문에 가능하였다. 음반만 놓고 보더라도 기생은 우리나라 음반사(音盤史)의 시작에서부터 적극적인 참여자로 활약하였다. 기생은 잡가와 판소리 등을 녹음하여 음악계에 상당한 영향을 끼쳤을 뿐만 아니라 1930년대 중반에는 대중가요 가수로

---

3 1930년대 기생을 소재로 한 대중극에 대해서는 최은옥, 「기생인물 소재 텍스트에 나타난 전통성과 근대성－1930년대 대중극을 중심으로」, 『어문학교육』 제26집, 한국어문교육학회, 2003을 참고할 수 있다. 한편 최은옥은 1930년대에 기생 소재 서사가 많은 비중을 차지한 원인을 다음과 같이 지적하였다. 첫째, 기생이 통속적 흥미로움을 불러일으킬 수 있는 소재라는 점이다. 둘째, 통속적 흥미로움을 넘어서 기생이 속한 사회의 질서나 제도의 모순까지를 성찰할 수 있는, 소재 자체가 가지는 서사력 때문이다. 셋째, 문화적·문학적 모티브로서의 연속성 때문이다.(위의 글, 276쪽)

도 활발한 활동을 하였던 것이다.[4]

　본고는 기생을 소재로 한 대중가요의 노랫말에 주목하고자 한다. 물론 대중가요는 음악과 말의 결합을 통해 이루어졌으므로 음악과 말을 아울러서 살펴보는 것이 원칙일 것이다. 그러나 대중가요 속의 기생 이미지는 음악보다는 노랫말에 훨씬 잘 드러난다. 그러므로 대중가요를 통해 기생에 대한 당대의 인식 등을 살펴보려면 그 노랫말을 검토하는 것이 효과적이라 할 수 있다.

　이제까지 20세기 전반기에 향유된 기생 소재 대중가요에 대한 논의는 거의 이루어지지 않았다. 그러나 대중가요만큼 적나라하게 그 사회를 반영하고 있는 양식이 없다는 것을 염두에 둘 때, 기생 소재 대중가요에 대한 고찰은 당대인의 시각과 정서를 살필 수 있다는 점에서 매우 중요한 의미를 지닌다. 이에 본고는 20세기 전반 기생 소재 대중가요의 노랫말을 분석하고 그를 통해 기생에 대한 당대의 인식과 그 의미를 살펴보기로 한다.

2. 기생 소재 대중가요의 초기 모습

　기생 소재 대중가요 중에서 초기의 작품으로는 〈강명화가〉(우영식 노래, 일동 B148B, 1927)를 들 수 있다. 이 노래는 1927년에 일동에서 발매되

4　기생들이 대중가요 가수로 활약하게 된 배경과 그 실례에 대해서는 장유정, 2004, 「1930년대 기생의 음악활동 일고찰 – 대중가요 가수를 중심으로」, 『민족문화논총』 제30집, 영남대 민족문화연구소를 참고할 수 있다.

그림 98. 기생 강명화의 모습

었으나, 음반 실물이나 가사지가 남아있지 않아서 그 온전한 모습을 알수 없다. 다만 노래집에 실려 있는 강명화 관련 곡을 통해서 그 모습을 조금이나마 짐작해볼 뿐이다. 노래집에 실린 강명화 관련 곡이 음반에 실린 〈강명화가〉와 어느 정도 같고 다른 지는 지금으로서는 알 수 없다. 다만 노래집에 실린 강명화 관련 노래를 통해서 음반에 실린 〈강명화가〉의 모습을 짐작해 볼 뿐이다.

주지하다시피, 당대의 유명한 기생이었던 강명화는 백만장자 장길상의 아들 장병천과의 연애로 세간에 화제가 되었었다. 그러나 장병천 집안의 극심한 반대와 세상의 곱지 않은 시선에 절망한 강명화는 자신이 장병천의 앞날에 장애물이 되지 않겠다는 신념으로 1923년 6월 11일에 '쥐 잡는 약'을 먹고 자살하였다. 당시 『동아일보』 1923년 6월 16일자는 강명화 자살 사건을 상당한 지면을 할애하여 상세하게 소개하고 있다.

강명화의 자살 사건은 당시에 많은 반향을 불러일으켰고 강명화 사건은 소설로,[5] 노래로 창작되었다. 비록 살아서는 기생으로 천대받았던 강명화이지만, 죽어서는 순결하고도 헌신적인 사랑의 상징으로 칭송되었다. 강명화에 대한 이러한 인식은 강명화 관련 소설과 노래에서도 마찬가지로 드러난다. 강명화 관련 노래의 일단은 『신식유행 이팔청춘창가집(新式流行 二八靑春唱歌集)』[6]에서 찾을 수 있다. 이 책은 강범형(姜範馨)이란 사람이 1929년에 각 권번에서 가르치는 소리를 레코드판에 실린 그대로 명곡만 엄선하여 만든 것이다.

---

5 강명화 자살 사건을 다룬 소설로는 『강명화 실기』(1924), 『강명화전』(1925), 『강명화의 설움』(1928), 『(절세미인)강명화전』(1935) 등을 들 수 있는데, 이러한 예를 통해서 당시 강명화 자살 사건이 문학적 소재로 매우 활발하게 사용되었음을 알 수 있다.

6 강범형 편, 『신식유행 이팔청춘창가집』, 三光書林, 1929. 이 자료집은 이근태의 소장본으로 본고에서 처음으로 소개한다.

그림 99. 『강명화 설움』의 표지

누가 사람을 웃키랴? 누가 사람을 울니랴? 黃金이 사람을 웃킬 것이냐 애끗는 情人의 섭섭한 離別이 사람을 울닐 것이냐? 아니다. 오즉 사람을 웃키고 울니는 것은 歌曲일 것이다. 나는 이럿케 안다. 그럼으로 나는 物質○ 精神으로 가초가초 人間苦을 맛보는 나의 兄님과 아오님들의 고닯흔 마음을 暫間이라도 멜노듸 環境 속에서 모든 苦를 니즈시게 하기 爲하야 各 券番에서 가리키는 소리와 넷고 트板에 실니인 그대로 現代流行名曲으로만 選拔精輯하야 이 노래ㅅ책을 여러분 압헤 놉니다. 一九二九年 菊秋 漢城券番 一隅에서 編者臨(띄어쓰기는 인용자)

위의 인용문은 『신식유행 이팔청춘창가집』의 머리말이다. 이 책의 편자는 사람들을 웃기고 울리는 것이 노래이고, 잠시라도 음악으로 인간고(人間苦)를 잊게 하기 위해서 이 책을 만들었다고 밝히고 있다. 이 책에는 강명화 관련 노래가 두 곡이나 실려 있다. 한 곡은 〈강명화절명곡(康明花絶命曲)〉이고 다른 한 곡은 〈강명화의 원한〉이란 노래이다.

1. 슮흐-다 꿈결갓흔 우리 인생(人生)은
풀입 싯헤 맷처 잇는 이슬 갓도다
무정야속(無情野俗) 져 바람이 건듯 불며는
이슬 흔젹 순식간(瞬息間)에 업스리로다

2. 모란봉(牧丹峰)의 졍긔(精氣) 밧아 내 몸 생기니
우리 부모(父母) 애지중지(愛之重之) 가이 업서라
업어주고 안어주어 고히 길녀서
부중생남(不重生男) 만년자미(晩年滋味) 보랴 하엿네

3. 십칠세(十七歲)에 교방기안(嬌房妓案) 일홈 실으니

명가명무(名歌名舞) 강명화(康明花)가 내 몸이로다

의문매소(依門賣笑) 하는 것이 본의(本意) 안이라

백년랑군해로(百年郎君偕老)함이 나의 원(願)일세

4. 황-텬(皇天)이 감동(感動)하사 지도(指導)함인지

어엽불손 장병텬(張炳天)과 인연(因緣) 매즈니

산서해맹(山誓海盟) 깁고깁히 변(變)치 안코서

검은 머리 백발(白髮)토록 살자햇더니

5. 가정불화(家庭不和) 사회책망(社會責望) 비발치듯

내외협공(內外挾攻) 짓처드러 침식(寢食)업스니

박명인생(薄命人生) 나의 일신(一身) 관계(關係)업지만

우리 랑군(郎君) 만리전정(萬里前程) 그릇치겟네

6. 찰하리 일부 잔명(殘命) 내가 쓴어서

천사만사(千事萬事) 걱정 근심 이즈리로다

삼각산(三角山)아 잘 잇거라 나는 써난다

한강수(漢江水)야 후생(後生)에나 다시 만나세

— 〈강명화(애연)절명곡(康明花(愛戀)絶命曲)〉

전체 6연으로 이루어진 〈강명화절명곡〉은 『이팔청춘창가집』에 실렸을 뿐만 아니라 『강명화의 설움』이라는 소설에 삽입되기도 하였다. 그만큼 이 노래가 당시에 유명하였음을 알 수 있다. 〈강명화절명곡〉의 시적 화자는 강명화 자신으로 설정되어 있다. 강명화 자신이 신세를 한탄하는 내용으로 이루어진 것이다. 강명화로 설정된 시적 화자는

자신의 탄생에서 죽음까지를 절절하게 묘사하고 있다.

　부모님이 강명화를 낳아서 애지중지 기른 것과 강명화가 17세에 교방 기안에 이름을 올린 얘기들을 서술하고 있다. 강명화는 명가명무(名歌名舞)로 이름을 날렸으나 강명화 자신의 소망은 낭군을 만나서 백년해로하는 것이었다. 그와 같은 소망이 장병천과의 인연으로 이루어졌으나 가정불화와 사회 책망이 심해지자, 강명화 자신이 장병천의 앞날을 가로막을까 두려워 자살을 한다는 내용이 전개되고 있다. 〈강명화절명곡〉은 서정보다는 서사적인 경향이 강한데, 이는 다음의 〈강명화의(에) 원한〉에서도 마찬가지로 드러나는 특징이다.

1. 장(壯)하고도 아름답다 절대가인(絶代佳人) 강명화(康明花)는
　　의긔렬녀(意氣烈女) 되엿도다 화류계(花柳界)에 몸을 쌔여

2. 련애랑군장병텬(戀愛郞君張炳天)과 동경류학목적(東京留學目的)하고
　　고국산천(故國山川) 리별(離別)할 쌔 눈물 쑤려 하직(下直)하고

3. 목적지(目的地)에 당도(當到)하니 사회비평(社會批評) 요란(擾亂)하다
　　손을 쓴어 맹셰하나 일분효력(一分效力) 가이업다

4. 단발(斷髮)하던 나의 결심(決心) 허망(虛忙)으로 도라가니
　　가련(可憐)하다 나의 신세(身世) 의지(依支)할 곳 바이업서

5. 배를 돌여 도라오니 처량(凄凉)하기 가이업네
　　한강철교(漢江鐵橋) 인도상(人道上)에 배회(徘徊)하는 강명화(康明花)는

6. 원한(怨恨)되는 이 세상(世上)을 비관(悲觀)으로 생각하니

그 소망(所望)은 끈어지고 그 형체(形體)는 살어젓다

— 〈강명화에 원한(怨恨)〉

『이팔청춘창가집』에 실려 있는 〈강명화의 원한〉은 〈강명화절명곡〉과 마찬가지로 강명화의 자살 사건을 다루고 있다. 강명화가 장병천과 동경에 유학 갔다가 유학생들 사이에서 비판이 많아지자 다시 고국으로 돌아온 이야기와 강명화가 세상의 불신에 손가락도 잘라보고 사랑을 맹세하며 단발을 감행하였던 이야기, 그리고 결국 세상을 비관하여 강명화가 목숨을 버린 내용까지 서술하고 있다.

그 화자를 보면, 〈강명화의 원한〉의 1연의 시적 화자는 강명화 자신으로 보기는 어렵다. 오히려 다른 누군가가 강명화의 사건을 묘사하는 것처럼 보이기도 한다. 그러나 시적 화자와 대상과의 이러한 거리는 4연에 가면 완전히 좁혀진다. 그리하여 시적 화자는 강명화 자신이 되어 '나의 결심'과 '나의 신세'라고 말하는 것이다. 그렇다고 해서 〈강명화의 원한〉의 시적 화자가 강명화 자신이라고 단정할 수도 없다. 여전히 〈강명화의 원한〉에서 시적 화자의 정체는 모호하기 때문이다. 그러므로 〈강명화의 원한〉의 시적 화자는 정체불명의 시적 화자로 보는 것이 타당할 것이다.

중요한 것은 『이팔청춘창가집』에 실린 〈강명화절명곡〉이나 〈강명화에 원한〉에서 강명화가 의기(意氣) 열녀(烈女)로 그려지고 있다는 것이다. 그러나 강명화가 '장하고 아름다운 절대가인'으로 칭송될 수 있었던 것은 그가 스스로 죽음을 택했기 때문에 가능한 일이었다. 강명화가 살아있을 때, 강명화는 요부(妖婦)에 지나지 않았다. 그 때문에 세상 사람들은 강명화를 손가락질 하고 천대하였다. 그러던 것이 그가

사랑을 위해 목숨을 끊자, 요부 강명화는 열녀 강명화로 바뀐 것이다.
그러면 기생에 대한 당시의 일반적인 인식은 어떤 것이었을까? 다음에
살펴 볼 〈기생경계가〉는 기생에 대한 당시 일반 대중의 인식이 어떠하
였는지를 여실히 보여준다.

1. 너이는 이 세상(世上)에서 이상(異常)한 물건(物件)
   알고보니 그 일홈이 기생(妓生)이로다
   너이의 형용(形容)을 해부(解剖)해보니
   견신(全身)이 모도다 요물(妖物)이로다

2. 낫에는 잠자고 밤이 되면은
   썩어진 얼골에 회박을 쓰고
   더러운 신체(身體)에 비단을 감고
   향수(香水)로 네 냄새 씨서버리네

3. 집에선 쩌러치 집신을 썰고
   나오면 인력거(人力車) 거드러 거리네
   먹는 것 죠밥에 새오젓 꽁맹이
   나오면 요리(料理)도 맛이 업다네

4. 근본(根本)을 드러 말하고 보면
   되지 못한 이 세상(世上) 천종(賤種)으로쎠
   왼놈 태가락 그닥지 만코
   저 혼자 이 세상(世上) 미인(美人)인체세

5. 절개(節介)를 누리면 제각기 숙녀(淑女)
   내용(內容)을 알면는 모도다 매음녀(賣淫女)
   목적(目的)을 무르면 소원(所願)이 귀부인(婦人)
   실상(實常)은 남의 집 재산(財産)이 목적(目的)

6. 녀이의 오장(五臟)을 해부(解剖)해 보면
   요악(妖惡)이 배속에 가득 찻고나
   정직(正直)은 보랴도 형적(形跡)이 업고
   량심(良心)은 구(求)하려야 싹도 업도다

7. 신성(神聖)한 련애(戀愛)는 돈고밧 팔어
   일정(一定)한 애정(愛情)을 나누어 주네
   너이에 일반(一般)은 쳥년(靑年)을 유인(誘引)
   너이에 일반(一般)은 황금(黃金)이 욕심(慾心)

8. 금전(金錢)에 두 눈이 반짝 어리여
   언청이도 돈 주면 나지미 삼네
   너이의 본분(本分)은 매인(每人) 열지(悅之)요
   너이의 직업(職業)은 매음(賣淫)이로다

9. 남의 집 외아들 삿갓을 씨고
   유망(有望)한 부랑자(浮浪者) 맨드러내여
   담배도 오히려 맛이 업다고
   발대를 물고 잡버젓고나

10. 너이의 소유(所有)는 매독(梅毒)과 림질(淋疾)
이것이 해독(解毒)을 사회엔 전파(傳播)
요행(僥倖)이 엇더한 놈 자근집 되면
그 집안 평화(平和)를 깨트집려놋코

11. 밤낫 하는 연구(硏究)는 글강질이요
다빼라 먹고는 부러 세우네
너이의 눈물은 야차(夜叉)의 눈물
너이의 한숨은 여호의 한숨

12. 잘 되면 늙어서 술국이 잡고
못되면 성밋헤 돌비개 비네
너이도 쏙가튼 인류(人類)의 한아
이 마음 이 직업(職業) 다 버리고서

13. 정직(正直)한 텬성(天性)을 회복(恢復)을 하면
하나님의 깁흐신 용셔(容恕) 잇겟네
깨여라 깨여라 이 깁흔 잠을
놀나서 깨여라 이 못된 꿈을

14. 너이의 젼정(前程)은 광명(光明)이 잇고
너이의 평생행복(平生幸福)이 잇겟네
아모조록 정신(情神)을 가다듬어서
압길을 깁히 깁히 생각하여라

— 〈기생경계가〉

앞서 살펴보았던 강명화 관련 노래와 마찬가지로 〈기생경계가〉 역시 『이팔청춘창가집』에 실린 곡이다. 그런데, 강명화 관련 노래에서 강명화가 열녀로 칭송되었던 것과 달리 〈기생경계가〉에서는 기생에 대한 시적 화자의 혐오가 적나라하게 들어나고 있다. 즉 〈기생경계가〉에서 시적 화자는 기생을 매우 천박한 요물로 그리고 있는 것이다. 〈기생경계가〉에서 시적 화자는 기생을 '요물', '더러운 신체', '이 세상 천종(賤踵)', '매음녀' 등으로 지칭하고 있다. 게다가 7연에도 나왔듯이, 시적 화자는 기생들 대부분을 '청년을 유인하고 황금을 욕심내는 속물과 파렴치한'으로 묘사하고 있다.

　전체 14연의 가사체로 이루어진 〈기생경계가〉는 결코 짧지 않은 글에 첫 연부터 마지막 연까지 기생의 해악을 들어 말하고 기생이 하루 빨리 기생 생활에서 벗어나기를 권유하고 있다. 강명화 관련 노래에서 강명화가 기생임에도 불구하고 신성한 존재로 그려지는 것과는 다르게 〈기생경계가〉에서는 시종일관 기생에 대한 혐오를 드러내고 있는 것이다. 중요한 것은 〈기생경계가〉에서 나타난 기생의 이미지가 당시 기생에 대한 일반 사람들의 인식과 별반 다르지 않다는 점이다. 기생은 강명화처럼 죽어서만이 그 숭고함을 획득할 수 있었다.

　강명화 관련 노래에서도 죽기 전의 기생 강명화는 비천한 신분에 불과하였다. 그 때문에 사람들은 강명화를 단지 기생이라는 이유만으로 천대하였다. 이처럼 사람들에게 천대를 받았던 강명화가 자신의 사랑을 지키고 존재의 숭고함도 획득하기 위해서는 죽음 외에는 달리 도리가 없었다. 강명화가 처한 상황에서 강명화의 자살은 강명화로서는 최선의 선택이었는지도 모른다. 그리고 그 결과 강명화는 자신의 사랑도 지키고 '성(聖)스러운 존재'로 사람들에게 칭송까지 받았던 것이다. 결국 기생에 대한 사회적 편견이 강명화를 죽음으로까지 몰고 간 것이라

그림 100. 비극 〈기생강명화〉 광고(『조선일보』, 1936.4.10)

할 수 있다. 기생에 대한 당시의 지배적 관습은 강명화를 죽게 만든 가장 큰 요인이고 당대인들은 강명화를 죽인 암묵(暗默)의 공모자였다고도 할 수 있다.

이렇게 강명화처럼 죽어서는 성(聖)의 존재로 그려질 수 있으나 살아서는 여전히 다른 사람들의 혐오와 비난의 대상이 바로 기생이었다. 그리고 그러한 전형적인 모습을 〈기생경계가〉를 통해서 엿볼 수 있다. 요컨대 대중가요의 초기 모습 속에서 기생은 성(聖)과 속(俗)이라는 극단적인 두 가지 모습으로만 나타난다. 그마저 살아서는 속(俗)이고 죽어서야 성(聖)의 존재가 될 수 있는 기생들은 현실의 그 어디에도 정착하지 못한 채, 물 위에 뜬 기름처럼 현실의 바다를 표류해야 했다.

3. 기생 소재 대중가요의 화자별 양상

그러면 음반의 형태로 유통된 본격적인 의미의 대중가요 속에서 기생들의 모습은 어떻게 나타날까? 대중가요 속의 기생의 모습을 살펴보려면 우선 시적 화자의 모습에 주목하지 않을 수 없다. 특히 대중가요 텍스트를 담론으로 이해하면 화자의 기능과 역할이 주된 논의의 초점으로 부각된다. 담론은 대화 형식을 통해 구현되며 화자와 청자를 두 축으로 삼는 대화에서 화자는 발화를 구성하는 적극적인 위치에 있기 때문이다.

기생 소재 대중가요 텍스트의 담론 분석에서 중요하게 살펴볼 것은 작중 화자 내지는 시적 화자라고 할 수 있다. 그러나 텍스트의 작중 화자를 살펴보기에 앞서 대중가요의 실제 작가에 대해 언급할 필요가 있다. 20세기 전반기 대중가요의 작사는 거의 대부분 남성 작사자에 의해 이루어졌다. 따라서 기생 소재 대중가요의 텍스트를 살펴보기 전에 전제할 사항은 노랫말이 거의 대부분 남성 작사자에 의해 만들어졌으므로 대중가요의 실제 작가는 남성이라는 점이다. 다시 말해서 기생 소재 대중가요에는 기생 자신의 목소리가 아니라 남성 작사자를 통해 걸러진 기생의 목소리가 나타난다는 것을 염두에 둘 필요가 있다.

기생 소재 대중가요 텍스트의 시적 화자는 성별에 따라 여성 화자와 남성 화자로 나눌 수 있다. 화자가 여성인가, 남성인가에 따라 텍스트는 다른 양상을 드러내므로 화자의 성별에 따라 대중가요 텍스트의 담론을 분석하는 것은 유효하다고 할 수 있다. 그런데 또 한 가지 언급할 것은 대중가요 텍스트는 시와는 달리 가수라는 구연자가 실제 작가와 시적 화자 사이에 존재한다는 점이다. 가수의 성별은 시적 화자와 일치하기도 하고 불일치하기도 한다. 가수의 성별은 대체로 시적 화자의 성별과 일치하나 그렇지 않은 경우도 있다.

예를 들어서 남인수가 부른 〈이름이 기생이다〉(조명암 작사, 박시춘 작곡, 남인수 노래, 오케 20010, 1940)[7]는 남성 가수가 여성 시적 화자의 노래를 부른 경우에 해당한다. 그에 반해서 송금령이 부른 〈단장아가씨〉(산호암 작사, 김기방 작곡, 송금령 노래, 리갈 C2073B, 1940)[8]는 여성 가수가 남

7　참고로, 〈이름이 기생이다〉의 가사는 다음과 같다.
　　1. 명색이 술집에서 미천한 기생이기로 / 가슴에 아로사(새)긴 순정마저 미천하랴 / 청춘과 황금을 저울 위에 올려 놓고 / 홍사등 그늘에서 몇 번이나 울었던고
　　2. 주름진 난간머리 달빛을 지새우는 듯 / 족도리 단장 누굴 위한 눈물인가 / 휘파람 칼 위에 춤을 추는 내 청춘이 / 우울해 썩어지면 어느 흙에 묻히는고
　　3. 꽃단장 얼룩지는 세상에 몹쓸 이거니 / 티 없는 구슬 같은 내 이마에 붙어지고 / 황금에 자꾸 이 연한 가슴 휘갈기며 / 억금을 받을 것이 무엇이냐 무엇이냐
8　〈단장 아가씨〉의 가사는 다음과 같다.

성 시적 화자로 여겨지는 사람의 노래를 부른 예이다. 즉 가사를 보면 남성 시적 화자가 기생에게 말을 건네는 형국으로 노래가 전개되는 것이다.[9]

물론 기생 소재 대중가요에서는 대체로 가수의 성별과 시적 화자의 성별이 일치한다. 그러나 가수의 성별과 시적 화자의 성별이 불일치하는 노래가 존재하였다는 것은 가수의 성별이 실제 노래를 감상하는데 있어서 커다란 영향을 끼치지 못하였음을 말해주기도 볼 수 있다. 중요한 것은 텍스트 안에서 시적 화자의 성별이 무엇이며 그 성별에 따라 노래가 어떤 양상을 드러내는지를 밝히는 일이다. 따라서 시적 화자의 성별을 중심으로 하여 기생 소재 노래들이 어떤 양상을 드러내고 그 의미가 무엇인지를 살펴보기로 한다.

1) 여성 시적 화자의 노래

기생소재 대중가요의 시적 화자는 성별에 따라서 크게 여성화자와 남성화자로 나눌 수 있다. 이 중에서 여성 시적 화자는 대부분 그 신분이 기생으로 설정된 경우가 대부분이다. 다시 말해서 작중화자가 여성

---

1. 나리 같은 속눈썹에 ○○눈물아 / 왜 우느냐 왜 우느냐 술잔을 들며 왜 우느냐 / 내 사랑이 못 믿어워 네가 우느냐
2. 앵두 같은 입술에는 노래가 좋다 / 珊瑚단추 맺던 가슴 ○○○○○ / 왜 우느냐 왜 우느냐 가야금 ○에 왜 우느냐 / 떠나가는 날 못 잡아 네가 우느냐
3. 붉은 연지 피는 볼엔 웃음이 좋다 / 꽃을 꽂은 검은 머리 감춘 사연아 / 왜 우느냐 왜 우느냐 내 손을 잡고 왜 우느냐 / 이 한밤이 속절없이 네가 우느냐

9 〈단장아가씨〉에서 남성 시적 화자가 말을 건네는 대상이 기생인가라는 의문이 들 수 있다. 그러나 텍스트에서 사용하고 있는 시어와 내용상의 정황으로 보아 기생으로 볼 수 있는 여지가 충분하다. 즉 '노래', '술잔', '가야금', '붉은 연지 피는 볼', '꽃을 꽂은 검은 머리' 등에서 남성 시적 화자가 말을 건네는 여성이 일반 여성이 아니라 기생이라는 것을 짐작할 수 있다.

인 경우는 대부분 기생 자신이 자신의 목소리를 내는 방식으로 노래가
전개된다.

1. 가고 싶은 고향도 못 가는 신세 울고 싶은 사정에도 못 우는 신세
   실없는 화투를 치다가 말다가 빛 낡은 청치마에 목이 멥니다

2. 아주까리 동백을 키우든 이 내 몸 물새 우는 바닷가에 굴 따든 이 내 몸
   화려한 장안의 오색등 그늘에 연지를 찍어가며 울며 삽니다

3. 청춘가를 부르며 탄식에 시들고 매운 술을 기울이며 눈물에 찌들어

주란사 고름을 맺었다 풀었다 서글픈 베게 위에 꿈인 살란소

— 〈청루일기〉

(유행가, 산호암 작사, 김기방 작곡, 남일연 노래, 리갈 C2021A, 1940)

〈청루일기〉라는 제목에서 알 수 있듯이, 이 노래는 기생으로 설정된 시적 화자가 자신의 신세를 한탄하는 내용으로 이루어져 있다. 실제로 음반 광고문에서도 〈청루일기〉를 '뒷골목 아가씨의 눈물겨운 하소연'[10] 이라고 소개하고 있다. 기생으로 설정된 시적 화자는 예전에는 아주 까리 동백을 키우고 물새 우는 바닷가에서 굴을 따던 사람이었다. 그러나 지금은 화려한 장안의 오색등 그늘에서 울면서 연지를 찍는 기생으로 전락하고 말았다. 시적 화자는 눈물과 탄식으로 세월을 보내나 그 상태에서 벗어나지 못한다. 그 때문에 서글픈 베게 위에 꿈만 산란할 뿐이다.

〈청루일기〉에서는 〈강명화가〉에서 보이던 서사성이 탈각되었으며, 〈청루일기〉의 시적 화자는 자신의 내면을 고백하는 일에 더욱 치중하고 있다. 또한 〈강명화의 원한〉에서 나타났던 불분명한 시적 화자의 정체성도 더 이상 드러나지 않는다. 시적 화자는 완전히 기생 자신이 되어서 자신의 신세를 읊고 있을 뿐이다. 이처럼 여성 시적 화자가 부른 기생 소재 대중가요의 대부분은 자신의 신세를 한탄하는 내용으로 이루어져 있다. 그런데 단순히 자신의 내면을 고백하는 것에서 끝나는 것이 아니라 다음의 노래처럼 청자를 의식하면서 부른 듯한 노래도 있다.

1. 알뜰한 순정에 먹칠을 하고 응달에 홀로 핀 가시꽃이라
   조롱을 말아라 비웃지를 말아라 그래도 사랑이야 없을까보냐

---

10 한국정신문화연구원 편, 『한국 유성기음반 총목록』, 민속원, 1998, 327쪽.

2. 먹칠한 순정을 부둥켜 안고 수심가 엮음에 목 쉬는 신세
조롱을 말아라 비웃지를 말아라 그래도 인정이야 없을까보냐

3. 꽃울음 달울음 그 몇 해런가 느나니 서름이요 주나니 청춘
조롱을 말아라 비웃지를 말아라 그래도 설움이야 없을까보냐

— 〈먹칠한 순정〉

(유행가, 서석범 작사, 김수월 작곡, 김춘희 노래, 리갈 C452A, 1938)

〈먹칠한 순정〉은 앞서 소개한 〈청루일기〉처럼 기생 자신이 자신의 목소리로 자신의 얘기를 하고 있는 노래이다. 그런데 〈청루일기〉처럼 단순히 신세한탄에서 그치는 것이 아니라 청자를 지향한 듯한 발화를 행한다. "~마라"라는 금지형을 사용하여 상대방의 행동을 촉구하고 있는 것이다. 매 연에서 후렴구처럼 사용된 '조롱을 말아라 비웃지를 말아라'에서 그러한 사실을 확인할 수 있다. '조롱을 말아라 비웃지를 말아라'는 특정한 청자를 지향한다기보다는 세상 사람들을 향한 기생 자신의 발화라 할 수 있다. 이어서 시적 화자는 자신에게도 사랑과 인정과 설움이 있다고 말한다. 비록 미천한 기생의 신분이지만 자신 또한 다른 인간들처럼 느끼고 반응하는 사람임을 강조하고 있다.

이상에서 살펴본 것처럼 여성 시적 화자의 말로 이루어진 기생 소재 대중가요는 대부분 여성 시적 화자가 기생 자신인 것으로 설정되어 있다. 그리하여 기생이 기생 자신의 목소리로 자신의 삶을 얘기하는 것이 대부분이다. 또한 설정된 청자가 없는 완전히 고백적인 발화인 경우에는 자신의 신세를 한탄하는 내용으로 이루어져 있으나 청자를 지향한 듯한 발화인 경우에는 단순한 신세 한탄을 넘어서서 자신도 다른 사람들과 똑같은 인간임을 강조하는 내용이 많았다.

그러면 기생 소재 대중가요에서 기생들은 자신들을 어떻게 인식하고 있을까? 기생 자신의 언술로 이루어진 여성 시적 화자의 노래에서 기생들은 자신을 '꽃'으로 지칭한다. 이처럼 기생이나 여성을 '꽃'으로 상징하는 것은 그 전통이 매우 깊다고 할 수 있다. 기생을 '말을 알아듣는 꽃'이란 뜻의 '해어화(解語花)'라고 부르곤 하였기 때문이다. 그러나 기생 소재 대중가요에서 기생들은 화려하고 아름다운 꽃과는 거리가 멀다. 〈먹칠한 순정〉에서 보듯이, 기생들은 '응달에 홀로 핀 가시꽃'이며 '거리에 핀 꽃'(〈믿지를 마오〉 이고범 작사, 남궁선 노래, 시에론 157B, 1934)이며 '피지 못한 꽃'(〈피지 못한 꿈〉 범오 작사, 근등정이랑 작곡, 전옥 노래, 콜럼비아 40582B, 1935)이며 '열매 없는 꽃'(〈화조월석〉 박영호 작사, 이용준 작곡, 김인숙 노래, 콜럼비아 40823B, 1938)이다.

이처럼 기생 소재 대중가요에서의 여성화자들은 독백적 발화로 신세를 한탄하거나 청자를 지향할 때는 신세 한탄과 더불어 자신들의 인간적 가치를 강조하는 식의 발화를 행한다. 이는 역으로 그만큼 당대의 사회가 기생들의 존재와 가치를 인정하지 않았던 사회였음을 말해준다. 그 때문에 기생들은 '임자 없는 내 신세가 다시금 가여워'(〈월명사창〉 박영호 작사, 이용준 작곡, 남일연 노래, 콜럼비아 40830B, 1938) '일생을 아픔속에 살'(〈눈물의 일생〉 유도순 작사, 전기현 작곡, 최영희 노래, 콜럼비아 40636A, 1935)아가는 것이다.

2) 남성 시적 화자의 노래

앞 절에서는 기생 소재 대중가요에서 여성 시적 화자의 대부분이 기생 자신으로 설정되어서 그들이 자신의 삶을 고백적인 발화를 통해 묘

그림 102. 〈홍도야 우지마라〉의 음반 이미지

사하였음을 확인하였다. 이 절에서는 기생 소재 대중가요에서 남성화
자의 양상을 살펴보기로 한다.

기생 소재 대중가요에서 남성 시적 화자의 모습은 기생과의 거리에
따라 다른 태도를 보인다. 즉 남성 시적 화자가 기생에게 직접 말을 건
네느냐, 아니면 남성 시적 화자가 관찰자의 입장이 되어서 기생을 관
찰하느냐에 따라서 노래는 다른 양상을 드러낸다. 남성 시적 화자가
기생에게 직접 말을 건네는 경우는 남성 시적 화자가 기생과 직접적인
연관이 있을 때이다. 예를 들어, 기생이 남성 시적 화자의 친족인 경우
가 여기에 해당한다.

> 1. 사랑을 팔고 사는 꽃바람 속에 너 혼자 지키리랴 순정의 등불
> 홍도야 우지마라 오빠가 있다 아내의 나갈 길을 너는 지켜라
>
> 2. 구름에 쌓인 달을 너는 보았지 세상은 구름이오 홍도는 달빛

그림 103. 〈홍도야 우지마라〉 광고(『동아일보』, 1939.5.13)

하늘이 믿으시는 네 사랑에는 구름을 걷어주는 바람이 분다

3. 홍도야 우지마라 굳세게 살자 진흙에 핀 꽃에도 향기는 높다
네 마음 네 행실만 높게 가지면 즐겁게 웃을 날이 찾아오리라

— 〈홍도야 우지마라〉

(주제가, 이고범 작사, 김준영 작곡, 김영춘 노래, 콜럼비아 40855, 1939)

〈홍도야 우지마라〉는 〈사랑에 속고 돈에 울고〉라는 영화의 주제가
이다. 화류계의 애화(哀話)를 소재로 한 〈사랑에 속고 돈에 울고〉는 연
극의 인기에 힘입어, 1939년에 동극(東劇)에서 영화로 만들었다. 〈홍도
야 우지마라〉는 콜럼비아에서 그 영화의 주제가로 만든 것이다. 당시
에도 〈사랑에 속고 돈에 울고〉라는 연극을 아는 사람이라면 이 노래에
감정이입하기가 쉬었을 것이며 〈사랑에 속고 돈에 울고〉의 명성과 더
불어 노래도 남아 〈홍도야 우지마라〉는 아직도 불리곤 한다.[11]

〈홍도야 우지마라〉는 남성 시적 화자가 기생이자 자신의 동생인 홍
도에게 말을 건네는 식으로 이루어져 있다. 홍도의 신분이 비록 기생이

---

11 1936년 당시에 동양극장에서 9일 동안 〈사랑에 속고 돈에 울고〉를 공연하였을 때, 장안의 모
든 기생들이 연극을 구경하러 가서 요릿집이 텅 비었다는 말이 있을 정도로 〈사랑에 속고 돈
에 울고〉라는 연극은 당시에 많은 인기를 얻었다. 그러나 영화는 흥행에 실패했다고 한다.

나 홍도의 오빠로 설정된 남성 시적 화자는 홍도를 순정과 청정함의 상징으로 기리고 있다. 그리하여 홍도를 '순정의 등불' 내지는 '진흙에 핀 꽃'이라 칭한다. 특히 세상과 홍도를 이항 대립시켜 홍도의 순정을 강조한다. 세상을 '구름'으로 설정한 반면에 홍도는 그 구름에서도 빛을 뿜어내는 '달빛'이라고 일컫는 것이다. 또한 3연에서도 세상이 '진흙'이라면 홍도는 그 진흙 속에서도 피어나는 '향기 높은 꽃'으로 묘사되었다.

결국 〈홍도야 우지마라〉의 남성 시적 화자는 "네 마음과 네 행실만 높게 가지면 즐겁게 웃을 날이 찾아올 것"이라며 홍도에게 희망적인 발화를 건네면서 노래를 끝맺는다. 이처럼 기생이 남성 시적 화자와 가까운 거리에 있을 때, 남성 시적 화자는 기생으로 설정된 대상에게 동정적이면서도 호의적인 발화를 행한다.

그런데 의외로 기생 소재 대중가요에서 남성 시적 화자가 기생에게 호의적인 발화를 행하는 경우가 많지 않았다.[12] 앞서 살펴 본 것처럼 남성 시적 화자가 기생과 친족관계일 때를 제외하고는 남성 시적 화자가 기생에게 호의적인 발화를 행한 예를 찾기 어려웠다. 호의적인 발화는 차치하고 남성 시적 화자가 기생을 사랑이나 그리움의 대상으로 그린 예도 드물었다. 다만 예외적으로 남성 시적 화자가 기생에게 동정적인 발화를 행한 경우는 다음과 같이 기생이 이국의 여성일 때 그러하였다.

1. 처량한 호궁소리 구곡간장 끊어진다 은실비 나리는 새파란 창문 아래

---

[12] 20세기 전반기 기생 소재 대중가요에서 남성 시적 화자가 기생에게 비우호적인 발화를 행한 것은 조선시대의 기생 관련 시조에서 남성 시적 화자가 기생을 사랑과 그리움의 대상으로 그린 것과 대조적이다. 20세기 전반기에 이르면 적어도 대중가요 속에서 남성 시적 화자는 더 이상 기생을 낭만적인 대상으로 인식하지 않았음을 알 수 있다.

그림 104. 〈눈물의 호궁〉 광고(한국 유성기음반 아카이브)

이국의 아가씨가 노래를 부르누나 아— 아— 그 누구의 사랑이냐 그 누구의 눈물이냐

2. 분바른 얼굴에는 연지빛깔이 물결친다 새까만 눈썹에 눈물이 사물사물
    타국의 아가씨가 호궁을 뜯는구나 아— 아— 안타까운 가슴 속엔 옛사랑이 타오른다

3. 흐르는 화방 위에 하얀 수건이 나부낀다 은근한 추파에 애교를 아로삭여
    〈차이나〉 아가씨가 사랑을 부르누나 아— 아— 애를 끊는 호궁소리 그 누구의 탄식이냐

— 〈눈물의 호궁〉

(유행가, 산호암 작사, 어룡암 작곡, 송금령 노래, 리갈 C2027A, 1940)

〈눈물의 호궁〉은 이른바 중국의 기생으로 여겨지는 아가씨를 대상으로 하여 남성 시적 화자가 연민을 드러내고 있는 노래이다. 노래 속에서 '이국의 아가씨' 내지는 '타국의 아가씨', 또는 '차이나 아가씨'를 통해 남성 시적 화자가 대상으로 설정한 여성이 중국을 국적으로 둔 사람이라는 것을 알 수 있다. '이국' 내지 '타국'은 그 말만으로도 묘한 감흥을 불러일으키는데, 이국의 아가씨는 더욱 그러하다. 아마도 중국에서 들어와서 한국에서 기생 생활을 하는 여성을 그린 것으로 보이는데,[13] 남성 시적 화자가 중국기생을 바라보는 시선은 시종일관 연민에 차 있다. 그 때문에 남성 시적 화자에게 있어서 이국의 아가씨가 뜯는 호궁 소리는 애를 끊는 소리로 들린다. 여기서 더 나아가 남성 시적 화자는 단순히 자신의 감정이 아닌 이국 아가씨의 감정을 생각한다. 그리하여 이국 아가씨가 호궁을 뜯으며 부르는 노래 속에서 이국 아가씨의 옛 사랑과 눈물과 탄식을 짐작해내는 것이다.

이상에서 살펴 본 노래는 대체로 남성 시적 화자가 기생으로 설정한 대상에게 호의적이거나 동정적인 시선을 드러낸 노래라고 할 수 있다. 그에 반해 다음과 같은 노래는 기생을 다소 비판적으로 묘사하고 있어서 주목된다.

> (후렴) 하이요 아라아라욥 찌렁 찌렁 찌렁 찌렁 인력거가 나간다
> 하이요 아라아라욥 찌렁 찌렁 찌렁 찌렁 기생 아씨가 나간다
> 에헴 비켜라 안 비키면 다쳐 헤이
> 꽃 같은 기생 아씨 관상 보아라
> 1. 뾰족 뾰족 오뚝이 기생 재수 없는 병아리 기생

---

13 이국 여성이 한국에 들어와 기생 생활을 한 것에 대해서는 당시의 사회적 상황을 더욱 천착할 필요가 있다.

그림 105. 〈모던기생점고〉 광고
(『동아일보』, 1938.8.10)

소다 먹은 뎀푸라 기생 제멋대로 쏟아진다 햇

명월관이냐 국일관이냐 천행원 별장이냐 음벽정이냐

하이요 아라아라욥

2. 하야멀쑥 야사이 기생 열다섯자 다꾸왕 기생

동서남북 시가꾸기생 제멋대로 쏟아진다 햇

식도원이냐 조선관이냐 태서관 별장이냐 송죽원이냐

하이요 아라아라욥

3. 꼬불꼬불 아리랑 기생 날아갈듯 비행기 기생

하늘하늘 봄버들 기생 제멋대로 쏟아진다 햇

남산장이냐 백운장이냐 가겟긔[花月]별장이냐 동명관이냐

하이요 아라아라욥

— 〈모던기생점고〉

(유행가, 처녀림 작사, 김송규 작곡, 김해송 노래, 콜럼비아 40820B, 1938)

〈모던기생점고〉는 만요(漫謠)에 해당하는 노래라고 할 수 있다.[14] 당시 만요는 기본적으로 웃음을 지향하였는데, 〈모던기생점고〉에서도 그러한 사실을 확인할 수 있다. 특히 웃음 중에서도 '풍자'를 주로 활용하여서 기생을 다소 비판적으로 묘사하고 있다. 기생을 태운 인력거의 경적 소리와 함께 시작하는 이 노래는 다양한 기생의 모습을 열거하고 있다. 오뚝이 기생, 병아리 기생, 뎀뿌라 기생, 야사이 기생, 다꾸왕 기생, 시가꾸 기생, 아리랑 기생, 비행기 기생, 봄버들 기생이라고 하여

---

14 만요의 형성과 문학적 정서 지향에 대해서는 장유정, 「일제강점기 한국 대중가요 연구— 유성기 음반 자료를 중심으로」, 서울대 박사논문, 2004를 참고할 수 있다.

무려 기생의 종류를 아홉 가지나 열거하였다. 게다가 당대의 유명한 요리집이나 별장 등도 고유명사 그대로 소개하였다. 명월관이나 국일관은 물론이고 식도원, 조선관, 태서관 별장, 송죽원, 남산장, 백운장 등을 고유명사 그대로 제시하여서 노래를 통해 당시에 유명하였던 요정들도 확인할 수 있다.

이 노래에서 중요한 것은 기생을 바라보는 남성 시적 화자의 시선과 어조가 어떠한가 하는 점이다. 남성 시적 화자는 기생을 그다지 곱지 않은 시선으로 바라보고 있음을 알 수 있다. 거들먹거리면서 '기생 아씨가 나가니까 비켜라 안 비키면 다친다'고 외치는 인력거꾼의 호령은 진정으로 기생을 위한다기 보다는 기생을 조롱하는 어조에 가깝다. 시적 화자는 인력거를 타고 이 요정 저 요정으로 다니는 수많은 기생들의 행태를 보여줌으로써 기생들을 조롱하고 있는 것이다. 그런가 하면 다음의 노래도 기생을 웃음의 대상으로 풍자하고 있는 경우이다.

할로 할로 앞에 가는 모던
아주 그럴듯 해 오-이애-스
기생 딴사 학생같진 않고
귀부인도 아니 그럼 이게 뭘까
옳지 알았다 바로 그걸세
요즈음 서울 명물 카페의 걸
밤에 피는 네온의 불꽃 박쥐 사촌 누나
라 -

— 〈서울명물〉
(범오 작사, 오산정길 편곡, 강홍식 노래, 콜롬비아 40622, 1935)

위의 작품은 〈서울명물〉이라는 노래의 1절이다. 그 내용을 보면 당시에 새롭게 등장한 카페걸을 풍자하고 있음을 알 수 있다. 그런데 시적 화자는 카페걸을 시종일관 비웃고 있다. 먼저 시적 화자는 "할로 할로 앞에 가는 모던 / 아주 그럴듯해 오-이애-스"라고 하면서 홍겹게 대상을 띄워준다. 다음에는 기생도 아니고, 학생도 아니고, 귀부인도 아닌데 누구일까 하면서 일부러 알면서도 모른 척, 질문을 던져서 상대를 조롱한다. 그리고 이어서 '서울 명물 카페의 걸'이라고 말하는 것이다. 대상에 대한 이와 같은 비판은 '서울 명물'이라는 표현에서 선명해진다. 여기에서 명물은 좋은 의미에서의 명물이 아니라 나쁜 의미에서의 명물이기 때문이다. '밤에 피는 네온의 불꽃, 박쥐 사촌 누나'라는 표현에서는 카페걸에 대한 풍자가 그 절정을 이룬다. '박쥐의 사촌 누나'라는 표현은 노래 속에 좀처럼 등장하기 어려운 표현인데, 이와 같은 표현을 통해서 화자는 카페걸을 조롱하고 있는 것이다.

소비문화의 발전에 따라 1930년대 이후 서울에 많은 카페들이 생겨나면서 카페의 환락적이고 퇴폐적인 성격은 더해 가는 경향을 보여준다. 이러한 카페는 저급하고 퇴영적인 "에로 중심지"로서 그 이미지를 고착화시킨다.[15] 다음에서도 그와 같은 카페의 이미지를 확인할 수 있다.

> 카페! 카페는 술과 계집 그리고 엽기가 잠재하여 있는 곳이다. 붉은 등불, 파란 등불 밝지 못한 산데리아 아래에 발자취 소리와 옷자락이 부벼지는 소리, 담배 연기, 술의 냄새, 요란하게 흐르는 재즈에 맞추어 춤추는 젊은 남자와 여자 파득파득 떠는 웃음소리와 흥분된 얼굴! 그들은 인생의 괴로움과 쓰라림을 모조리 잊어버린 듯이 즐겁게 뛰논다.[16]

---

15 위의 글, 241쪽.
16 「인테리 여급 애사」, 『삼천리』, 1932.8.

'카페는 술과 계집, 그리고 엽기가 잠재하여 있는 곳'이란 표현에서 당시에 사람들이 카페를 어떻게 인식하였는지를 알 수 있다. 카페는 에로와 퇴폐의 중심지로 인식되었고 카페걸 또한 그렇게 인식되곤 하였다. 그 때문에 작품 속에서의 시적 화자는 카페걸을 밤에만 활약하는 박쥐의 사촌 누나라고 풍자한 것이다. 물론 이 작품에서 시적 화자의 성별이 남성인지는 확언할 수 없다. 그러나 당시에 "할로 할로 앞에 가는 모던"이라고 카페걸을 부를 수 있는 사람은 여성보다 남성일 확률이 높다고 할 수 있다. 그러한 이유로 이 작품에서의 시적 화자가 남성이라고 보아도 무방하리라 생각한다.

이상에서 살펴 본 바와 같이 기생 소재 대중가요에서 남성 시적 화자의 노래는 기생을 대상으로 설정하여 기생에게 말을 건네거나 관찰자의 입장에서 그들의 모습을 묘사하는 식으로 이루어졌다. 이에 따라 기생에 대한 시적 화자의 태도도 다르게 나타났다. 즉 기생이 시적 화자의 친족일 경우에는 시적 화자가 기생에게 호의적인 어조를 드러냈다. 또한 기생이 이국의 여성일 경우에도 남성 시적 화자는 기생에게 동정적인 어조를 보여주었다. 반면에 남성 시적 화자가 관찰자의 입장에서 기생을 바라볼 때, 기생은 조롱의 대상이 된다는 것을 확인하였다.

4. 기생 소재 대중가요의 의의

앞 장에서 살펴본 것처럼 기생 소재 대중가요는 그 시적 화자의 성별에 따라 다른 양상을 드러냈다. 여성 시적 화자는 기생 자신이 되어서 고백적인 발화를 행하고 있는 반면에 남성 시적 화자는 기생을 대상으로 설정하여 말을 건네거나 관찰자의 입장에서 그들에게 비판적인 발화를 행하였다. 그러면 이러한 기생 소재 대중가요에서 보여주고 있는 기생의 이미지는 실제와 어떻게 같고 다르며 그 의미가 무엇인지를 살펴볼 필요가 있다. 즉 기생 소재 대중가요가 당대 기생들의 실상과 얼마나 부합하는지를 검토하고자 한다.

본고의 시작에서 언급하였듯이, 기생 소재 대중가요의 작사자는 대부분 남성이었다. 따라서 기생 소재 대중가요에서 기생의 고백적인 발화로 이루어진 노래조차 남성 작사자의 시선을 투과한 기생의 이미지이다. 그런데 이처럼 남성 작사자의 시선을 투과한 기생의 이미지와 실제 기생의 모습은 크게 다르지 않다.

집에서는 자긔를 나어준 어버이가 중병에 포로가 되어서 지금 죽을 지경에 잇다. 죽을지 몰으는 째라도 자긔의 마음 속은 죽을 드시 괴로운 째라도 한 시간에 얼마라는 적은 돈에 팔니어서 생전 보지도 못하든 별별 사람 압헤 가서 억지로 거짓 우슴을 우서야 하고 마음에 업는 애교를 피이여야 하니 이가티 불상한 안간이 이 세상에 또 어듸 잇겟슴니가? (…중략…) 기생이 썰썰 너털 우슴을 우슬 째에 우리는 그 리면에 숨어잇는 눈물의 흔적을 보살펴주지 안으면 아니되겟슴니다. 그리고 **상품과 갓흔 인간이라고 홀대하는 것보다는 다-갓흔 사람이라는 점에 잇서서 그의 개성을 존중히 녁여주겟슴니다. 기생이라고 반쪽 사람은 아닐터이니싸요?**[17](강조는 인용자)

이 직업도 호구가 제일 문뎨이지요 입에 풀칠을 하기 위하야 이 죽기보담도

---

17 비취, 「내가 만일 손님이라면」, 『장한』, 1927.

더 실은 생애를 하는 것입니다. (…중략…) 우리네 화류계 녀성을 롱락하는 모든 남성이 기생의 환경을 리해치 못하며 더욱 한 번만 친하게 되면 아주 당신네 물건처럼 넉이시는 까닭입니다. 즉 다시 말하면 기생이라는 것을 한낫 인생으로서 존재를 부인하는 까닭입니다. 그리고 작난감 인형과 갓치 동물원에 원숭이나 앵무새 갓치 미물이나 물건으로 취급하는 까닭에 이런 무리한 요구를 것침업시 하시는 것입니다. 이것은 큰 잘못이시지요 **암만 우슴과 노래와 고기를 파는 기생이라 하기로서니 엇지 성명조차 읍겟스릿가**[18] (강조는 인용자)

위의 인용문들은 모두 기생들이 모여서 발간하였다는 우리나라 최초의 기생 잡지『장한(長恨)』에 실린 기생의 글이다. 1927년에 창간호를 발행한『장한』에는 상당수의 기생들이 필자로 참여하였다. 또한 각 지방에 지사(支社)와 분사(分社)를 모집한다는 광고를 함께 싣고 있어서 매우 의욕적으로 만들어졌음을 알 수 있다. 그러나 어떤 이유에서인지 창간호만 나오고 더 이상의 잡지는 나오지 않았다. 그러나『장한』의 창간호만 보더라도 당대의 기생들이 원한 것이 무엇인지를 짐작할 수 있다. 그것은 다름 아니라 기생 자신들을 인간으로 보아달라는 너무나 당연하고도 기본적인 요구였던 것이다.

이는 독백적인 발화로 이루어진 여성 시적 화자의 노래와 별다른 차이를 드러내지 않는다. 기생 소재 대중가요에서 여성 시적 화자의 노래인 경우, 여성 시적 화자가 독백적인 발화를 통해 말하고자 한 것은 자신들도 사람이라는 지극히 당연한 주장이었던 것이다. 이는 조선시대 기생들의 문학 작품이 대체로 그리움에 경도된 것과는 다소 차이를 드러낸 것이라 할 수 있다.[19] 기생들이 자신들도 사람이라고 주장하고

---

18 김난홍, 「기생 생활 이면」, 『장한』, 1927.
19 조선시대 기생과 이후 시기 기생의 비교는 다른 논고를 통해 다루기로 한다.

있는 전형적인 모습은 실제 기생이었던 이화자가 불러서 많은 인기를 얻었던 〈화류춘몽〉에서도 나타난다.

1. 꽃다운 이팔소년 울려도 보았으며 철없는 첫사랑에 울기도 했더란다
연지와 분을 발라 다듬는 얼굴 위에 청춘이 바스러진 낙화 신세
마음마저 기생이란 이름이 원수다

2. 점잖은 사람한테 귀염도 받았으며 나 젊은 사람한테 사랑도 했더란다
밤늦은 인력거에 취하는 몸을 실어 손수건 적신 적이 몇 번인고
이름조차 기생이면 마음도 그러냐

3. 빛나는 금강석을 탐내도 보았으며 겁나는 세력 앞에 아양도 떨었단다
호강도 시들하고 사랑도 시들해진 한 떨기 짓밟히운 낙화 신세
마음마저 썩는 것이 기생의 도리냐

— 〈화류춘몽〉

(유행가, 조명암 작사, 김해송 작곡, 이화자 노래, 오케 20024A, 1940)

고백적 발화로 기생의 삶을 집약적으로 보여주고 있는 이 노래는 당시 기생들의 삶을 알려준다. 노래 속에서 기생은 수많은 남성들과 사랑도 나누고 '빛나는 금강석'으로 상징되는 돈도 탐내보고 '겁나는 세력'인 권력 앞에 아양도 떨었었다. 그러나 호강과 사랑도 모두 시들해지고 청춘도 바스러지자 자신은 그저 떨어진 꽃(낙화)의 신세라고 말한다. 그러면서도 '이름조차 기생이면 마음도 그러냐'며 자신도 인간임을 강조한다. 비록 사회적으로는 천대를 받았으나 끝없이 인간의 존엄을 지키고 싶었던 기생들의 마음이 드러난다. 그리고 이는 실제 기생

들의 마음이기도 하였다.

> **기생도 사람입니다.** 사람 안인배는 안이지요 그런 즉 사람에게는 자기 고유의
> 정신과 단심과 성격과 주의와 특색이 잇는 동시에 각각 요구하는 것이 다를 것
> 이며 더욱 이성을 찻는데야 더 말할 것이 잇겟슴니가[20]

　기생에게도 '자기 고유의 정신과 단심, 성격과 주의와 특색이 있는
사람'이라는 기생의 주장은 기생들이 당시에 가장 절실하게 원한 것이
무엇인지를 알려준다. 당시의 기생들은 인간으로 존중받기를 원하였
고 기생 소재 대중가요에서도 그러한 기생들의 마음이 담겨 있다. 여
성 시적 화자의 발화로 이루어진 기생 소재 대중가요는 당대의 기생들
의 소망을 담고 있다는 점에서 그 의의를 지적할 수 있다.

　그런데 기생 소재 대중가요에서 여성 시적 화자의 노래도 그렇고 기
생들 본인의 말도 그렇고 그토록 기생 자신들의 인간적 존엄성을 강조
한 이유는 무엇일까? 이는 역으로 그만큼 당시의 사회가 기생의 인격
을 존중하지 않았던 사회였다는 것을 말해준다. 한편으로 기생은 당시
에 단순히 호기심의 대상이며 남성들의 관음증적 취미를 해소할 수 있
는 대상에 불과하였는데, 1936년 『조광』 1월호에 실린 기생과의 면담
내용에서도 이러한 사실을 확인할 수 있다.

　『조광』에 실린 '새해 첫날에 장안명기(長安名妓) 일읍일소(一泣一訴)'
라는 제목의 기사를 보면 당시의 남성을 비롯한 일반 대중이 기생들의
생활에 지니고 있던 호기심의 실체를 알 수 있다. '화류항 여자(花柳巷女
子)의 적나라(赤裸裸)한 고백(告白)'이라는 다소 원색적인 부제를 통해서

20　김난홍, 앞의 글, 69쪽.

도 짐작할 수 있듯이, 당대의 남성들이 기생들의 사생활에 관심을 지니고 있었던 것은 그들에 대한 인간적인 관심이었다기보다는 관음증적 취미의 발로로 볼 수 있다. 기사에서는 여러 기생들에게 질문의 형식을 통해 그들의 사생활을 들추어내는데, 그 질문은 다음과 같다.

1. 호젓한 때에 무슨 생각을 하시오?
2. 당신이 기뻐한 때, 슬퍼한 때.
3. 진정한 사랑을 해 본 경험.
4. 눈비 나리는 밤엔?
5. 웨 살님 살다 나오시오?
6. 돈을 무엇 하러 버시요?
7. 짧은 치마를 웨 좋아하오?
8. 취미와 존경하는 이
9. 웨 고무신을 신소
10. 한가한 때는 무엇을 하오
11. 당신이 좋아하는 꽃은?[21]

이상의 질문을 통해서 당시의 대중이 기생들의 사생활에 관심을 지니고 있음을 알 수 있다. 진정한 사랑의 경험과 같은 매우 개인적인 질문을 함으로써, 기사에서는 기생들의 사생활을 들추어낸다. 그리고 대중은 이러한 글을 보면서 호기심의 대상이었던 기생의 사생활을 엿보는 일종의 즐거움을 누리는 것이다. 즉 기생들이 호기심의 대상이 되었던 것은 기생들의 생활을 엿보고 싶어 하는 당시 대중의 관음증적

---

21 「새해 첫날에 장안명기의 일읍일소」, 『조광』, 1936.1, 351~361쪽.

심리를 충족시켜주는 측면이 있었기 때문이라 할 수 있다.

그러므로 남성 시적 화자의 노래 속에서 기생은 두 가지 대상으로만 그려진다. 호기심의 대상과 비판의 대상이 그것이다. 노래에서는 기생을 호기심의 대상보다는 풍자의 대상으로 그리는 경우가 많았다. 그러나 기생을 풍자의 대상으로 그릴 수 있다는 것은 일단 기생이 호기심의 대상이었기 때문에 가능한 일이었다고 할 수 있다. 그리고 이 모든 것의 이면에는 기생에 대한 남성들의 관음증적 취미가 작용하였다고 볼 수 있다. 당시에 기생은 호감과 배척이라는 이율배반적인 남성의 시선 아래에 놓여 있었고 그 속에서 기생은 힘겹게 인간적인 존엄성을 지키고자 애를 쓰곤 하였다.

20세기 전반기의 기생은 더 이상 예전처럼 뛰어난 기예로 사람들에게 인정을 받지도 않았고 그 전시대의 기생이 그러하였던 것처럼 남성들에게 그리움과 사랑의 대상으로 그려지지도 않았다. 남성들은 기생을 호기심의 대상으로 그리는 한편으로 그들을 배척하고 조롱하였으며, 기생 자신들은 자신들도 사람이라며 인간적인 존엄성을 지키고자 노력하였을 뿐이다. 이것이 20세기 전반기 기생을 소재로 한 대중가요 속에서 드러나는 특징이라 할 수 있다.

4. 맺음말

본고는 아직까지 그 모습을 거의 드러낸 적이 없었던 기생 소재 대중가요의 노랫말을 분석하여 그를 통해 기생에 대한 당대의 이미지를 살펴보았다. 20세기 전반기 기생 소재 대중가요에 나타난 기생의 모습은 매우 다양하고 복잡하며 때로는 상호 모순적이기도 하여서 그 실체를 밝히고 의미를 부여하는 일이 쉽지 않았다. 그리고 아직까지도 이 작업을 완전하게 수행했다고 하기는 어렵다. 다만 한 가지 확실하게 말할 수 있는 것은 20세기 전반기 기생의 이미지는 이율배반적이고 상호 모순적이며 그것이 바로 20세기 전반기 기생의 실체이기도 하다는 점이다.

초기 기생 관련 대중가요에서의 기생은 성(聖)과 속(俗)이라는 이중적인 이미지로 표상되었는데, 그마저 기생이 살아있을 때는 속됨의 화신(化身)으로 여겨졌고, 강명화처럼 죽어서야 성스러운 존재로 칭송되었다. 그런가 하면, 1930년대의 대중가요 속에서 기생은 시적 화자의 성별에 따라 다른 이미지로 그려졌다. 여성 시적 화자의 작품에서 여성 시적 화자는 대부분 기생 자신으로 설정되어서 기생 자신이 자신의 삶을 한탄하는 내용으로 이루어진 작품이 많았다. 남성 시적 화자의 노래 중에서는 남성 시적 화자가 이국의 기생에 대한 연민을 드러낸 경우도 있었으나 대체로 남성 시적 화자들은 기생을 웃음의 대상으로 풍자하였다.

여성 시적 화자의 노래는 인간의 존엄성을 지키고자 하였던 당대 기생들의 소망을 반영하였다는 점에서 그 의의를 지적할 수 있다. 실제로는 남성 작사자가 창작한 노래임에도 불구하고 여성 시적 화자의 노래가 당대 기생들의 소망을 절절하게 표현할 수 있었던 것은 작사자들이 기생들의 애환을 가까이에서 지켜보았기 때문에 가능하였다고 할 수 있다. 즉 당시의 기생이 연예계에서 활발한 활동을 하였기 때문에 작사자들은 그들 삶의 애환을 누구보다도 잘 알았을 것이다. 게다가 당시의 기생은 단순히 연예계에서 활동을 하였을 뿐 아니라 중요한 음반 청중으로서의 역할도 하였다. 그러므로 기생의 애환을 잘 표현한 노래는 당대 기생들의 음반 구매력을 높이는 역할도 하였을 것이다.

반면에 남성 시적 화자의 노래는 당시 기생에 대한 지배적이고도 일반적인 시각을 대변한다고 할 수 있다. 당시 기생에 대한 지배적이고도 일반적인 시각은 기생에 대한 부정적인 시각과 우호적인 시각이 공존하였는데, 특히 노래에서는 기생을 웃음의 대상으로 조롱하곤 하였다. 중요한 점은 노래 속에서 남성들은 더 이상 기생을 낭만적인 사랑의 대상으로 설정하지 않았다는 것이다. 사실상 기생을 돋보이게 하는 것은 기생이 지니고 있는 기예라고 할 수 있다. 그럼에도 불구하고 기생의 기예를 언급한 노래는 거의 찾아볼 수 없었다. 기생의 기예에 대한 칭송도 찾아볼 수 없고, 남성의 사랑의 대상으로도 그려지지 않은 20세기 전반기의 기생은 결국 기생의 몰락을 반영한 것이라고 할 수 있다.

본고는 이제까지 거의 관심의 대상이 되지 않았던 기생 소재 대중가요를 본격적으로 살펴 본 첫 번째 작업으로서의 의의를 지닐 것이다. 그러나 아직까지 기생 소재 대중가요를 살펴보는 일은 많은 과제를 남긴다. 먼저 기생 소재 대중가요와 이전 시기 기생 소재 문학작품을 비교하는 작업이 요구된다. 또한 기생 소재 대중가요와 동시대의 기생 소재 소설, 연극, 영화 등을 비교하는 작업도 필요하다. 아울러 기생 소재 대중가요의 잔재가 이후 시기에는 남았는지, 남았다면 어떤 형태를 띠고 있는지도 살펴보아야 한다. 이러한 작업들을 통해 기생 소재 대중가요의 의미도 온전하게 드러날 수 있으리라 생각한다.

참고문헌

강범형 편, 『신식유행 이팔청춘창가집』, 삼광서림, 1929.

장유정, 「1930년대 기생의 음악활동 일고찰 – 대중가요 가수를 중심으로」, 『민족문화논총』 제30집, 영남대 민족문화연구소, 2004.

_____, 「20세기 초 기생제도 연구」, 『한국고전여성문학연구』 제8집, 월인, 2004.

_____, 「일제강점기 한국 대중가요 연구」, 서울대 박사논문, 2004.

최은옥, 「기생인물 소재 텍스트에 나타난 전통성과 근대성 – 1930년대 대중극을 중심으로」, 『어문학교육』 제26집, 한국어문교육학회, 2003.

한국정신문화연구원 편, 『한국 유성기음반 총목록』, 민속원, 1998.